-결정사례와 개선방안을 중심으로-
필수유지업무와
노동법

한국학술정보[주]

　필수공익사업에 대한 직권중재제도가 지난 2006년 ‘노동조합 및 노동관계조정법’이 개정됨에 따라 폐지되고 필수유지업무제도가 새로이 도입되었다. 이러한 필수유지업무는 노동조합의 쟁의권을 전면적으로 보장하지만, 일부 중요한 사업을 유지·운영하도록 보호하기 위한 정책적 입법으로 제정되었다. 이에 노사당사자 간에 필수유지업무를 확정하고 그 유지 및 운영수준을 스스로 결정하도록 법률에 허용하고 있다. 그러나 노사당사자 간에 필수유지업무를 원만하게 정하는 것이 법리적·실무적으로 어려운 여러 사정 때문에 노동위원회에 그 결정을 신청하는 사례가 늘어나고 있다.

　그러나 현행 ‘노동조합 및 노동관계조정법’에서 필수유지업무를 명시하고 있지만, 실제로는 필수유지업무제도를 산업 현장에 도입하는 경우에 어느 업무까지, 구체적으로 업무 또는 부서 단위로 보아 어느 범위에서 필수유지업무를 결정해야 할지가 논란거리이다.　나아가 사업의 특성 등을 고려해 필수유지업무의 유지 및 운영의 수준을 어느 수준에서 결정할 것인지도 객관적으로 쉽지 않다. 이러한 이유로 노사당사자는 필수유지업무의 범위, 유지 및 운영의 수준을 합의하는 데 많은 곤란함이 나타나고 있다. 오히려 노사당사자들이 필수유지업무를 자율적으로 결정하지 못하고 노동위원회가 결정한 경우에 만족스럽지 못하다고 불만을 호소하기도 한다. 이러한 원인은 필수유지업무의 범위, 적정한 운영수준은 당사자가 쉽게 결정하지도 못하고, 노사당사자는 사업의 경영 또는 노동조합의 쟁의권에 지장을 받는다는 상이한 입장을 고수하는 면이 강하기 때문이다.

이번 책자의 발간 목적은 이러한 필수유지업무의 특성과 제도를 도입하는 데에 따른 노사당사자 간의 인식 및 전문성의 부족으로 산업현장에서 노사 갈등이 심화되는 상황을 고려해 합리적으로 노사분쟁을 해소하기 위한 것이다. 이러한 연구는 노동부(현재 고용노동부)의 「필수유지업무제도의 산업현장 정착방안」이란 정책연구과제를 수행한 산출물을 토대로 삼았다. 그리고 필수유지업무에 올바른 이해와 전문성 향상에 도움이 되었으면 하는 공익적인 측면을 고려하면서, 최근까지의 제기된 필수유지업무의 법리문제, 노동위원회의 결정과 재심사례, 행정법원의 판례 등을 수집·분석·추완하여 『필수유지업무와 노동법』이란 책자를 발간하게 되었다. 이에는 그 후 시간이 흘러서 노동위원회에서 필수유지업무를 직접·간접적으로 참여한 업무 경험을 바탕으로 수정·보완하였다.

최근의 경기의 침체 등으로 출판사의 사정이 어려움에도 불구하고 본서의 출판을 기꺼이 승낙해주고, 기획과 편집에 지속적인 애정을 갖고서 산고의 고통을 함께한 한국학술정보(주) 출판사업부의 관계자 여러분에게 진심으로 감사드린다.

2010년 7월
이승길·이상국·원창희·조성혜

목 차

제1장 서론

Ⅰ. 연구목적과 범위

1. 연구목적

2006년 12월 30일 개정된 노동조합 및 노동관계조정법(이하 '노조법'이라 한다)에 의하여, 필수공익사업에 의한 직권중재제도가 폐지되는 대신, 필수공익사업의 범위를 확대하고 쟁의행위의 경우에는 반드시 유지해야 할 '필수유지업무'를 신설함에 따라, 해당 업종의 노동관계당사자는 필수유지업무의 필요·최소한의 협정('필수유지업무협정')을 서면으로 체결하여야 한다. 노동관계당사자 간의 의견대립으로 필수유지업무협정이 체결되지 아니한 경우에는 당사자 쌍방 또는 일방의 신청을 받아 노동위원회가 사업 또는 사업장별 필수유지업무의 특성 및 내용 등을 고려하여 필수유지업무의 필요·최소한의 유지·운영수준, 대상직무 및 필요인원 등을 결정할 수 있다(노조법 제42조의4).

그러나 일부 사업장에서는 직권중재 대신에 새로이 도입된 필수유지업무제도가 협정체결을 둘러싼 또 다른 분쟁의 원인이 되고 있다. 필수유지업무를 원만하게 정착하기 위해서는 산업현장에서 필수유지업무가 제대로 뿌리내리는데 나타나는 문제점을 분석하고, 그 해소방안을 강구할 필요가 있다.

따라서 필수유지업무의 유지수준, 협정체결의 경과, 유지수준의 결정과 그 근거, 체결현황 등의 알기 위하여 필수유지업무을 체결해야 할 대상업체의 체결 사례 및 이와 관련된 노동위원회의 필수유지업무 결정사례를 분석할 필요가 있다. 아울러 노사당사자가 필수유지업무의 유지율과 적정하거나 합리적이라고 주장하는 수준의 기준 내지 근거가 무엇인지 살펴볼 필요가 있다.

이번 연구의 목적은 2008년 1월부터 필수유지업무제도의 시행에 따라 당해 산업현장에 정착시키는 단계에서 예기치 못한 문제점들을 찾아내고 제도를 운영하는데 있어서의 미비점이나 노사간의 쟁점, 법리적 문제점을 찾아내어 그 해결방안을 모색할 뿐만 아니라, 필수유지업무제도가 산업현장에 정착할 수 있는 합리적인 방안을 강구하고자 함에 있다.

2. 연구범위

필수유지업무제도의 연구를 위해서는 먼저 필수유지업무의 기초현황을 파악해야 한다. 필수유지업무의 성격, 그 사업체의 분포, 협정체결 현황, 필수유지업무에 대한 노동조합의 주장근거와 반대하는 입장을 규명하고 노사간에 쟁점이 되는 사항이 무엇인지, 쟁점사항에 대한 노사간의 태도와 주장근거는 무엇인지, 필수유지업무에 관한 법제도의 미비점 등을 파악하여 검토하고자 한다.

또한 개별 필수공익사업장에 대한 사례분석을 하고자 한다. 필수공익사업장에 있어 필수유지업무의 업종 및 직무와 그 특성, 필수유지협정의 체결을 위한 교섭과정, 교섭당사자, 교섭방식, 대상직무 및 필요인원, 필수유지업무의 특성 및 내용, 필수유지업무의 유지율, 필수유지업무협정의 내용, 필수업무협정의 효력기간, 필수공익사업장에서 파업을 하는 경우 필수유지업무에 미치는 영향 등을 살펴볼 필요가 있다. 이를 위해서 필수유지업무의 협정을 체결한 사업체들을 대상으로 사례를 조사하여 분석할 필요성이 있다.

그리고 필수유지업무의 협정은 본질적으로 당사자인 노사의 자율협정을 전제조건으로 하지만, 그 협정을 당사자가 스스로 체결하지 않는다면 결국에는 노동위원회가 일방적으로 결정해야 한다. 따라서 노사간에 자율적으로 협정체결을 한 경우 그 규모, 결정수준, 결정범위에 대하여 살펴볼 필요가 있다. 결정사례의 경우에는 노동위원회에서 필수유지업무를 결정하는 경우 그 기준이 무엇인지, 결정수준이 유사한지, 등을 알기 위하여 업종별 결정사례를 수집하여 살펴볼 필요가 있다.

또한 필수유지업무의 도입에 따라 나타나는 운영상 문제점이나 미비점을 고찰하여 개선방안의 여지가 있는지 검토할 필요가 있다. 우선적으로 필수유지업무의 협정체결을 기피하거나 필수유지업무의 체결을 방치하는 경우에 노사당사자는 언제까지 필수유지업무협정을 체결해야 하는지 법률상 명문 규정이 없는 문제점 등 미비사항의 보안이 필요하다. 또한 필요인원수의 산정기준이나 산정방법이 타당한지에 대하여도 해석상 논란이 일고 있어 이에 대한 검토가 필요하다. 업무대체율을 50%의 범위 내에서 가능하도록 명시하고 있으나, 그 해석과 관련해 의견을 정리해야 한다.[1] 동시에

---

[1] 그 밖에도 필수유지업무사업체가 분할·합병하거나 사업의 축소·확대, 조직개편, 기술변화

‘협정의 유효기간’을 정해야 하는지, 협정의 유효기간을 정하지 아니한 경우 어느 시점에 유효기간이 종료되는지, 새로운 협정체결을 위해서는 일방이 파기를 해야 하는지, 만약 파기를 할 수 있다면 불법행위 또는 채무불이행책임 중 어느 한쪽의 법적 책임을 지울 수가 있는지가 쟁점이 되고 있다.

그 밖에 공익사업을 포함한 중장기 제도개선과제를 위하여 법리적 문제점을 검토할 필요가 있다. 필수공익사업에 대한 필수유지업무는 공중의 생명·건강·신체의 안전 및 공중의 일상생활에 미치는 영향을 고려하여 ‘쟁의권과 공익’을 조화시킬 수 있는 합리적인 범위 내에서 노사 간 협정으로 설정할 필요가 있다. 그럼에도 불구하고 노동계에서는 필수공익사업체에는 긴급조정권이 발동될 수 있는데, 필수유지업무의 범위나 유지수준을 정하는 문제, 대체근로를 허용하는 문제는 노동조합의 노동기본권을 제약하는 이중적 규제수단이거나 중대한 침해라고 주장하고 있다. 그렇다면 구태여 필수유지업무의 범위를 법률로 정할 필요가 있는지에 대한 문제가 제기된다. 반면에 경영계에서는 필수공익사업가 종전과 달리 원칙적으로 파업이 가능하기 때문에 필수유지업무의 직종에 대하여는 파업이 불가능하도록 재개정을 해야 한다는 주장이 제기된다. 이러한 쟁점 이외에 업종별 필수유지기준에 대한 연구의 필요성이 있는지, 등에 대하여 중장기적 과제로 남길 필요가 있는지 논의가 필요하다. 또한 전기·수도·통신망(기간망 및 가입자망)·수혈용 혈액공급사업 등에 대하여 법률로 정하는 사항 이외에 공익사업을

등 사업의 동일성이 상실하거나, 그밖에 특별한 사정변경이 있는 경우에는 필수유지업무협정의 효력을 계속적으로 유지시킬 필요가 있는지 검토할 필요가 있다.

포함한 중장기 사업에 대하여 필수유지업무를 확대하는 것이 타당한지도 살펴볼 필요가 있다.

Ⅱ. 연구방법

　필수공익사업장에서 노사분쟁이 발생한 경우에 경제·사회적으로 미치는 파급효과가 매우 크고, 이에 긴급조정이 발동되는 등으로 쟁의권의 제약 등으로 인해 노사간에 첨예하게 쟁점이 제기되는 분야 중의 하나이다.

　본 연구방법으로는 필수유지업무제도와 관련한 산업현장에 있어서 합리적인 정착방안을 모색하기 위해서 그와 관련된 당사자의 의식, 사업의 특성, 애로점을 조사하되, 현장방문을 통한 인터뷰 조사 및 우편(이메일)에 의한 설문조사, 그리고 필수유지업무협정의 자율협정 및 노동위원회의 결정사례에 대하여 다양한 관점에서 쟁점분석 등을 행하고자 한다. 그리고 문헌조사로서 국내외 각종 기초자료의 수집, 논문 또는 발간물의 연구를 행한다. 이러한 과정을 통하여 현행의 필수유지업무제도에 대한 쟁점을 파악하고, 입법적 미비점이나 문제점이 있는지, 실태나 사례분석을 통하여 시사점이 무엇인지를 파악하여 제도개선의 개선방안을 모색하고자 한다. 또한 업종별 노동위원회의 필수유지업무의 결정사례나 자율협정사례를 수집하여 유지율과 유지수준에 대한 자료를 분석하고자 한다.

　　필수유지업무제도의 산업현장의 정착방안을 모색하기 위하여 필수유지업무의 결정과정을 고찰하고, 노사당사자가 주장하는 논리적 근거를 추적하고 실태를 소개하여 필수유지업무의 운영상 또는 입법구조상 미비점이 있는지 등을 규명하고자 한다. 이외에 노사당사자가 주장하는 쟁점사항에 대하여 법리적 타당성이 있는지를 검토하여 이를 수용할 가치가 있는지, 노사간 해석상 논란이 제기되고 있는 사항에 관한 실태와 행위를 고려하여 어떻게 해석을 하여야 하는지 등 법리적 검토를 병행하고자 한다. 그 외에 필수유지업무에 대한 현행법률의 규정에도 불구하고 연구할 과제가 무엇인지, 업종별 필수유지기준에 대한 연구의 필요성이 있는지, 협정기간이나 갱신사유의 문제, 필수유지업무의 협정이나 결정후 근무자의 통지문제 등 다양한 쟁점의 원인이 무엇인지를 규명할 필요가 있다. 이러한 분석이외에 외국의 사례가 있는지를 검토하고자 한다. 이러한 필수유지업무의 특성상 종합적인 관점에서 학제적 연구방법, 즉 노동법학, 노동경제학, 등의 다양한 관점에서 다양한 현안을 수행할 필요가 있다.

제2장
필수유지업무의 도입배경과 의의

Ⅰ. 필수유지업무제도의 도입 배경

1. 직권중재제도의 법리적 · 운영상의 위헌성

개정 전 노조법은 필수공익사업[2]의 노동쟁의에 대해 노동위원회
가 직권으로 중재에 회부하여 중재재정을 할 수 있는 '직권중재제
도'를 채택하고 있었다. 필수공익사업에서의 노동쟁의는 조정전치
주의에 따라 조정신청을 하면 조정기간인 15일간 쟁의행위가 금지
되고, 조정기간 만료 전에 직권중재에 회부되면 다시 15일간 쟁의
행위가 금지된다. 이때 중재재정이 내려지면 단체협약과 동일한 효
력이 있고, 위법 및 월권을 이유로 행정소송을 제기할 수 있을 뿐
이며 노동조합이 쟁의행위를 할 수 있는 기회는 원천적으로 봉쇄
된다.[3]

필수공익사업에서의 직권중재제도는 노사당사자간 자율교섭의 원
칙을 침해한다. 중재회부에 이은 강제적인 중재재정으로 말미암아
단체교섭권이 원천적으로 박탈되는 결과로 된다. 필수공익사업에 있
어 일부의 사용자는 직권중재제도를 악용하여 단체교섭에 성실하

---

2) 당시의 필수공익사업은 철도(지하철 포함), 수도 · 전기 · 가스 · 석유정제 및 석유공급사업, 병
원, 한국은행, 통신 등이었다.
3) 김홍영, "직권중재제도의 대체적 개선 방안", 『노동법연구』 제15호, 서울대학교노동법연구회,
2003 하반기, 287면

게 임하지 않고 직권중재회부를 유도하여 사실상 노동조합의 단체교섭권을 무의미하게 만들어 버릴 수 있다. 그 결과 종전에는 자율적인 분쟁해소가 어려워지게 된다.

당시의 직권중재제도는 사용자측의 교섭해태를 유발하고 단체교섭권을 제약할 뿐만 아니라 단체행동권을 원천적으로 박탈하는 결과를 초래하였다. 직권중재 회부 및 조정기간 중의 중재재정으로 당해 사업에 종사하는 모든 근로자의 쟁의행위를 원천적으로 금지하게 된다. 노동조합으로서는 어쩔 수 없이 실정법의 위반을 무릅쓰고 직권중재 회부에 불구하고 쟁의행위를 강행할 수밖에 없는 악순환이 계속 되었다. 이 경우 노동위원회가 중재회부를 하게 되면, 노동조합이 단체행동권의 행사할 수 없게 되어 있어 노동조합의 기본권을 침해하는 것으로 비판을 받아 왔다. 직권중재제도는 법리상으로는 물론이고 실제 운영상으로도 필수공익사업 근로자의 단체교섭권과 단체행동권을 본질적으로 침해하여 위헌성이 있는 것으로 논란이 되어 왔다.

2. 헌법재판소의 판단

직권중재제도의 위헌성에 대해서는 노동계, 특히 필수공익사업 노동조합들[4]에 의해 지속적으로 지적되어 왔고, 위헌제청신청과 헌법소원을 통해 헌법재판소에서 그 위헌성 여부에 대해 두 차례의 결정이 있었다.

---

4) 이 문제에 대하여는 민주노총 전국보건의료노동조합이 지속적인 이의를 제기하여 왔다.

헌법재판소 (1996. 12. 26. 90헌바19, 92헌바41, 94헌바49)결정은 서울특별시지하철노동조합, 문화방송노동조합, 부산교통공단노동조합 간부들이 형사재판에서 위헌제청신청을 하였다가 기각되자 헌법소원을 제기한 사건이다. 위 사건에서 4인[5]은 합헌의견을, 5인은 위헌의견[6]을 개진하였다. 위헌의견이 다수였으나, 위헌결정 정족수에 1인이 모자라 결국 합헌결정을 하였다. 헌법재판소 2003. 5. 15. 2001헌가31 결정은 보건의료노동조합이 중앙노동위원회의 2001. 6. 12.자 직권중재회부 결정(보건의료노조와 가톨릭대학교 중앙의료원 사이의 노동쟁의 사건)의 취소를 구하는 행정소송에서 위헌제청신청한 것을 서울행정법원이 받아들여 헌법재판소에 위헌법률심판제청을 한 사건이다. 위 사건에서 5인은 합헌의견[7]을, 4인은 위헌의견[8]을 개진하였다. 이 결정에서는 오히려 1996년보다 합헌의견이 1명 늘어났다.

위와 같이 헌법재판소에서 두 차례 합헌결정이 내려졌다고 해서 직권중재제도의 위헌성에 대한 논란이 완전히 해소되는 것은 아니다. 여전히 헌법재판관 4인 내지 5인이 위헌의 입장을 견지하고 있는 점에 비추어 보면 직권중재제도를 계속 유지하는 것은 인권국가로서의 위상에 부합하지 않게 되었다.

---

5) 재판관 김용준, 김문희, 정경식, 신청언
6) 재판관 김진우, 황도연, 이재화, 조승형, 고중석
7) 재판관 윤영철, 권성, 김효종, 김경일, 주선회
8) 재판관 한대현, 하경철, 김영일, 송인준

3. 국제노동기구(ILO)의 시정권고

국제노동기구(ILO)에서 결사의 자유위원회(the Committee on Freedom of Association: CFA)는 한국 정부에 대해 직권중재제도와 관련하여 필수공익사업의 범위를 조정하라는 시정권고를 하였다. ILO는 근로자들의 파업을 금지하는 국내법의 정당성이 인정되는 '엄격한 의미에서의 필수서비스(essential services in the strict sense of the term)'에 대해 "그 중단이 생명, 개인적 안전, 대중의 전체 또는 일부의 보건에 위해를 초래하는 서비스"라고 정의한다.[9]

ILO 결사의 자유위원회는 2002년 대한민국 관련 보고서에서 "필수공익사업의 항목에 남아 있는 철도, 도시철도 및 석유사업은 엄격한 의미의 필수서비스에 해당하지 않는다. 이들 사업은 공중의 기본적인 수요를 충족시키기 위해 파업의 경우에도 유지되어야 하는 최소서비스(minimum services)의 범위를 노동조합과 사용자 및 정부가 협의하여 정할 수 있다. 파업권이 엄격한 의미에서의 필수서비스에서만 금지되도록 노조법의 필수공익사업항목을 개정할 것을 권고한다."고 지적했다.

4. 직권중재제도의 폐지

필수공익사업의 직권중재제도가 국내·외적으로 비판에 직면하

---

9) ILO, Freedom of Association: Digest of Decisions and Principles of the Freedom of Association Committee of the Governing Body of the ILO, Fourth edition, Geneva, 1996(이하 ILO, Digest, 1996), para. 540

게 되었다. 즉 종전의 직권중재제도는 사용자측의 교섭해태를 유발하고 노사의 자율교섭원칙에 맞지 않는다는 비판과 함께, 직권중재제도의 위헌 여부, 그리고 필수공익사업의 범위 등에 관하여 논란이 계속되었다. 한편, 공익사업의 쟁의행위는 일반국민과 국민경제에 막대한 영향을 미침에 따라 대체근로를 허용할 필요성이 제기되었다. 외국에서는 사용자의 영업자유 차원에서 쟁의행위기간 중 대체인력의 사용에 대해 일반적으로 제한을 두고 있지 않았다.

그런데, 필수공익사업에는 쟁의행위권을 인정하면서도 직권중재를 인정하는 모순관계에 기초하고 있었다. 필수공익사업의 조정절차 및 쟁의행위 제한에 관하여 이론적인 경우의 수를 보면, "(i) 쟁의행위권의 인정 – 직권중재의 폐지, (ⅱ) 쟁의행위권의 부정[10) – 직권중재의 인정 : 직권중재는 "대상조치"가 된다. 예를 들어, 미국 공무원, 독일 경영협의회가 있다. (ⅲ) 쟁의행위권의 인정 – 직권중재의 인정: 모순관계"로 볼 수가 있다.

이러한 직권중재제도의 단점으로서는 직권중재회부에 의해 비로소 쟁의행위권이 제약되는 구조이어서, 노동조합이 직권중재 회부 여부를 결정하는 노동위원회의 권위를 부정하고 위법파업을 행하는 경우가 발생하고, 노사 간의 대립이 노정간의 대립으로 전환되어 정부의 노사관계에 대한 관여 내지 규제가 강화되는 결과를 초래한다. 그리고 노사관계 선진화의 방향에 어긋난다.

이에 공익사업의 특별조정절차를 강화하고 직권중재제도는 폐지하여 공익사업 조정절차를 일원화할 필요가 있었다. 종전 직권중재

---

10) 헌법상 보장된 단체행동권을 부인하는 것이므로 위헌의 소지가 있어 채택할 수 없다.

제도 아래에서는 쟁의행위권이 제약되는 필수공익사업, 쟁의행위권이 보장되는 일반적인 공익사업으로 이원화(二元化)되었고, 또한 조정절차는 쟁의행위권을 직접 제약하는 절차가 아닌 서비스 제공절차로서 재구성되어야 한다. 그리고 공익사업 특별조정절차에서 사실조사 및 공표를 통해 공중의 여론을 수렴할 수 있는 강화된 절차를 구비하고 있다. 종전의 제도는 직권중재시 당해 사업의 모든 근로자에게 쟁의행위가 금지되므로 쟁의행위권의 과도한 제약이 될 우려 발생하고, 공익사업에서의 쟁의행위권 제약은 공익보호를 위한 목적에서 최소한의 필요적절한 제약이어야 한다.[11]

한편, 노사정 등 각계 입장에 대해서는, 노동계는 필수공익사업 및 직권중재제도 폐지를 주장하며, 그 대안으로 현재의 필수공익사업 중 일부를 공익사업으로 규정하여 '파업예고제'를 도입할 것을 주장하였다. 반면에 경영계는 일반국민의 피해를 예방하기 위해 직권중재제도를 유지하며, 필수공익사업의 범위를 넓힐 것을 주장하였다.[12]

한편, 노사정위원회는 2001년에 필수공익사업에서의 직권중재제도에 관해 적극 논의하였으나, 필수공익사업의 범위조정문제는 노사간 입장 차이가 커서 의견접근이 어려운 상황이며, 2002년 이래 논의가 재개되지 못하였다.

그러자 정부는 그 폐지를 '노사관계 선진화' 입법의 한 내용으로 포함해서 추진하였다. 지난 참여정부는 우리나라 노사관계 분야가

---

11) 노사관계 선진화방안(최종보고서), 97 - 98면

12) 예를 들어, 항공·시내버스·혈액관리·폐수처리사업 추가해 줄 것을 요구하였다. 그리고 국회에서는 서로 다른 취지의 3건의 의원입법안 제출되었다. (ⅰ) 추가 : 항공운송(박상희), 혈액관리(심재철), 폐수처리(김성조), (ⅱ) 삭제 : 석유 정제 및 공급사업(김성조)가 있었다.

여전히 비합리적이라고 평가하고 노사관계의 선진화·합리화를 위한 입법을 추진하였다. 노동부는 2003. 9. 참여정부 노사개혁 프로그램으로 「노사관계법·제도 선진화 방안(34개 과제)」을 마련하여 노사정위원회에 논의를 요청하였다. 위원회는 필수공익사업의 개념 및 직권중재제도를 폐지하고, 공익사업분야에 파업이 발생할 경우에는 최소업무유지의무를 부과하는 방안을 제안하였다. 그리고 최소업무내용은 법령에 열거하며, 그 구체적인 범위는 사업장별로 단체협약에 따라 정하되 다툼이 있을 경우에는 노동위원회가 중재재정을 내릴 수 있어야 한다고 제안하였다.[13]

당시의 외국법제를 논의한 결과에 대한 시사점을 다음과 같이 요약하고 있다. 미국과 일본의 경우는 공공부문에 속하는가 라는 신분적 요소에 의해 쟁의행위의 전면적인 금지가 가능하므로 노동기본권(파업권) 보장의 측면이 낮고, 영국의 경우는 정부가 노사관계의 자율성을 존중하여 노동기본권의 제약이 적고, 노사간에 공익보호를 존중하는 성숙된 의식이 담보되지 않는다면 자칫 공익보호가 소홀히 될 우려가 있다. 독일이나 프랑스의 경우는 공익적 업무에 대해 최소한의 필수업무를 유지하도록 노사간에 자율적인 통제가 이루어지고 있다는 점에서 우리나라의 법제도의 개선방향을 모

---

13) 이에 대한 평가를 필수공익사업에서의 직권중재제도를 폐지하자는 제안에 대해서는 동의한다. 직권중재제도의 폐지가 전제된다면 최소업무유지의무를 부과하는 것 역시 그 필요성을 인정할 수 있을 것이다. 다만, 최소업무유지의무는 필수공익사업에 대해서만 부과되고, 공익사업에 대해서는 긴급조정제도로 규율해야 할 것이다(김진, "노사관계법제도 선진화방안에 관한 의견 – 쟁의행위 부분 기초 정리", 국제노동기준연구 민변노동위원회 내부 워크샵 자료집, 민주사회를 위한 변호사모임 노동위원회, 2004.1.30, 70 – 71면 ; 도재형, "노사관계법제도 선진화방안에 대한 비판적 검토", 노동법학, 제22권(2006.6), 한국노동법학회, 246면).

색하는데 시사점이 많다.[14)]

노사정위원회는 논의에 진전을 이루지 못한 채 2005. 9. 논의기
한이 종료되자 그 결과를 정부에 이송하였다. 2006. 3. 노사정대표
자회의가 재개되었고, 민주노총을 포함한 노사정은 2006. 6. 19. 이
후 논의를 계속하였다.

한국노총과 경총·상의는 2006. 9. 2. 대표자회의에서 복수노
조·전임자 규정의 5년 유예에 합의하였는데, 정부는 이를 검토하
기로 하고 민주노총은 반대 입장을 표명하였다. 2006. 9. 11. 민주
노총을 제외한 노사정대표자는 '직권중재제도' 폐지를 비롯한 선진
화 방안에 대해 타협을 도출했다. 이에 따라 2006. 11. 7. 관련 법
안(근로기준법 개정안, 노동조합 및 노동관계조정법 개정안, 근로자
참여 및 협력증진에 관한 법률 개정안, 노동위원회법 개정안)을 국
회에 제출하였고, 위 법안들은 2006. 12. 22. 본회의를 통과하였다.
특히, 노사관계 선진화 입법의 하나로 2006. 12. 22. 국회 본회의에
서 통과된 「노동조합 및 노동관계조정법」(이하 '노조법')에 의하여

---

14) 외국의 경우, 공공복리 보호를 위해 생존필수사업, 생존중요사업, 공익사업 등을 설정하여 쟁
의권을 일정부분 제한함. 다만, 그 범위 및 방법은 대체근로 등 사용자의 대항수단 허용정도,
분쟁해결 시스템 등에 따라 다름. 참고로 우리나라와 같이, 중재결과를 강제하는 제도는 일반
적이지 않음. (ⅰ) 독일 : 생존중요사업에는 최소한의 긴급작업 유지 의무 인정(에너지, 수도,
우편, 통신, 방송, 국방, 치안)하는 판례·학설을 통하여 쟁의권의 내재적 한계 설정, 노사간
의 긴급작업협정 및 노조규약에 보안작업 규정을 두는 자율적 통제 (ⅱ) 영국 : 가스, 수도,
전기, 우편 등 개별 법률로 파업예고 의무 부여, 정부는 대체인력 투입을 준비, 정부(ACAS)
는 조정·중재 노력을 하되 중재는 당사자 합의로만 개시, (ⅲ) 미국 : 연방의 공공부문, 주
의 공공부문, 철도, 항공사업 쟁의행위 금지(주의 공공부문은 쟁의행위 인정하는 주도 있음),
쟁의행위 금지의 대상조치로서 직권중재 설정(주의 공공부문), (ⅳ) 프랑스 : 특정공무원 및
공공서비스 전반에 대하여 입법 또는 기관장의 조치(행정판례법리로 권한 인정)로 필수업무
유지의무 부과, 공공서비스에서의 파업에 대해 예고의무(5일전 예고) 및 시간적으로 분산되
는 파상파업금지(파업제한법), (ⅴ) 일본 : 공무원 및 국공영기업 쟁의행위 금지, 쟁의행위 금
지의 대상조치로 직권중재 설정(국공영기업), 공익사업인 경우 쟁의행위예고의무(10일 전)로
정리하고 있다(선진화방안(최종보고서), 99－100면).

필수공익사업의 직권중재제도가 폐지되었다. 그 대신에 필수공익사업에 항공운수사업과 혈액공급사업을 추가하고, 필수공익사업에 필수유지업무제도를 도입하며, 일반적으로 금지되는 대체근로와 도급을 필수공익사업의 경우 그 적용을 배제하고 파업참가자의 50%를 초과하지 않는 범위에서 허용하였다. 노조법의 필수유지업무제도는 2006. 12. 31. 공포되어 2008. 1. 1.부터 시행되고 있다.[15]

당시에 정부는 노사관계 선진화 입법의 가장 중요한 성과로 ILO로부터 시정권고를 받은 '직권중재제도'를 폐지한 것을 들고 있다. 그러나 일부 노동계에서는 노조법은 필수공익사업의 범위 확대, 필수유지업무제도의 도입 및 대체근로의 허용 등 필수공익사업에서 직권중재제도를 폐지한 대신에 쟁의권을 제한하고 사실상 쟁의권을 약화시킬 수 있는 제도를 중첩적으로 도입하고 있다고 비판하고 있다. 여기에 공익사업과 대규모 사업장의 쟁의행위를 사후적으로 금지시킬 수 있는 '긴급조정제도'가 여전히 존치되는 것이 문제라는 지적도 있다.[16]

여기서 선진화방안에서는 긴급조정제도에 대하여, 긴급조정은 쟁의행위의 사후적인 제한제도로 쟁의행위가 (i) 공익사업에 관한 것이거나 (ii) 그 규모가 크거나 (iii) 성질이 특별한 것으로 현저히

---

15) 이후 각 필수공익사업별 필수유지업무의 범위를 규정하기 위한 시행령이 2007. 11. 30 이루어져 공포되었다.

16) 긴급조정 제도와 필수유지업무 제도를 병존시켜 동시에 적용하는 것은 '쟁의권과 공익의 조화'라는 입법 목적을 넘은 쟁의권에 대한 중복 규제이고 과잉 제한이며, 또한 대체근로의 전면 허용은 필수서비스 관련 쟁의와 긴박한 국가적 위기상황이 발생하는 경우에 한하여 예외적으로 대체근로가 가능하다는 ILO 원칙에서 크게 후퇴한 것이다; 김선수, '필수유지업무제도의 문제점과 정책과제' 국회대토론회(2008. 5. 14), 46면.

국민경제를 해하거나 일상생활을 위태롭게 할 위험이 현존하는 때에 노동부장관이 중앙노동위원회 위원장의 의견을 들어 긴급조정회부 여부를 결정하게 된다. 긴급조정을 결정한 후 30일은 쟁의행위가 금지되며, 중앙노동위원회 위원장은 즉시 조정을 개시하고, 중재재정으로 분쟁해결을 할 수 있다.[17]

선진화 방안에서는 당시 필수공익사업의 직권중재제도와의 중복성 등을 둘러싸고 논란이 있었는데, 필수공익사업의 직권중재제도가 폐지한다는 개선방향에서는 긴급조정절차가 정비될 필요성이 증대하게 되었다. 공익사업 등의 특별조정에서 여론수렴을 위한 절차(사실조사 및 공표)가 긴급조정에도 도입할 필요성이 있는 바, 당시 긴급조정제도는 쟁의행위 금지기간이 단기간이며(30일), 15일만으로 조정기간이 제한되어 충분한 조정 없이 강제중재에 회부될 우려가 발생하게 된다. 이에 대해서 노사정 등 각계 입장으로는, 노동계는 현재의 긴급조정 적용대상이 넓고, 노사자율교섭을 침해한다고 비판하며 현행의 필수공익사업을 공익사업으로 설정한 후(석유정제·공급사업제외) 대통령이 결정하고 긴급조정시에도 당사자 합의없이 개시되는 강제중재의 폐지를 주장한 반면에, 경영계는 특별한 의견이 없었다.

새로운 조정체계에서는 (ⅰ) 조정절차의 진행과 쟁의행위 정당성 판단이 분리 (ⅱ) 조정전치주의 폐지, (ⅲ) 필수공익사업 직권중재 폐지 등으로 인해 조정절차의 진행 중 또는 조정종료 후 쟁의행위가 발생하는 경우도 있는 바, 공익사업등의 특별조정절차에서 여론

---

17) 긴급조정제도는 1963년 제도를 도입한 이후 두 차례 사용했다. 즉 1969년 조선공사 파업 및 1993년 현대자동차 파업시 긴급조정을 결정하였으나, 조정·중재에 이르지 않고 자율적으로 타결하였다.

을 반영하는 조정을 진행하므로 쟁의행위가 억제되고, 쟁의행위 중에도 공익사업은 법령에서 정하는 최소업무가 유지되므로 최소한의 공익은 보호하고자 한다.

나아가 공익사업·일반사업을 불문하고 쟁의행위가 공중의 생명·안전·보건 또는 일상생활 내지 국민경제를 현저히 위태롭게 하는 경우에는 긴급조정절차가 진행될 수 있다. 긴급조정시 조정절차는 조정과정에서 여론을 반영하면서도 가능한 한 당사자의 자주적 해결을 존중하는 조정방식에 의해 해결하는 것이 바람직하다. 조정절차에서 사실조사와 공표를 통해 여론을 반영하도록 하고, 여론 반영을 위한 절차를 진행하고 노사의 자주적 해결을 촉진하기 위한 충분한 조정기간을 확보하기 위해 쟁의행위 금지기간을 60일 정도로 연장하여 설정하고 있다.

현행법은 쟁의행위 금지기간이 30일이며 그 중 15일만이 조정기간으로 확보되어 충분한 조정 없이 강제중재에 회부될 우려가 발생하고, 조정으로도 해결되지 않는 경우 최후로 강제중재를 통해 분쟁을 해결하도록 한다. 긴급조정의 결정권자를 노동부장관으로 현행 유지하고, 이는 긴급조정의 필요성 여부에 관해 합목적적 판단을 도모하기 위한 것이다. 긴급조정의 적용 대상범위를 원칙적으로 현행 유지하되, 긴급조정은 이미 실행되고 있는 쟁의행위의 부정적 영향이 너무도 큰 경우 쟁의행위를 중단시키고 분쟁을 비상한 절차에 의해 해결하려는 것이다. 긴급조정의 필요성은 공중의 생명·안전·보건 또는 일상생활 내지 국민경제의 보호 차원에서 인정될 수 있으며, 공익사업·일반사업을 불문한다. 다만, 긴급조정 요건의 완화 또는 강화 의미가 아니라, 긴급조정의 취지를 명확하게 하기 위하여 요건에 대한 문구를 수정하였다. 즉, 당시 "공익사업에 관한 것이거나 일반사업중 그 규모가 크거나 성질이 특별한 것"을 삭제하고, "쟁의행위가 공중의 생명·안전·보건 또는 일상생활을 현저히 위태롭게 하거나 국민경제를 현저히 저해하는 경우"로 변경하였다.

또한 정부는 2007. 11. 30. 노조법 시행령을 개정하여 필수유지업무의 범위를 12개 필수공익사업별로 구체적으로 규정하였다. 법률이 시행됨에 따라 필수공익사업의 각 사업장에서는 필수유지업무협정의 체결문제가 현안으로 되고 있다. 필수유지업무제도는 우리나라에 처음 도입되는 제도이고, 입법례적으로 딱 맞아떨어지는 선례도 없는 형편이어서 정착과정에서 적지 않은 어려움을 야기하고 있다.

필수공익사업의 직권중재제도가 해당 근로자들의 단체행동권을 본질적으로 침해하는 것을 개선할 목적으로 이루어진 노조법 개정이 필수유지업무제도와 대체근로를 도입하고, 노사당사자가 자율적으로 필수유지업무협정을 체결하지 않을 경우 노동위원회가 결정함에 따라 종전 직권중재제도와 크게 다르지 않다는 비판도 있다. 이런 상황에서 필수공익사업의 필수유지업무제도 도입 경위, 그에 대한 해석론과 문제점, 그리고 정책과제로서의 개선방안 등에 관하여 검토할 필요가 있다.

필수공익사업의 운영은 노사당사자 간의 이해관계에만 국한되지 않고 공중의 이해관계에도 중대한 영향을 미친다. 따라서 근로자의 기본권인 노동기본권과 공익이 조화를 이루는 제도의 운영 및 해석이 필요하다. 다만 어떠한 경우에도 공익과 노동기본권의 조화로운 보호가 중요한데, 종전 직권중재제도는 지나치게 노동기본권을 희생시키는 방향으로 제도가 설계되고 운영되어 왔다는 해석론이 주류를 이루었다. 이러한 반성에서 직권중재제도가 폐지되었으므로 노조법 개정의 취지를 살려 제도를 설계·운영하고 해석론을 전개하여야 한다. 그것만으로 한계가 있다면 필요한 범위에서 법률개정 방안도 모색할 필요가 있을 것이다.

필수공익사업장에 대한 직권중재제도는 노동조합의 '쟁의권'에 대한 지나친 제약이라는 비판과 함께 위헌논란이 지속적으로 제기되어 왔다. 또한 ILO는 생명·신체의 안전이나 건강과 직접적인 관련이 없는 "철도·지하철, 석유사업 등"을 필수공익사업의 직권중재 대상에서 제외할 것을 지속적으로 권고해 왔다. 이에 따라 2006년 12월 30일 개정된 '노동조합 및 노동관계조정법'(이하 '노조법'이라 한다)에서는 필수공익사업에 대하여 직권중재제도를 '폐지'하는 대신에 '필수공익사업의 범위'를 '확대'하고 쟁의행위기간 동안에도 반드시 유지되어야 할 '필수유지업무제도'를 '신설'하여 2008년 1월 1일부터 시행하고 있다.

현행 노조법 제42조의2 제1항에 의하면 "「필수유지업무」라 함은 필수공익사업의 업무 중 그 업무가 정지되거나 폐지되는 경우 공중의 생명·건강 또는 신체의 안전이나 공중의 일상생활을 현저히 위태롭게 하는 업무로서 대통령령이 정하는 업무를 말하는 것"으로 규정하고 있고, 같은 조 제2항에 의하면 "필수유지업무의 정당한 유지·운영을 정지·폐지 또는 방해하는 행위는 쟁의행위로서 이를 행할 수 없다"고 규정하고 있다. 또한, 노조법 제42조의3에 의하면, "노동관계 당사자는 쟁의행위기간 동안 필수유지업무의 정당한 유지·운영을 위하여 필수유지업무의 필요 최소한의 유지·운영 수준, 대상직무 및 필요인원 등을 정한 협정(이하 "필수유지업무협정"이라 한다)을 서면으로 체결하여야 한다"고 규정하고 있다.

나아가 노조법 제42조의4 제1항과 같은 조 제2항은 "노동관계 당사자 쌍방 또는 일방은 필수유지업무협정이 체결되지 아니하는 때에는 노동위원회에 필수유지업무의 필요 최소한의 유지·운영수준, 대상직무 및 필요인원 등의 결정을 신청하여야 한다. 신청을 받은 노동위원회는 사업 또는 사업장별 필수유지업무의 특성 및 내용 등을 고려하여 필수유지업무의 필요 최소한의 유지·운영 수준, 대상직무 및 필요인원 등을 결정할 수 있다"고 규정하고 있다.

한편, 동법 시행령 제22조의2 [별표1]에는 각종 사업에 대한 필수유지업무가 규정되어 있다. 철도사업의 경우에는 『철도·도시철도 차량의 운전 업무』, 『철도·도시철도 차량운행의 관제 업무(정거장·차량기지 등에서 철도신호 등을 취급하는 운전취급 업무를 포함한다)』, 『철도·도시철도 차량운행에 필요한 전기시설·설비를 유지·관리하는 업무』, 『철도·도시철도 차량운행과 이용자의 안전에 필요한 신호시설·설비를 유지·관리하는 업무』, 『철도·도시철도 차량운행에 필요한 통신시설·설비를 유지·관리하는 업무』, 『안전운행을 위하여 필요한 차량의 일상적인 점검이나 정비 업무』, 『선로점검·보수 업무』 등 7개 업무를 규정하고 있다.

만일 필수유지업무협정이 체결되지 아니하는 때에는 노동관계 당사자의 쌍방 또는 일방의 신청을 받아 노동위원회가 사업 또는 사업장별 필수유지업무의 특성 및 내용 등을 고려하여 필수유지업무의 필요 최소한의 유지·운영 수준, 대상직무 및 필요인원 등을 결정할 수 있다(노조법 제42조의4).

〈표 1〉 직권중재제도 및 필수유지업무제도 비교

구분	직권중재 제도	필수유지업무 제도
대상사업	• 철도(도시철도 포함), 수도,전기,가스, 석유정제 및 석유공급, 병원, 한국은행, 통신사업(우정 포함)	• 항공운수사업, 혈액공급사업 추가
파업권 제한	• 사전 제한 • 노동위원회 직권중재 결정⇒ 파업 전면금지	• 파업권 허용 • 다만, 필수유지업무 종사자는 파업참여 금지
필수유지업무 내용	• 관련규정 없음.	• 법령의 범위 내에서 단체협약으로 결정 ※ 시행령으로 업무를 설정
위반시 효과	• 불법파업 ⇒민·형사·징계책임	• 필수유지업무 위반 ⇒ 민·형사·징계책임
대체근로	• 외부인력에 의한 대체근로 금지 • 불법 파업시 외부인력에 의한 대체근로 허용	• 외부인력에 의한 대체근로허용(파업참가자의 100분의 50까지) • 불법 파업시 제한없이 허용
긴급조정	• 노동부장관 긴급조정 결정(긴급조정→직권중재)	• 현행 유지

Ⅱ. 필수업무제도의 의의와 법적 성격

1. 필수공익사업의 정의

"필수공익사업"(essential service)에서의 파업은 노사 당사자 뿐 아니라 국민생활 등 공익에도 중대한 영향을 미칠 수 있기 때문에 대부분의 국가에서 법률이나 판례, 노사협정 등을 통하여 이에 대한 일정한 제한을 하고 있다. 우리나라 노조법상 필수유지업무라 함은 제71조제2항의 규정에 따른 필수공익사업의 업무 중 그 업무가 정지되거나 폐지되는 경우 공중의 생명·건강 또는 신체의 안전이나 공중의 일상생활을 현저히 위태롭게 하는 업무로서 대통령령이 정

하는 업무를 말한다(노조법 제42조의2 제1항).[18]

노조법 제42조제2항에 의하여 필수유지업무의 정당한 유지·운영을 정지·폐지 또는 방해하는 행위는 쟁의행위로서 금지된다. 즉 노동관계당사자는 노조법 제71조 제2항의 필수공익사업, 즉 공익사업으로서 그 업무의 정지 또는 폐지가 공중의 일상생활을 현저히 위태롭게 하거나 국민경제를 현저히 저해하고 그 업무의 대체가 용이하지 않은 1) 철도사업, 도시철도사업 및 항공운수사업, 2) 수도사업, 전기사업, 가스사업, 석유정제사업 및 석유공급사업, 3) 병원사업 및 혈액공급사업, 4) 한국은행사업, 5) 통신사업 등의 사업에서는 필수유지업무의 유지·운영을 정지·폐지 또는 방해하는 쟁의행위를 할 수 없다.

ILO의 전문위원회는 파업권이 제한될 수 있는 좁은 의미의 필수공익사업을 "업무의 정지로 국민 전부 또는 일부의 생명, 안전, 건강에 위협을 주는 사업"[19]으로 정의하였고(엄밀한 의미의 필수공익사업) 이 개념은 이후 결사의 자유위원회(Committee on Freedom of Association)에서도 채택되었다.[20] ILO는 엄밀한 의미의 필수공익사업이 무엇을 의미하는가는 각국이 처한 특수한 상황에 따라 달라질 수 있다고 보고 있다. 즉 특정 국가(예컨대 섬나라)에서는 해운

---

18) 이와 유사하게 외국에서도 필수유지업무를 공공의 안전과 안녕에 필요하다고 인정되는 업무를 의미한다고 하고, 업무가 정지될 경우 생명 또는 공공의 안전이 위협을 받게될 만한 사유가 존재할 경우 그 업무는 필수유지업무로 인정된다고 하고 있다.

19) "the interruption of which would endanger the life, personal safety or health of the whole or part of the population"(ILO, 1983b, para. 214)

20) ILO는 광의로 엄밀한 의미의 필수공익사업이라 할 수 없으나 파업의 정도 및 기간 등에 비추어 그 결과가 국민의 일상생활에 심대한 위기를 초래할 수 있는 사업, 최광의로 기본적으로 중요한 공익사업에 대하여도 필수공익사업이라고 볼 수 있다고 하였으나, 기본적으로는 엄밀한 의미의 필수공익사업만을 인정하고 있다.

사업이 대륙에서보다 심각한 정도로 국가경제 및 국민의 일상생활에 치명적인 위협이 될 수도 있을 수 있고, 엄밀한 의미의 필수공익사업이 아니라 할지라도 파업이 일정한 기간 또는 일정한 범위를 넘어 지속될 경우 국민 전부 또는 일부의 생명, 안전, 건강에 위협을 주게 된다면 필수공익사업으로 될 수 있다는 것이다.[21]

그럼에도 불구하고 결사의 자유위원회는 파업이 제한 또는 금지되는 사업을 병원사업, 전기사업, 통신사업, 수도사업, 항공사업 등으로 한정하여 필수공익사업이라고 간주하고 그 밖의 사업들을 필수공익사업에서 제외시키고 있다. 필수공익사업의 범위를 폭넓게 인정할 경우 근로자의 쟁의권이 지나치게 제한되는 결과를 가져온다는 사실을 의식하였기 때문으로 보인다.

2. 필수유지업무의 의의

필수유지업무(minimum service)라 함은 쟁의권의 상당한 또는 전면적인 제한이 정당하지 않다고 간주되는 경우 근로자의 파업권을 심각하게 제한하지 않은 상태에서 공공의 기본적인 욕구를 충족시키고 공공시설을 안전하게 또는 중단 없이 유지시키는 것을 보장하는 업무를 말한다. 우리나라는 노조법 개정으로 필수공익사업에 대한 직권중재제도가 폐지되는 대신 필수유지업무제도가 신설되었다. 이에 따라 노동관계 당사자는 쟁의행위기간 동안 필수유지업무의 정당한 유지·운영을 위하여 필수유지업무의 필요 최소한의 유

---

21) ILO, 1996d, para. 541

지・운영 수준, 대상직무 및 필요인원 등을 정한 협정(이하 "필수유지업무협정"이라 한다)을 서면으로 체결하여 노동관계 당사자 쌍방이 서명 또는 날인하여야 한다(노조법 제42조의4).

위와 같은 필수유지업무협정에 관한 규정을 입법화함으로써 필수공익사업에서 파업으로 인해 공중의 일상생활을 위태롭게 하거나 국민경제를 현저히 저해하는 결과를 미연에 방지하여 제3자(공익)의 침해를 최소화한다는 점에서는 긍정적으로 평가될 수 있다. 필수공익사업의 쟁의행위를 일반사업과 마찬가지로 인정할 경우 이와 무관한 시민 등 제3자가 손해를 볼 수 있다는 점에서 일부 국가에서는 필요최소한의 업무에 대하여 노사간 필수유지업무협정을 체결하도록 하여 파업기간 중에도 최소한의 긴급한 업무 및 그 종사자에 대하여는 파업참여를 제한하고 있다.

필수유지업무협정의 필요성에 대하여는 외국에서도 입법 또는 판례로 인정되고 있다.[22] 독일에서는 1988년 5명의 법학자들이 집단적 노사관계에 관한 법의 제정과 그 중 필수유지업무에 관한 법규정의 신설을 시도했던 적이 있으나 실패하였다.[23] 20년이 지난 현재까지 아직 이에 관한 법규정은 없고 각 분야별로 자율적으로 필수유지업무협정을 체결하고 있다. 반면 이탈리아는 1990년 필수공익사업에서의 쟁의행위에 관한 특별법을 규정하여 필수유지업무

---

22) 독일의 경우 집단적 노사관계를 규율하는 법이 없음에도 불구하고 연방노동법원이 필수유지업무의 필요성을 이미 오래 전 인정한 바 있다. BAG Urteil vom 31. 1. 1995 − 1 AZR 142/94; vom 30. 3. 1982 − 1 AZR 265/81

23) Birk, Konzen, Löwisch, Raiser, Seiter 등의 학자가 '집단적 노사분규에 관한 법률'(Gesetz zur Regelung Arbeitskonflikte − Entwurf und Begründung)에 관한 법안을 마련한 바 있는데 이 중 필수유지업무에 관한 규정(11조)은 필수공익사업을 지정하고 노사당사자가 필수공익사업에서 필요최소한의 업무가 유지될 수 있도록 노력하고 조합은 쟁의발생 3일 전 사용자에게 쟁의에 대하여 통지하고 이를 공중에게 알릴 것을 규정하고 있다.

제도를 입법화하고 있다.

캐나다에서는 2008. 5. 14. 새스캐치원(Saskatchewan) 주(州)에서 필수유지업무법(The Public Service Essential Services Act)이 통과되었다. 캐나다의 그밖의 주24)에서는 이미 필수유지업무협정이 존재해 왔다. 그렇긴 하나 필수유지업무협정의 궁극적인 목적은 쟁의권의 제한에 있는 것이 아니라 공익의 피해를 최소화하는 데 있다. ILO는 이 점에서 필수공익사업에서의 파업을 전면적으로 금지하는 것은 국가적 위기상황에 한해 일정한 기간과 한도 내에서만 정당화된다고 보고 있다.

3. 필수유지업무협정의 법적 성격

필수유지업무협정의 법적 성격에 관하여는 아직 이론이 정립되어 있지 않다. 필수유지업무의 법적 성격이 문제가 되는 이유는 협정을 어떻게 보느냐에 따라 체결의무부과 여부 또는 체결 해태 또는 위반 등의 효과가 달라지기 때문이다. 일견 필수유지업무협정이 사용자와 노동조합이 체결한다는 측면에서는 단체협약과 유사한 성격을 갖는다고도 볼 수 있다. 그렇다면 단체협약에 관한 규정을 유추적용을 할 수도 있을 것이다. 예컨대 유효기간을 단체협약과 동일하게 정하도록 하고 사용자가 협정체결에 응하지 않았다면 사용자에게 노조법 제81조 제3호에 의해 부당노동행위의 책임을 물을 수 있다.

---

24) 매니토바(Manitoba), 뉴 브런스윅(New Brunswick), 유콘(Yukon), 노쓰웨스트 테리토리즈 (Northwest Territories), PEI, 노바 스코티아(Nova Scotia), 퀘벡(Quebec), 온타리오(Ontario) 주에는 이미 필수유지업무협정에 관한 법을 제정하였다.

　그러나 필수유지업무협정이 사용자와 노동조합에 의해 집단적으로 체결된다는 외면만을 보고 단체협약으로 간주하는 데는 무리가 따른다. 왜냐하면 필수유지업무협정은 단체협약의 체결을 둘러싼 노사간 의견의 불일치로 인하여 파업이 발생한 경우 최소한의 업무는 유지하여 공중의 불편을 최소화하자는 데 목적이 있다. 그러므로 근로조건 및 협약당사자의 권리·의무를 규정한 단체협약과는 본질적으로 다르다. 즉 단체교섭이 근로조건의 유지·개선을 목적으로 한다면 필수유지업무협정의 체결은 단체교섭이 결렬되어 쟁의행위에 돌입한 경우 안전판 역할을 한다고 할 것이다.

　이러한 점에서 단체협약에 관한 규정을 필수유지업무협정에 적용할 수는 없다. 이는 부당노동행위 규정을 필수유지업무협정에 적용하는 것이 적합하지 않다는 사실로도 입증이 된다. 예컨대 필수유지업무협정의 체결을 촉구하는 쪽은 사용자인 반면 단체교섭의 체결을 촉구하는 쪽은 노조이다. 따라서 사용자가 필수유지업무의 협정체결에 응하지 않는다고 부당노동행위로 처벌한다는 것은 비현실적이다. 왜냐하면 사용자는 만약의 파업사태에 대비하여 하루라도 빨리 필수유지업무의 협정체결을 서둘러야 하는 반면, 노조는 협정을 체결할 경우 일부 조합원이 불가피하게 필수유지근무대상자로 되어야 한다는 점에서 기꺼이 협정체결에 응하기는 어렵기 때문이다.

　필수유지업무협정과 단체협약의 성격이 다르기 때문에 유효기간 또한 단체협약과 동일시할 수 없다. 예컨대 노사의 업무를 간소화할 목적으로 필수유지업무협정과 단체협약의 유효기간을 같이 할 경우 필수유지업무협정 본연의 목적을 상실하게 된다. 만약 단체협약 만료기간 후 새 단체협약을 체결해야 하는데 필수유지업무협정을 단체협약의 일부로 본다면 단체협약체결이 결렬된 경우 노동조합이 협정의 유효기간이 만료되었다는 이유로 종전의 필수유지대상업무를 무시하고 쟁의행위에 돌입하더라도 이를 불법이라고 할 수 없다. 이러한 협정공백으로 인한 불상사를 미연에 방지하기 위해서라도 필수유지업무협정은 단체협약과 분리하여 사전에 체결해야 할 것이다.[25] 결국 필수유지업무협정은 단체협약체결 시 노사간 의견의 불일치로 인하여 발생할 수 있는 쟁의행위의 피해를 최소화하는 안전장치일 뿐 협약 자체는 아님을 간과해서는 안 된다.

Ⅲ. 쟁의권과 공익의 조화

1. 보호법익의 충돌

필수유지업무협정은 공중의 생명·건강 또는 신체의 안전이나 공중의 일상생활을 현저히 위태롭게 할 가능성을 사전에 차단하는 반면 헌법 제33조 제1항에 보장된 노동조합의 단체행동권[26]을 제한할 수 있다는 점에서 양자간의 법익충돌이 불가피하다. 즉 공익

---

25) 또한 필수유지업무는 근로조건에 관한 사항을 정하는 것이 아니라 쟁의행위에 따른 공중이나 사회에 미치는 악영향을 고려하여 일정한 규율을 정하는 규제수단으로서 성격을 지닌다고 보아야 한다. 이러한 이유로 필수유지협정을 체결이나 교섭에 응하지 아니한다는 이유로 부당노동행위로 제재할 수 없다. 따라서 노조법상 단체협약을 전제로 하는 단체협약신고 및 시정명령(제31조), 단체협약 유효기간(제32조), 단체협약 위반시 벌칙(제92조)의 적용은 타당하지 않다.
26) 사용자의 직장폐쇄는 파업이 개시된 이후에만 가능하므로 필수유지업무협정이 직장폐쇄권을 제한할 가능성은 그리 높지 않다.

을 보호하게 되면 그만큼 쟁의권이 제한되고, 쟁의권을 보호하면 공익에 위협을 줄 가능성이 높아 어느 정도로 양자의 법익간의 조화를 이루어야 하는지가 매우 민감한 사안이 아닐 수 없다.[27]

필수공익사업에 대하여 필수유지업무협정체결을 의무화하는 것은 국가가 노사관계에 대하여 공익(생명, 안전, 건강, 이동의 자유 등)을 위하여 파업권을 어느 정도 제한할 것을 요구하는 것이라 할 수 있다. 필수유지업무의 범위에 관한 결정은 필수공익사업에서의 필요최소한의 업무가 수행되도록 함으로써 공중의 피해를 최소화하는 동시에 근로자의 쟁의권이 과도하게 침해를 받지 않도록 하는 선에서 이루어지도록 공공기관 및 노사당사자가 신중히 판단하여야 할 것이다.

한편 필수공익사업에 대하여 필수유지업무협정체결을 의무화하는 것은 국가가 공익(생명, 안전, 건강, 이동의 자유 등)을 위하여 근로자의 파업권을 일정 부분을 제한하겠다는 의지를 표명한 것이라고도 할 수 있다. 노동계에서는 노조법 제76조("노동부장관은 쟁의행위가 공익사업에 관한 것이거나 그 규모가 크거나 그 성질이 특별한 것으로서 현저히 국민경제를 해하거나 국민의 일상생활을 위태롭게 할 위험이 현존하는 때에는 긴급조정의 결정을 할 수 있다")의 긴급조정이 있는 상태에서 필수유지업무협정체결을 의무화하는 것은 헌법상 보장된 단체행동권을 과도하게 이중적으로 제한한다는 이유를 들어 위헌적 요소가 있다는 문제를 제기하고 있다.

그러나 필수공익사업에서의 직권중재를 폐지한 상태에서 필수유지업무협정체결을 법정화하지 않을 경우 필수공익사업에서의 파업

---

27) Treu, Tiziano, Strikes in essential services in Italy, An extreme case of pluralistic regulation, 15 Comp. Lab. L.(1994), 461(467)

에 대한 규제는 긴급조정이 유일한 제재수단이 된다. 그 결과 필수공익사업에서의 파업으로 공익에의 침해가 중대한 경우 노동부장관은 수시로 긴급조정의 결정을 할 수밖에 없어 긴급조정이 남발될 가능성이 높을 뿐 아니라 파업보다 그 위험성이 심대하게 높은 국가적 위기상황에서 발하는 긴급조정과 차별화되지 않는다는 점에서도 문제가 있다.

현실적으로 가장 심각한 문제는 노동조합이 사용자에게 압력을 가할 목적으로 필수유지업무까지 파업의 대상으로 삼을 경우 그 여파가 국민의 생명을 위협할 수도 있다는 점이다. 예컨대 극단적인 경우 병원 응급실 또는 중환자실 종사자들이 전원 파업에 참가할 경우 노동부장관이 긴급조정을 발하는 것은 사후약방문(死後藥方文)일 뿐이다. 이러한 최악의 사태를 방지하기 위해 필요한 것이 필수유지업무협정인 것이다.

노조원들의 요구사항이 아무리 절박하다 해도 중환자실이나 응급실 환자의 생명과 맞바꿀 수는 없고, 필수공익사업 근로자들의 근로조건개선을 위해 무고한 국민이 희생될 수는 없다. 따라서 긴급조정제도가 있다는 이유로 필수유지업무협정이 필요하지 않다는 주장은 설득력이 없다. 국민경제를 현저히 저해하는 결과를 미연에 방지하여 제3자(공익)의 침해를 최소화한다는 점에서 필요한 제도이고, 이와 같은 이유로 외국에서도 입법 또는 판례로 필수유지업무협정의 필요성을 인정하고 있다.

2. 필수공익사업의 필수유지수준 결정모형

필수유지업무의 수준은 직접적으로는 그 업무의 생산자인 사용자와 노동의 공급자인 노동조합의 교섭에 의해 결정되나, 근본적으로는 노동조합의 기본권인 쟁의권과 국민의 행복과 편의를 보장하는 공익성이 효과적으로 조화를 이루는 선에서 결정된다고 볼 수 있다. 노동조합의 쟁의권은 허용되어야 하되, 국민의 공익성이 크게 훼손되지 않는 범위에서 이루어져야 한다. 쟁의권과 공익간의 충돌 시 적정성에서의 균형이 필요한데 쟁의권이 추구되면서 공익성이 제약되기 시작할 때 쟁의권 획득에 대한 공익성 희생을 수용하는 정도 또는 공익성을 획득에 대한 쟁의권 희생을 감내하는 정도에 의해 공익성을 제약하는 정도가 결정된다.

이제 한 공익사업의 사회적 후생은 국민의 공익성과 노동조합의 쟁의권으로 구성된다고 가정한다. 그래서 공익사업의 사회적 후생은 공익성과 쟁의권과의 함수관계이다.

$$W \;=\; W(C, S)$$

C : 국민의 편의성, 공익성

S : 노동조합의 쟁의권

이 공익사업의 사회적 후생은 국민의 공익성이 높아짐에 따라 증가하고 노동조합의 쟁의권이 보장됨에 따라서도 증가한다. 이 후생함수는 공익성과 쟁의권의 적절한 조합으로 동일한 후생을 만들어내는 사회적 무차별곡선을 의미한다. 동일한 후생의 무차별곡선에 따라 쟁의권을 얻기 위해서는 공익성을 희생해야 하고 반대로 공익성을 얻기 위해서는 쟁의권을 희생해야 한다.

<그림 1>은 이러한 사회적 후생함수를 그림으로 표시한 것이다. 횡축은 쟁의권을 나타내고 종축은 공익성을 나타낸다. 쟁의권과 공익성을 양적으로 측정할 수 있는 것으로 가정하고 표시한다. 필수공익사업의 후생함수는 원점을 향해 볼록한 모양을 보일 것이다. 이것은 동일한 후생을 달성하기 위해 공익성의 높은 수준에서는 쟁의권 한 단위를 획득하기 위해 많은 공익성을 희생할 수 있으나 쟁의권이 늘어남에 따라 공익성을 희생하고자 하는 정도는 점점 감소하기 때문이다. 공익성이 낮은 수준에서는 공익성 한 단위를 더 희생하기 위해 상당히 많은 단위의 쟁의권을 얻어야만 동일한 후생을 유지할 수 있다.

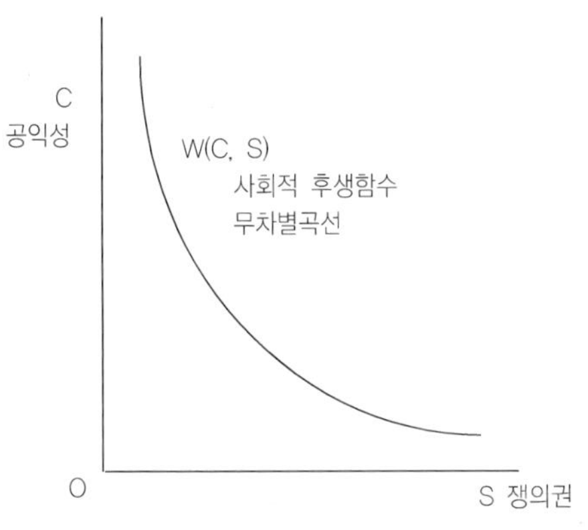

〈그림 1〉 필수공익사업의 후생함수

한 필수공익사업에서 파업이 발생했을 때 그것이 국민들의 불편을 초래하게 될 때 얼마나 불편을 감수하려고 할까? 다시 말해 쟁의권 한 단위는 공익성 몇 단위를 줘야 살 수 있는가? 쟁의권의 사회적 가격이라고도 할 수 있다. 쟁의권의 가격선은 다음과 같이 표시할 수 있다.

C + P S = Y

P : 쟁의권의 공익성에 대한 상대가격 ($\triangle C / \triangle S$)

Y : 공익성과 쟁의권을 살 수 있는 사회적 예산

사회적 예산은 측정하기 힘든 것이지만 우리 현실에서 공익성과 쟁의권을 수용할 수 있는 유형과 무형의 예산으로 가정한다.

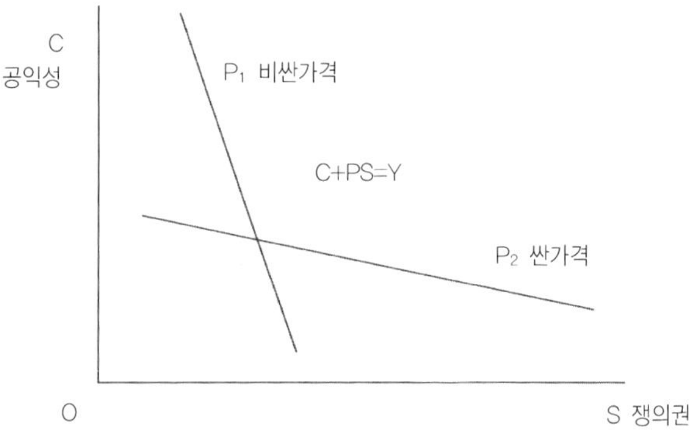

〈그림 2〉 쟁의권의 사회적 가격

<그림 2>는 쟁의권의 사회적 가격을 나타내고 있다. 쟁의권의 가격은 $\triangle C / \triangle S$로 표시되는데, P1은 쟁의권 한 단위를 사기 위해 많은 사람들의 불편을 치러야 하는 높은 공익성 희생이라는 비싼 가격을 의미하고, P2는 쟁의권 한 단위를 사기 위한 낮은 공익성

희생이라는 싼가격을 의미한다.

현재 우리 사회의 쟁의권 가격선은 P1에 가깝다. 쟁의권을 사기 위해 많은 공익성 희생을 지불해야 가능하기 때문이다. 이제 쟁의권과 공익성의 균형은 위의 후생함수와 가격선이 접하는 점에서 결정된다. <그림 3>에서 보면 후생곡선과 가격선을 동시에 표시하였는데 필수공익사업의 균형이 b점에서 이루어짐을 알 수 있다.

쟁의권이 허용되지 않은 현재의 a점에서 쟁의권이 도입하면서 동일한 사회후생을 유지한다는 가정하에 소폭의 공익성을 희생함으로써 달성하는 b점이 바로 그 균형이다. b점은 쟁의권의 가격인 가격선이 후생곡선에 접하여 형성되는 점이다. a에서 b로의 이동은 쟁의권을 소폭 허용하기 위해 공익성을 상당히 희생하여 얻는다는 것을 보여주고 있다.

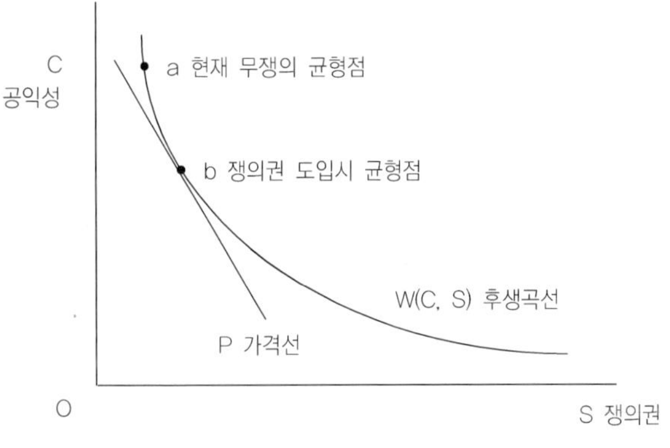

〈그림 3〉 필수공익사업의 쟁의권 결정

공익성과 쟁의권 결정을 수학적으로 표시하면 사회적 예산선을 조건으로 후생함수를 극대화하는 것인데 다음과 같다.

$$\max \ W = W(C, \ S)$$
$$\text{s.t.} \ C + P\,S = Y$$

필수공익사업의 필수유지수준은 쟁의권 결정에서 도출될 수 있다. 노동조합의 쟁의권은 파업시 필수유지업무에 투입되는 인원이 많아질수록 제약된다. 반대로 말해 필수유지업무로부터 제외될 수 있는 조합원이 많아질수록 쟁의권이 강화될 수 있다.

$$S = S(Lt - L) \quad SL < 0$$
$$Lt \ : \ \text{필수유지업무에 종사하는 총노동}$$

$Lt - L$는 필수유지업무에 투입되는 필요인원을 제외하고 파업에 투입될 수 있는 노동조합원이 된다. 따라서 쟁의권은 전체 조합원 중 파업에 투입되는 조합원이 많을수록 증가할 것이다. 쟁의권과 필수유지투입인원과 관계를 사용하여 필수유지투입인원 또는 필수유지수준의 결정은 위의 극대화모형을 변형하여 다음과 같이 표시할 수 있다.

$$\max \ W = W(C, \ S(Lt - L)) = W(C, \ L)$$
$$WC > 0, \ WL < 0$$
$$\text{s.t.} \ C + P\,S(Lt - L) = Y$$

결론적으로 필수유지수준은 필수유지에서 제외하여 파업에 투입되는 인원으로 발생하는 쟁의권에 대해 사회적으로 감내하고자 하는 국민의 불편으로 표시되는 쟁의권 가격이 주어져 있을 때 이를 조건으로 사회적 후생을 극대화하는 균형에서 결정된다.

제3장
필수유지업무의 현황 및 사례분석

Ⅰ. 필수유지업무 사업장 현황

1. 필수유지업무 사업장의 업종별·지역별 분포

(1) 업종별 및 지역별 사업체수

필수유지사업체의 대상별 분포는 2008년에 서울지역, 경기·인천지역, 부산지역, 대전지역, 전남지역, 전북지역 등 노동부의 관할지역을 중심으로 한 251개 적용사업체가 분포하고 있었다. 필수유지업무의 대상사업체 중에서 수도·전기사업, 가스·석유사업, 병원 및 혈액원, 한국은행·통신·우정사업, 철도항공사업의 사업체수는 다음과 같다.

업종	구분	사업체수	소재지(관할청)
수도전기사업	수도사업	1	대전(1)
	전기사업	10	서울(8), 경인(2)
가스석유사업	가스사업	17	서울(6), 경인(2), 대전(3), 부산(3), 광주(3)
	석유사업	7	경인(3), 대전(1), 부산(2), 광주(1)
병원·혈액원	병원	183	서울(57), 경인(32), 대전(17), 대구(20), 부산(34), 광주(23)
	혈액원	2	서울(1), 부산(1)
한국은행·통신·우정사업	한국은행	1	서울(1)
	통신사업	9	서울(6), 경인(3),
	우정사업	1	서울(1)
항공철도사업	항공사업	12	서울(4), 경인(8)
	철도사업 (도시철도포함)	8	서울(2), 경인(1), 대전(2), 대구(1), 부산(1), 광주(1)

(2) 업종별 분포와 특성

필수유지업무의 대상사업체 2008년 11월 현재 251개소 가운데 병원사업체가 183개소로서 72.9%에 해당하는 사업체수를 차지하고 있고, 가스사업체가 17개로서 6.8%를 차지하고 있다. 통신사업체는 9개로서 전체 대상업체 중 3.6%를 차지하고, 전기사업체는 10개로서 4.0%, 항공사업은 12개로서 4.8%를 차지하고 있다. 철도사업(도시철도사업 포함)은 7개로서 2.8%, 석유사업은 7개로서 2.8%를 차지하고 있다. 필수유지의 대상업체는 사업체분포를 고려하여 우선적으로 고려할 필요가 있으며, 병원업체가 필수유지업무의 대상업체로서 가장 많은 비중을 차지하고 있다. 또한 공중의 일상생활에 중대한 영향을 미칠 수 있는 철도사업은 서울, 광주 등 주요 광역시에 분포하고 있으며, 가스사업은 서울, 대전, 광주의 순으로 분포하고 있음을 알 수 있다.

2. 업종별 필수유지업무의 자율협정과 결정 실태

필수유지업무의 적용사업장은 2008년에 전국적으로 251개에 달하고 있으나, 2008년 6월 이전까지 몇 개 사업장에 불과했는데 6월과 7월에 상당수의 사업장이 자율협정을 체결하거나 노동위원회의 결정을 받았다. 아래 표에서 보는 바와 같이 7월말 현재 파악된 자율협정체결 사업장은 19개이고, 노동위원회에서 결정한 사업장은 24개이다. 발전회사의 경우 여러 지역으로 분산되어 있어 모두 해당 지역의 노동위원회에서 개별적으로 결정되어 분리·집계하였다.

이중에서 서울도시철도의 경우에는 우리나라에서 2008년 1월 31일 역사상 최초로 노동위원회에 의하여 결정된 사례에 최초에 해당된다. 한국수자원공사의 경우에는 2007년 11월 28일는 최초의 자율협정을 체결한 사례이다. 가스업계에서는 전북도시가스가 2008년 1월 19일 최초로 자율협정을 체결하였으며, 병원업계에서는 전주병원이 2008년 1월 10일 최초로 자율협정을 체결하였다.

업종	구분	사업장	체결/결정	확정일자
수도전기사업	수도사업	한국수자원공사	자율협정 체결	2007.11.28
	전기사업	중부발전 서울	서울지노위 결정	2008.6.27
		중부발전 보령	충남지노위 결정	2008.6.27
		중부발전 사천	충남지노위 결정	2008.6.27
		중부발전 양양	강원지노위 결정	2008.6.27
		서부발전 평택	경기지노위 결정	2008.6.27
		서부발전 삼랑진	경남지노위 결정	2008.6.27
		서부발전 청송	경북지노위 결정	2008.6.27
		남부발전 신인천	인천지노위 결정	2008.6.27
		동서발전 울산	부산지노위 결정	2008.6.27
		동서발전 당진	충남지노위 결정	2008.6.27
		동서발전 산청	경남지노위 결정	2008.6.27
		동서발전 일산	경기지노위 결정	2008.6.27
		남동발전 분당	경기지노위 결정	2008.6.27
		남동발전 영흥	인천지노위 결정	2008.6.27
가스석유사업	가스사업	전북도시가스	자율협정 체결	2008.1.19
		한국가스공사	경기지노위 결정	2008.6.30
	석유사업	한국석유공사	자율협정 체결	

업종	구분	사업장	체결/결정	확정일자
병원·혈액원	병원	전주병원	자율협정 체결	2008.1.10
		동수원병원	자율협정 체결	2008.1.15
		부평세림병원	자율협정 체결	2008.6.5
		정읍아산병원	자율협정 체결	2008.6.6
		부산대남병원	자율협정 체결	2008.6.11
		신천연합병원	자율협정 체결	2008.6.20
		성남중앙병원	자율협정 체결	2008.7.3
		제일병원	자율협정 체결	2008.7.14
		고신복음병원	자율협정 체결	2008.7.14
		남원의료원	자율협정 체결	2008.7.17
		경기도립6개병원	자율협정 체결	2008.7.17
		강남성모병원	서울지노위 결정	2008.7.21
		고려대의료원	서울지노위 결정	2008.7.21
		보훈병원	서울지노위 결정	2008.7.21
		서울적십자병원	서울지노위 결정	2008.7.21
		여의도성모병원	서울지노위 결정	2008.7.21
	혈액원	대한적십자사	서울지노위 결정	2008.7.21
한국은행·통신·우정사업	한국은행			
	통신사업			
	우정사업			
항공철도사업	항공사업			
	철도사업	서울도시철도공사	서울지노위 결정	2008.1.31
		서울메트로	서울지노위 결정	2008.7.1

3. 필수유지업무의 필요인원비율 현황

　필수유지업무의 대상 사업장인 전국 251개 사업중 중 2008.10.23 현재까지 자율적으로 협정을 체결한 사업장은 100개이고, 노동위원회에서 결정한 사업장은 22개이어서 자율협정체결 사업장이 압도적으로 많다. 자율협정체결에 의한 필수유지업무의 필요인원비율은

70.2%인데 비해 노동위원회 결정에 의한 그 비율은 65.4%로 나타나 자율협정보다 노동위원회결정에 의한 비율이 더 낮다.

필수유지업무의 필요인원비율

(단위: 개소, %)

구분		계	철도	도시철도	항공운수	수도	전기	가스	석유	병원	혈액	한국은행	통신	우정
대상사업장		251	1	7	12	1	10	17	7	183	2	1	9	1
자율체결	사업장	100	0	0	4	1	3	2	1	88	0	0	0	1
	필요인원비율	70.2	–	–	77.9	50.3	64.0	100	46.8	64.3	–	–	–	77.5
노동위결정	사업장	22	1	2	0	0	5	2	0	10	2	0	0	0
	필요인원비율	65.4	63.1	65.0	–	–	65.2	66.2	–	74.4	68.0	–	–	–

4. 필수유지업무에 대한 설문조사

필수유지업무의 협정체결에 대한 해당 업체의 의견을 간단한 설문조사를 통해 파악해 보았다. 전체 251개 업체를 대상으로 2008년 7~8월 2개월간 설문조사를 실시하였는데 설문에 응답한 22개 업체를 분석하였는바, 회수의 비율이 높지 못하고 주로 수도권에 있는 회사측의 응답이 대부분이었다는 한계가 있음을 밝혀둔다. 표본은 병원 9개, 석유 3개, 항공 3개, 철도 2개, 가스 2개, 전기 1개, 수도 1개, 우정 1개로 총 22개 사업체이다. 질적 응답이 별로 없고 집계방법도 여의치 않아 제외하고 양적 응답만 분석의 대상으로 포함하여 정리하였다.

업종	구분	사업체수	응답업체
수도전기사업	수도사업	1	한국수자원공사
	전기사업	10	발전산업노조
가스석유사업	가스사업	17	전북도시가스, 한국가스기술공사
	석유사업	7	한국석유공사, GS칼텍스, SK에너지
병원 · 혈액원	병원	183	고대, 단국대, 아주대, 인제대, 원광대, 가톨릭대, 한양대, 영남대병원, 부산백병원
	혈액원	2	
한국은행 · 통신 · 우정사업	한국은행	1	
	통신사업	9	
	우정사업	1	전국체신노조
항공철도사업	항공사업	12	대한항공, 아시아나항공, 아스공항
	철도사업	1	철도공사
	도시철도	7	서울메트로
총계		251	22

22개 조사대상업체들 중 1업체를 제외하고는 모두 필수유지업무에 대해 잘 알고 있거나 어느 정도 알고 있다. 필수유지업무에 대해 알게된 경위는 노동부 각 지청에서 실시한 교육을 통해서 많이 알려져 있지만 (8개 업체) 스스로 공부하거나 (8개 업체) 전문가의 자문으로 알게 된 (5개 업체) 경우도 많다.

필수유지업무의 협정체결을 위하여 우선적으로 고려하는 사항이 무엇이냐는 질문에 1순위로서 국민의 공중생활에 미치는 불편함을 제일 많이 응답하였고, 2순위로서는 사업의 정상적 운영을, 3순위로서는 근로자의 권익증진을 중점적으로 응답하였다.

	1순위	2순위	3순위
① 파업의 실효성	4	1	4
② 국민의 공중생활에 미치는 불편	14	3	2
③ 사업의 정상적 운영	4	14	
④ 근로자의 권익증진		1	10
⑤ 기타			2
총계	22	19	18

　필수유지업무협정을 체결할 때 상대방과 교섭을 하게 된다면 회사에서 노동조합의 지부와 교섭하기를 원하는 이유로는 각 기업별 사업장의 특성이 다르기 때문에 일률적으로 교섭하는 것은 현실과 차이가 있다는 응답이 유효응답자 16명 중 9명으로 가장 많고 지부단위에서 교섭하면 보다 현실성과 구체적이 있는 교섭안을 체결할 수 있기 때문이라는 응답이 4명으로 나왔다.

　반면 노동조합에서 사용자와 필수유지업무의 협정을 교섭할 때 상급단체에 위임하고자 하는 이유는 단지 상급단체 노동조합의 지침에 의하여 위임한다는 응답과 교섭과정에서 지부단위의 교섭만으로 노동조합의 주장을 관철하기가 곤란하므로 위임한다는 응답이 각각 5명, 4명으로 비교적 높게 나왔다.

　필수유지업무의 협정을 체결하는 과정에서의 노사간에 대립되는 사항이나 애로점으로는 노사간 이해관계의 대립이 가장 높고(12명) 법제도적 미비사항으로 인한 갈등이 그 다음 높다(7명). 이러한 이해관계의 대립으로 노사간 이해관계의 자율적 조정이 어렵기 때문에 노동위원회에 의한 필수유지업무의 결정을 신청하게 된다는 응답이 많다.

　필수유지업무협정이나 유지율의 결정이 있는 경우 필요인원 이

외에 대체인력의 산정방법을 결정할 때 필수유지업무의 직종에 조
합원이 일부라도 있다면 파업시 대체인력을 고려하여야 하고, 대체
인력의 산정은 필수유지업무의 해당부서에서 조합원만 기준으로
산정하는 의견보다 비조합원을 포함한 현재인원을 기준으로 대체
인력을 산정하여야 한다는 의견이 더 많은 찬성을 보이고 있다.

　필수유지업무를 당사자간에 협정하도록 하고 있으나, 중요자료에
대하여 상대방이 자료를 제공하지 아니하여 실질적인 논의를 할
수 없는 문제점을 개선하기 위해 필수유지업무에 대한 자료제공의
범위는 필요한 최소범위내로 제한할 필요가 있다는 의견이 12명으
로 제일 많고, 자료제공은 법으로 강제하기보다 협조를 요청하는
수준으로 정해야 한다는 의견이 10명으로 그 다음 많고, 상대방에
대하여 필수유지업무의 유지·운영수준 및 필요인원에 대한 자료
제공을 요청할 수 있는 법적 장치가 필요하다는 의견도 8명으로
높은 찬성률을 보인다. 필수유지업무의 협정체결의 효력기간은 원
칙적으로 2년, 특별한 사정이 있으면 개정할 수 있도록 해야 한다
는 의견이 8명으로 높고, 당사자가 합의하여 자유로이 정하여야 한
다는 의견도 7명으로 높다.

　필수유지업무협정에 따라 근무자의 지명이나 명단을 통보함에
있어 분쟁이 발생하는 경우 노동위원회가 시정명령을 할 수 있는
법적 장치를 마련해야 하는 이유로서 파업개시 전 일정시간까지
노동조합이 명단을 통보하지 아니하여 사용자가 근무자를 지명하
기에 기일이 촉박하다는 응답이 18명으로 가장 높고, 쌍방이 근무
자의 명단을 통보하거나 지명하지 아니한 경우가 11명으로 그 다
음 높다.

　노동관계당사자 쌍방 또는 일방은 필수유지업무협정이 체결되지 아니하는 때에는 노동위원회에 필수유지업무의 필요 최소한의 유지·운영수준, 대상직무 및 필요인원 등의 결정을 신청해야 하는데 필수유지업무의 협정체결을 위한 노동위원회에 결정과정에서 제기될 수 있는 제도적 미비점을 개선할 필요성에 대한 의견은 다음과 같이 조사되었다.

개선사항	찬성률
① 필수유지업무의 교섭태만을 이유로 지방노동위원회가 결정신청을 반려할 수 있다	27.3
② 필수유지업무의 교섭태만이나 미진을 이유로 한 노동위원회의 행정지도가 필요하다	45.5
③ 필수유지업무의 결정신청시 당사자의 일방 또는 쌍방이 정당한 이유 없이 출석하지 아니한 경우 지방노동위원회가 직권으로 결정하는 권한이 필요하다	77.3
④ 필수유지업무의 결정신청에 대한 처리기한은 지침이 아닌 법률 또는 대통령령으로 정해야 한다	54.5
⑤ 필수유지업무의 결정신청을 한 경우에 지방노동위원회는 당사자가 정하지 아니한 효력기간 등 필수업무의 유지에 필요한 사항을 결정할 수 있어야 한다	45.5
⑥ 필수유지업무의 협정체결후 사업체의 분할 또는 매각되거나 사업의 개편 등으로 특별한 사정이 있는 경우 그 갱신을 이유로 한 결정신청을 다시 할 수 있어야 한다	68.2
⑦ 당사자의 일방이 필수유지업무의 효력협정에 대한 개정이나 특별한 사정을 이유로 변경을 요구하였으나, 상대방이 정당한 이유 없이 거부하는 경우에도 해당부분을 보완하기 위한 결정신청을 할 수 있어야 한다	63.6
⑧ 필수유지업무의 결정을 신청하였으나, 쟁의조정성립과 병행하여 일방이 결정신청을 철회하여 달라고 하는 경우에는 노동위원회가 그 결정신청을 반려하여야 한다	22.7
⑨ 필수유지업무의 결정신청을 하였으나, 당사자가 합의하여 철회를 신청한 경우에는 노동위원회는 이를 반려할 수 있어야 한다	77.3
⑩ 노동위원회의 결정과정은 일반적 조정절차와 다른 특성을 지니므로 이에 대한 절차적 개선이 필요하다	68.2

Ⅱ. 자율협정 체결사례

1. H석유공사의 사례

H석유공사는 1979년 3월에 설립된 광업에 속하는 기업으로서, 근로자수가 1,202명의 대기업이다. 노동조합은 1988년 10월에 설립되었고 노동조합원수는 956명이다. 사무관리직 246명을 제외한 전 직원이 노동조합에 가입해 있고 조합원들 중 기술 전문직 인력이 622명으로 다수를 차지하고 있다.

구분	조합원수	비조합원수	외부아웃소싱		비정규직	
			파견	용역	계약직	합계
사무·관리직 인력	334	246	34			
기술·전문직 인력	622	–				
단순노무인력	–	–				
총합계	956	246				

H석유공사 노사는 자율적으로 교섭하여 협정을 체결하기로 하고 2개월간 세차례에 걸쳐 교섭을 실시한 결과 성공적으로 합의에 이르렀다. 필수유지업무의 협정체결을 위해 우선적으로 고려되었던 사항은 파업의 실효성과 사업의 정상적 운영이었다. 필수유지업무의 직종별 대상직무와 필요인원 및 유지수준은 다음과 같다.

필수유지업무의 대상직무	필수유지업무의 필요인원	필수유지업무의 유지수준	필요인원의 산정기준
비축지사 통제실 인원	18	23%	정부보고 비축기지 위기안전 필요 인원
비축지사 현장설비 운전직	60	69%	정부보고 비축기지 위기안전 필요 인원
가스전 육상 통제실	12	100%	직무 수행 최소 인원
가스전 플랫폼	29	63%	직무 수행 최소 인원

필요인원의 산정기준은 위의 표에서 보는 바와 같이 정부보고 비축기지 위기안전 필요인원과 직무 수행 최소인원에 기초하고 있다. 다만 원유의 입출하 업무 및 가스전 플랫폼 운영 등의 업무는 운행률 등의 지표로 설정하기가 곤란하다. 필수유지업무의 해당부서에 대한 대체인원은 "노사당사자가 합의하여 정하여야 한다"라고 설명하고 있다. 그러나 해당업무의 성격상 숙련된 근로자가 아니면 수행하기 곤란한 경우 대체근로가 불가능할 것으로 예상하고 있다. 필수유지업무의 협정체결과 관련하여 효력기간은 당사자가 합의하여 자유로이 정하는 것을 선호하고 있다. 단체협약 효력과 같이 2년을 한다거나 1년 등 어떤 고정된 기간이나 조건을 달지 않고 자유로운 합의로 효력기간을 정하는 것이 타당하다고 응답하고 있다.

H석유공사의 필수유지업무 및 인원 내역

□ 가스전관리사무소 및 플랫폼

소 속	필수유지업무		소요인원	비 고
	직 책	직 무		
가스전 관리 사무소	• O.I.M	• 생산시설 총괄관리	2명	
	• Production Supervisor	• 생산업무 총괄	2명	
	• CRO	• 통제실 근무	4명	
	• Production Technicians	• 가스 컨덴세이트 생산업무	4명	
	• Maintenance Supervisor	• 유지보수업무 총괄	2명	
	• Maintenance Officer	• 유지보수업무 지원	2명	
	• Maintenance Technicians	• [유지보수업무(전기/전자/기계)]	8명	
	• Logistics Safety Officer	• 안전/자재/총무업무	2명	
	• Mining Engineer	• 유전보안계원	1명	
	• Crane Operator	• 크레인 운전	2명	
	• 육상 운전 (조장)	–	2명	
	• 육상 통제실	–	4명	
	• 육상 현장 운전	–	6명	

□ 비축지사

소 속	필수유지업무	소요인원	비 고
울산지사	• 통제실 운전실	2	
	• 현장 설비 운전직	8	
거제지사	• 통제실 운전실	2	
	• 현장 설비 운전직	6	
여수지사	• 통제실 운전실	2	
	• 현장 설비 운전직	8	
서산지사	• 통제실 운전실	2	
	• 현장 설비 운전직	8	
평택지사	• 통제실 운전실	2	
	• 현장 설비 운전직	6	
구리지사	• 통제실 운전실	2	
	• 현장 설비 운전직	6	
용인지사	• 통제실 운전실	2	
	• 현장 설비 운전직	6	

소 속	필수유지업무	소요인원	비 고
곡성지사	· 통제실 운전실	2	
	· 현장 설비 운전직	6	
동해지사	· 통제실 운전실	2	
	· 현장 설비 운전직	6	

2. K공사의 사례

K공사는 1967년 11월에 설립된 전기수도서비스 업종에 속하는 기업으로서 종업원수가 4,049명의 대기업이다. 노동조합은 민주화 선언후인 1987년 11월에 설립되었고, 조합원수는 3,280명이며 직능별 인력분포는 다음과 같다.

구분	조합원수	비조합원수	외부아웃소싱		비정규직	
			파견	용역	계약직	합계
사무·관리직 인력	806	111	77	–	48	
기술·전문직 인력	2337	252	–	–	24	
단순노무인력 등	137	406	218	161	193	
총합계	3280	769	295	161	265	

K공사는 노사자율로 국내 공익사업장 중 최초로 2007년 11월 28일에 필수유지업무 협정을 체결하였다. 필수유지업무의 협정체결을 위해 처음 교섭을 개시한 이후 최종적으로 협정체결 시까지 약 90일정도 소요되었는데 5차례 이상 지부단위에서 단체교섭을 실시한 후 협정체결에 성공할 수 있었다. 협정체결에서 고려했던 사항으로서 국민의 공중생활에 미치는 불편, 사업의 정상적 운영, 파업

의 실효성 순으로 응답하여 공익적 관점을 매우 높게 고려한 것으로 나타났다. 노사당사자가 자율적으로 합의한 내용은 다음 표에서 요약되어 있다. 수돗물 공급과 수력발전은 100%로 유지하되 필요인원의 비율은 30~63%의 분포를 보이고 있다. 다른 업종과 특이한 추가 협정은 재난시 업무복귀기준이다. 이것은 노조법 및 노조법시행령이 정하는 협정내용은 아니나, 노조측 양해로 협정에 포함하기로 합의한 것이다.

K공사의 필수유지업무협정 주요내용

■ 필수유지업무 유지비율
o 수돗물 공급 및 수력발전 : 100%
o 인원 유지비율

필수유지업무	유지비율(%)
○ 취수·정수·가압·배수시설의 운전업무	63
○ 통합시스템과 계측·제어설비 운전업무	63
○ 수도시설 긴급복구 등	40
○ 법정규제의 준수를 위한 업무	40
○ 발전설비의 운전업무	63
○ 발전설비의 안전관리	30

■ 재난시 업무복귀기준

구 분	업 무 복 귀 기 준
기상이상 (태풍, 호우, 가뭄 등)	- 경보지역 : 참가인원의 100% - 주의보지역 : 참가인원의 50% 대기
상수원 오염	- 취수중단 취수원 관리부서 : 파업참가인원의 100%
지진	- 리히터규모 4.0~4.9 지진 : 관리단 파업 참가인원의 50% - 리히터규모 5.0 이상 지진 : 파업 중지
특별재난지역선포	- 특별재난지역 지자체 관리 : 파업참가인원의 100%
수도시설 사고 (화재, 붕괴, 폭발 등)	- 수돗물 공급이 제한되는 해당시설물을 관리하는 부서 파업참가 인원의 100%

※ 노조법 및 노조법시행령이 정하는 협정내용은 아니나 노조측 양해로 협정에 포함하기로 합의

필수유지업무 협정을 체결하기 위해 노사간 실무교섭을 여러 차례 하고 전체교섭을 한 두 차례 한 후 합의하였고 주요쟁점으로는 필수업무 근무유지비율, 법정사항 外 재난발생 시 업무복귀 의무화 및 기준 설정 등이었다. 최종 합의안은 근무유지비율 60% 이상 확보와 의무화 및 기준설정 등 두 가지가 핵심이다. 노사간 이해관계의 조정이 어렵기 때문에 노동위원회에 필수유지업무의 결정을 신청하게 되는데, 필수유지업무의 교섭을 성실히 하도록 하기 위하여 지방노동위원회에 교섭을 위한 사전신고제도를 마련하고, 교섭이 미진한 채로 필수유지업무의 결정신청을 한 경우 지방노동위원회가 일정기간을 정하여 교섭이행명령을 할 수 있도록 하고, 필수유지업무의 자율교섭이 미진한 경우에도 노사당사자는 지방노동위원회에 결정신청을 할 수 있어야 한다 등 노동위원회의 강제력과 역할을 강화하는 의견을 표출하였다.

지방노동위원회를 통한 자료공개신청을 위해 노사당사자가 자율적인 협정체결을 하는 단계부터 필수유지협정에 관한 사전신고 및 관련 자료를 제출하도록 하고 노사당사자가 각각 제출한 필수유지업무에 대한 자료를 상대방에게 제공할 수 있도록 하는 법적 근거를 마련하여야 한다는 의견을 제안하고 있다.

3. 병원업의 자율협정 사례

(1) 노사간 핵심쟁점

가. 필수유지업무 범위

노동조합은 법이 정한 바대로 14개 업무로 한정해야 한다고 주장하는 반면, 사용자측은 병동, 외래, 원무, 총무 등 모든 업무로 확대하려 한다. 자율협정체결에서는 14개 업무로 한정하여 필수유지업무를 정하고 있다(A대의료원 병동 인정).

나. 중환자 업무범위

노동조합은 중환자실에 있는 환자로 제한해야 한다는 주장인 반면, 사용자측은 일반병동에 입원해 있는 중환자실까지 포함해야 한다는 주장이 대립하였다. 중환자실의 중증도는 환자의 생명유지 및 회복을 위해 필요한 의학적 조치를 기준으로 구분하는 반면, 일반병실의 중증도는 움직일 수 있느냐 없느냐, 식사, 머리감기, 소변 등 생활가능성이 어느 정도이냐를 기준으로 구분한다. 자율협정체결에서는 일부 병원을 제외하고는 중환자실에 있는 환자를 중환자치료업무로 규정하고 있다.

다. 유지운영비율의 산정기준

노동조합은 총인원이 아니라 1일 실근무인원을 기준으로 해야 하고 해당인원 외에는 쟁의행위참가를 자유롭게 보장해야 한다는 주장을 하는 반면, 사용자측은 총인원을 기준으로 유지운영비율을 산정하고 있다. 자율협정체결에서는 유지운영비율을 해당업무의 평

상시 운영수준에 비하여 쟁의행위기간 중에 당해 업무를 필요최소
한으로 유지 운영되어야 할 비율로 규정하고 실질적으로 근무하는
1일 근무인원을 기준으로 유지비율을 산정하는 사례가 다수를 차
지하고 있다.

라. 유지운영수준의 산정기준

일부 노동조합은 파업이 예외적 상황이고 필요최소한으로 운영
되어야 하므로 필수유지운영수준을 야간 및 당직 근무인원 수준으
로 제한해야 한다는 주장을 하였다. 반면, 사용자측은 의료서비스
가 공중의 생명·건강 및 신체의 안전 등에 영향을 미치는 필수서
비스 성격임을 감안하여 환자의 생명·건강 유지에 필요한 정당한
수준이 정해져야 한다는 입장이었다.

마. 노사의 전제 조건

노동계에서 보건의료노조는 필수유지업무협정 체결의 전제조건
으로 ① 공익과 단체행동권이 조화를 이룰 것, ② 필수유지업무 제
도의 기본취지는 공익을 위한 배려이지 사용자의 이윤을 보장하기
위한 것이 아니라는 것 ③ 필수유지업무가 적용되는 시기가 일상
시기가 아닌 파업시기이고, 이 시기에는 수술·외래·병동업무가
중단 또는 대폭 축소된다는 점과, 업무와 지역의 대체성이 고려되
어야 한다는 것을 주로 제기해왔다.

한편 사측의 전제 조건도 다양하게 제기되었다 즉, 공익과 단체
행동권에 조화를 이루기 위해 노조법은 모든 병원사업의 업무를
규정한 것이 아니라 필수유지업무만을 인정한 것이고, 병원사업은
생명과 건강에 직결되는 사업으로 정지 및 폐지시 돌이킬 수 없는

결과가 초래되므로 타 사업보다 더 보호되어야 하고(생명권은 어떠한 권리보다 존중되어야 함), 필수유지업무가 모두 유지되더라도 실질적으로 직권중재시 모든 쟁의행위가 중지되었던 반면, 필수유지업무외 업무인원 및 필수유지업무내 인원중 필요인원이 아닌 인원, 비번자 등이 파업에 참여할 수 있어 실질적으로는 파업참가는 55%~80%가 파업에 참가할 수 있기 때문에 쟁의권을 침해가 크지 않다고 주장하였다. 비록 필수유지업무가 일정수준 유지되더라도 비 필수업무인 외래업무, 입원실 업무 등의 수행이 어려워짐으로써 사용자에게 경제적 피해는 적지 않다는 주장을 하였다.

한편, 사측은 필수유지업무제도가 사용자의 이윤을 보장하기 위한 제도가 아니고 오히려 국민의 건강권 및 생명권을 보호하기 위한 제도라고 주장한다. 비록 필수유지업무가 일정수준 유지되더라도 환자들은 상당기간 대기시간을 가지고 입원하여, 파업시 전원(轉院)이 쉽지 않기 때문에 큰 불편을 겪을 수 있다고 주장한다. 왜냐하면 다른 병원으로 옮길 경우 각종 진단 및 진료시간이 또 다시 소요되고, 입원하려면 대기가 필요하기 때문이다.

(2) 병원별 주요 협정내용

가. S병원

병원은 중소규모의 사업장으로서 2008년 1월 15일 필수유지업무 협정서를 체결하였다. 필수유지협정의 협정에 따른 쟁의행위시 사업운영수준은 평상시 대비 80%로 유지하기로 정하였다. 이때 필수유지업무의 범위 및 업무별·부서별 인원유지비율은 비조합원을 포함하여 근무자수를 결정하기로 하고 다음과 같이 정하였다.

필수유지업무	인원유지비율(%)	근무자 수(명)
1. 응급의료업무	80	11
2. 중환자(집중치료)실 치료업무	80	27
3. 분만(신생아 간호 포함)업무	80	3
4. 수술업무	80	10
5. 투석업무	80	2
6. 마취업무	80	5
7. 진단검사업무	80	17
8. 영상의학업무	80	16
9. 응급약제업무	80	6
10. 환자급식업무	80	16
11. 산소공급업무	80	2
12. 비상발전 및 냉난방 업무	80	2
총계	80	117

　상기와 같은 유지수준을 결정함에 있어서는 응급실 및 중환자실, 신생아실의 경우에는 3교대근무를 고려하여 필수인원을 산정하였고, 여기에는 비조합원을 포함하여 인원수를 산정한 것이 특징이다. 이 병원의 필수유지업무협정체결에 나타난 주요내용을 살펴보면 다음과 같다.

　첫째, 필수유지업무협정서(이하 '협정서'라 한다) 제6조에서 사업주의 의무로서 필수유지근무자가 아니라는 이유로 차별대우를 하지 아니할 것을 정한 점, 제9조에서 필수유지업무조합원의 지명 및 통보를 협정체결일로부터 14일 이내에 조합원명단을 통보하기로 하고, 쟁의행위가 임박한 경우에는 늦어도 쟁의개시 3일전에 통보하도록 하였으며, 조합은 필수유지업무 조합원의 보직, 근무지의 변경이 있는 경우에는 7일 이내에 대체할 조합원의 명단을 회사에 통보하도록 한 점을 들 수 있다.

둘째, 협정서 제11조에서 노동조합및노동관계조정법 제43조제4항에 의하여 회사는 대체근로사용의 적정을 기하기 위하여 노동조합이 파악하고 있는 파업참가자수의 확인을 요구할 수 있도록 한 점, 제13조에서 협정의 개정사유로 사업의 중대한 변경, 법령의 개정 등 이 협정의 변경을 위한 정당한 사유가 있는 경우에 상대방에게 서면으로 협정이 변경을 위한 교섭을 요구할 수 있고, 노사간 3회 이상 교섭을 요구하였으나 상대방이 이에 응하지 않거나 교섭상 이견으로 협정체결이 곤란한 경우 지방노동위원회에 필수유지결정을 신청할 수 있도록 한 점을 들 수 있다.

셋째, 협정서 제14조에서 유효기간에 대하여 노사간 합의로 새로운 협정이 체결되거나 노사의 신청에 따른 노동위원회 필수유지업무결정에 의하여 협정의 내용이 대체되지 아니하는 한 효력이 계속유지 되도록 한 것이다.

나. R병원

R병원은 필수유지업무 협정을 노사자율로 타결했다. 병원 노사는 이날 오후 3시 R병원 신관 4층 강당에서 필수유지업무 협정서 정식 조인식을 가졌다. R병원 노사는 필수유지업무인원을 필수유지업무에 종사하는 조합원, 비조합원을 포괄하는 노동자 전원으로 규정한 가운데, 필수유지업무 협정 체결의 원칙으로 전문에서 언급한 것처럼 "헌법에 보장된 기본권으로서 쟁의권을 보장하면서 쟁의행위시 환자들의 생명유지·신체의 안전을 고려하여 노조법상 필수유

지업무가 필요최소한으로 유지·운영될 수 있도록 한다"고 규정하
였다.

　필수유지업무 협정체결시 기준은 다음과 같다. 첫째, 쟁의행위
시 의사를 포함한 직종간의 업무대체성, 지역대체성, 노조조직율을
고려한다. 둘째, 유지운영비율 결정 시 총인원이 아니라 off 및 휴
직자를 제외하고 실질적으로 근무하는 1일 근무인원을 기준으로
유지비율임을 확인하며, 교대제의 경우 1일 근무인원과 1 duty 인
원을 동시 명기하여, 각 duty별 해당시간, 해당인원 외에는 쟁의행
위 참가가 가능하다. 셋째, 유지운영비율 산정 시 야간 및 당직 근
무인원을 기준으로 한다. 이 기준에 의해 필수유지업무 유지인원을
42명으로 합의했는데 이는 전직원 294명 대비 필수유지업무 인원
비율이 14.28%이고 필수유지업무부서 직원 99명 대비 유지인원비
율은 42.42%이다.

필수유지업무	총인원	1일근무인원	유지인원
1. 응급의료업무	13	9	8
2. 중환자(집중치료)실 치료업무	19	12	11
3. 수술(마취, 회복실, 공급실)업무	15	14	5
4. 투석업무	6	6	3
5. 진단검사업무	8	6	2
6. 영상검사업무	9	6	2
7. 응급약제업무	7	5	2
8. 치료식 환자급식업무	15	14	7
9. 산소공급, 비상발전, 냉난방 업무	7	6	2
총계	99	78	42

　노사는 필수유지업무 관련 이행 원칙으로서 쟁의행위 개시 전에

응급환자를 제외한 환자를 인근 병원으로 이송 조치하고 신규환자의 입원을 금지하기로 했다. 더불어 노사는 공동으로 필수공익사업장인 병원에서 쟁의행위가 개시될 경우를 대비해 설날 등의 명절과 동일하게 언론 및 대중매체를 이용해 국민이 병원을 이용하는데 불편함이 없도록 적절한 조치를 취할 것을 정부와 유관기관에게 서면으로 요청하기로 했다. 이때, 노동조합에서는 "쟁의권과 공익의 관점에서 노사당사자가 한발씩 양보해 자율타결한 것 그 자체가 굉장히 큰 의미가 있고 노사간에 첨예하게 쟁점이 되고 있는 "응급의료업무, 중환자, 수술업무 등 그동안 노사간의 용어 정의가 애매했던 부분을 분명히 한 점과 필수유지업무 협정 체결원칙을 합의한 것이 큰 성과"라고 평가했다.

다. K의료원 6개 병원

K의료원은 6개의 병원으로 구성되어 있다. 이들 병원에 설립된 노동조합은 2008년 7월 17일 K의료원과 K도립 6개 병원지부는 필수유지업무 협정을 체결하였다.

노동조합과 필수유지업무 협정체결을 하는 경우 나타난 기준은 다음과 같다. 첫째, 유지운영비율 결정 시 총인원이 아니라 off 및 휴직자를 제외하고 실질적으로 근무하는 1일 근무인원을 기준으로 유지비율임을 확인하며, 교대제의 경우 1일 근무인원과 1 duty 인원을 동시 명기한다. 둘째, 유지운영비율 산정 시 야간 및 당직 근무인원을 기준으로 하되 부속합의서에 의한다.

또한 노동조합에서 주장하는 필수유지업무와 관련된 이행원칙은 다음의 두가지를 포함하고 있다. 첫째, 노조와 사용자는 쟁의행위

개시 전에 응급환자를 제외한 환자를 인근 병원으로 이송을 위하여 노력하며, 중환자실환자를 제외하고 신규환자의 입원을 금지한다. 둘째, 입원화자 중 행려환자 등 인근 병원으로 이송이 어려운 환자는 중환자실로 이동 조치할 수 있다. 6개 병원의 필수유지인원을 합산한 결과표에서 보는 바와 같이 총인원 326명중 1일근무인원은 251명이고 이중 유지인원은 143명으로 합의하였다. 유지인원의 총인원 대비 비율은 43.9%이고 1일 근무인원 대비 비율은 57.0%이다.

필수유지업무	대상 직무	총인원	1일근무인원	유지인원	유지비율
응급의료업무	응급실	61	41	34	82.9
중환자치료업무	중환자실	48	33	28	84.9
분만(신생아간호포함)업무		6	4	3	75.0
수술업무	수술, 마취실, 중앙공급실	34	26	17	65.4
투석업무		5	4	3	75.0
마취업무		1	1	1	100.0
진단검사(영상검사포함)업무	진단검사실	39	32	12	37.5
	영상검사실	37	32	12	37.5
응급약제업무		28	23	11	47.8
치료식환자급식업무	치료식(특수), 튜브식	46	38	15	39.5
산소공급업무					
비상발전업무		21	17	7	41.1
냉난방업무					
총계		326	251	143	56.9

라. 기타 병원의 경우

A의료원의 노사는 응급의료업무(100%), 중환자치료업무(100%), 병동업무(30%), 분만업무(60%), 신생아간호업무(60%), 수술업무(70%),

마취업무(70%), 투석업무(70%), 진단검사업무(50%), 영상검사업무
(50%), 응급약제업무(약사 100%, 약무보조 50%), 치료식환자급식업무
(영양사, 조리사 70%, 조리원 50%), 산소공급 및 냉난방업무(50%),
비상발전업무(50%)으로 자율협정을 체결하였다. 유사하게 B대학교
병원의 자율협정도 응급의료업무(100%), 중환자치료업무(100%), 분
만 및 신생아간호업무(60%), 수술업무(70%), 마취업무(70%), 투석
업무(70%), 진단검사업무(영상검사포함)(50%), 응급약제업무(약사100%,
사원 50%), 치료식환자급식업무(50%), 산소공급 및 냉난방업무(50%),
비상발전업무(50%)으로 나타났다.

C의료원의 경우 응급실(80%), 응급치료(100%), 중환자실(75%), 분
만실(57%), 수술실(59%), 투석업무(69%), 진단검사업무(41%), 영상
검사업무(47%), 응급약제업무(50%), 냉난방업무(52%), 비상발전업
무(52%) 총 평균 60%의 자율협정수준을 보이고 있다.

기타 자율타결한 D병원, E병원, 등 14개 병원은 대부분 높은 수
준의 유지율을 보인다. 예를 들어 I병원의 경우 쟁의행위시 업무별
로 84%~90%의 인원을 유지키로 합의했고, P병원은 전부서 인원
의 95%로 유지하기로 합의하였고, K병원 및 H병원은 100%유지를
결정하였다.

4. J도시가스의 사례

필수공익사업체에 대한 필수유지업무가 새로이 도입된 후 가스
업계에서 최초로 필수유지업무협정을 자율적으로 체결한 사업체는

J도시가스(주)이며, 상기회사는 가스제조 및 공급업을 하는 사업체이다. J도시가스는 1982년 6월에 창설된 회사로서 노동조합은 1988년 4월에 설립되었으며, 정규직원 96명중 비조합원은 88명이며, 비정규직 근로자는 115명에 해당된다. 사업장 규모에 비하여 상대적으로 조합원은 8명에 불과하여 노동조합의 교섭력이 약한 것으로 보인다. 일반적으로 노동조합의 교섭력이 상대적으로 열악한 경우 필수유지업무에 대한 수준이 상대적으로 높게 나올 가능성이 있는데 J도시가스의 경우도 그러한 경향을 보인다. 노사는 필수유지업무의 협정을 체결하기 위해 7일 동안 2회에 걸쳐 교섭을 한 결과 합의에 이르렀다.

J도시가스는 긴급복구 및 안전관리에 관한 직무를 필수유지업무로 선정하였고, 구체적으로 협정체결을 한 대상직무에 대한 유지수준을 보면, 정압기 관리 및 상황실운영, 안전관리(배관순회점검, 굴착공사관리, 입회)에 대하여 공익성을 고려하여 100%의 유지수준으로 협정체결을 하였다. 따라서 필수유지인원은 긴급복구 4명과 안전관리 7명으로 합의하였다. J도시가스의 노사는 협정체결의 고려사항으로서 국민의 공중생활에 미치는 불편, 사업의 정상적 운영, 근로자의 권익증진의 순으로 응답하고 있다. 보다 구체적으로 유지율을 결정하는 기준으로서 긴급복구는 안정적 공급을 설정하고 안전관리는 사고예방 및 안정적 공급을 설정하였다.

일반도시가스사업에 관한 용어는 도시가스사업법 제26조 및 제29조의 규정을 준용하기로 하고, 필수유지업무 조합원에 대한 지명통보는 쟁의행위개시 7일전에 통보하도록 규정하였고, 협정의 개정은 사업의 중대한 변경, 법령의 개정 등 협정의 변경을 위한 정당한 사유가 있는 경우에 서면으로 협정의 변경을 요구할 수 있도록 한 것이 특징이다.

Ⅲ. 노동위원회의 결정 사례

1. H공사의 사례

(1) 당사자의 주장

노동조합은 필수유지업무제도는 그간 제한되어 왔던 필수공익사업장에 대한 파업권을 허용하기 위해 만들어진 제도이므로 회사의 업무는 필요·최소한으로 유지되면 족하고, 따라서 쟁의행위발생시 회사의 차량운행 및 이에 수반되는 인력은 평시 운행수준의 15%~ 20%만 유지하면 된다고 주장하였다. 반면 사용자는 현재 수도권에서의 도시철도의 수송분담률은 다른 어떤 교통수단보다 높고, 파업 등으로 일시에 업무가 정지될 경우 뚜렷한 대체 교통수단이 없으므로 철도차량의 운행이 폐지 또는 정지될 경우 공중의 일상생활을 현저히 위태롭게 하므로 쟁의행위 시에도 차량운행수준은 정상적으로 유지되어야 하고 다만, 전동차운행에 직접 관여되지 않는 지원부서의 인력 20%~30%정도는 쟁의행위에 참가하더라도 최소한의 업무가 유지될 수 있다고 주장하였다.

필수유지업무의 유지수준 등의 결정은 지하철을 이용하여 일상생활을 영위하는 시민들의 안전과 편의 등을 고려한 공익보호의 측면과 노동관계법으로 보장된 노동조합의 단체행동권이 적절하게 조화될 수 있는 범위 내에서 결정되어야 할 것인 바, 그 판단을 위하여 S지방노동위원회에서는 노·사 당사자의 의견과 관련 전문가들로부터 의견을 청취하였고 선진국 사례도 참조하였다고 한다.

(2) 필수유지수준의 결정기준

가. 공익성과 쟁의권의 조화

S지방노동위원회가 유지율을 결정하는 데에 있어서 공익성과 쟁의권의 형평성을 핵심적 요소로 사용한 것은 지하철의 승객수송서비스를 제공하는 공급자와 이를 필요로 하는 수요자의 권리를 균형 있게 조정한다는 차원에서 매우 합리적이다. 문제는 노조법의 필수유지업무 정의에 따라 "공중의 일상생활을 현저히 위태롭게 하는 상태"를 양적으로 측정하기가 매우 어렵다는 점이다. 다만 그러한 상태는 생업지장여부, 불편의 수용가능성, 대체수단여부, 이용포기가능성을 결정요소로 보고 있다.

이 중에서 불편의 수용가능성이 가장 중요한 요소인데 혼잡도와 배차간격을 산출하고 출근시간대의 혼잡도를 한계수준으로 설정하고 있다. 그래서 출근시간대의 혼잡도를 상회하지 않으면서 대기시간이 지나치게 길지 않는 정도를 설정하고 있다. 그럼에도 불구하고 혼잡도와 대기시간으로 수준을 결정하기 쉽지 않고 또한 다른 교통수단으로의 대체정도를 고려하여 결정하기란 더욱 어려운 것이 문제이다.

나. 혼잡도

철도의 혼잡한 정도는 혼잡도(정원대비 승차인원)로 표시되는데 출근시간대는 175~179%, 퇴근시간대는 140~170%, 보통시간대는 75~88%로 나타난다. 출근시간대의 평균 혼잡도는 175~179%에 달하며, 환승역이나 승객이 일시에 집중되는 특정시각의 혼잡도는 평균 혼잡도를 훨씬 상회하므로 위의 혼잡도를 초과하여 열차를 운행토록 할 경우 공중의 일상생활에 큰 불편을 초래하여 생업에 지장을 가져올 수 있음은 물론 승객의 안전에도 문제가 발생할 수 있을 것으로 판단하여 열차 운행율 100%를 유지하는 것으로 결정하였다. 평일 일반시간대와 퇴근시간대는 출근시간대와 달리 승객들이 탄력적으로 시간을 조절할 수 있고 또한 대체교통수단을 이용하는 것이 보다 가능하다고 보아서 이 양 시간대의 혼잡도가 출근시와 비슷한 정도에 도달할 때까지 차량운행을 줄이는 것이 타당하다고 판단하였다. 일요일의 혼잡도 역시 58~75%로서 평일 일반시간대와 마찬가지로 차량 운행을 더 줄일 수 있는 것으로 판단하여 평시운행의 50%를 유지하도록 결정하였다.

(3) 필수유지 수준 및 필요인원 결정

가. 결정개요

S지방노동위원회 필수유지업무결정 특별조정위원회는 2008. 1. 31. S철도공사의 필수유지업무결정신청에 대해 파업 시에도 평일(토요일 포함) 지하철 운행수준을 평시 대비 최소 79.8%로 유지하되, 출근시간(07:00~09:00)은 평시와 같이 정상운영토록 결정했다.

　그러나 일요일에는 평시 대비 최소 50% 수준을 유지토록 결정했다. 필수유지업무의 최소한의 유지운영수준을 두고 시민의 공익성 보호와 노동조합의 쟁의권 보호, 두 측면이 첨예하게 대립되었으나, 특별조정위원회는 시민의 생업지장여부 등을 고려하여 출근만은 정상적으로 보장되어야 한다고 판단, 평일 출근시간대는 100% 정상운영토록 하되 나머지 일요일과 출근시간 대를 제외한 시간대에는 50~70% 정도의 유지수준을 결정, 공익성과 쟁의권이 조화를 이루도록 했다.

[업무별 유지·운영수준 대상직무 필요인원]

필수유지업무	대상직무	유지수준(%)		필요인원 (1일투입인원)
도시철도 차량의 운전	승무기관사	평　일	79.8	668(370)
		일요일	50.0	581(283)
	구내기관사	100		64(43)
	운영기관사	100		93(56)
도시철도 차량 운행의 관제 업무(차량기지 등에서 철도신호 등을 취급하는 운전취급 업무를 포함한다)	종합관제(본부)	100		157(106)
	운영관제	74.0		136(68)
차량 운행에 필요한 전기시설·설비를 유지·관리	전기직	55.0		240(137)
차량 운행과 이용자의 안전에 필요한 신호시설·설비를 유지·관리하는	신호직	53.0		188(94)
차량 운행에 필요한 통신시설·설비를 유지·관리하는	통신직	53.3		140(70)
안전 운행을 위하여 필요한 차량의 일상적인 점검이나 정비	차량정비직	55.0		385(274)
선로점검·보수 업무	보선직	38.7		167(99)

※ 참고사항
- 필요인원은 근무조 편성을 위한 인원이며, 1일 투입인원은 해당근무일에 현장에 직접 투입되는 인원을 의미함.
- 운전직 이외의 직종은 운송율과 직접 연동되지 않아 평일과 공휴일의 소요인력이 동일함.

　수도권(서울·경인지역)의 교통문제는 노선과 시간대별로 차이는 있으나, 일부 노선의 출근시간 등 특정 시간대에는 평소에도 적정 승객수용한도를 넘어서 높은 혼잡도에 따른 불편이 발생하고 있다. 지하철 5, 6, 7, 8호선의 혼잡도를 시간대로 나누어 살펴보면 다음과 같다. 출근시간대의 평균 혼잡도는 175~179%에 달하며, 환승역이나 승객이 일시에 집중되는 특정시각의 혼잡도는 평균 혼잡도를 훨씬 상회하므로 위의 혼잡도를 초과하여 열차를 운행토록 할 경우 공중의 일상생활에 큰 불편을 초래하여 생업에 지장을 가져올 수 있음은 물론 승객의 안전에도 문제가 발생할 수 있을 것으로 예상되어 평일(여기에서는 토요일을 포함한다)의 출근시간대에는 열차 운행율 100%를 유지하는 것이 합리적이라고 판단하였다.

그러나 평일 일반시간대의 혼잡도는 75~88%, 퇴근시간대의 혼잡도는 140~170% 정도이며, 이 양 시간대는 출근시간대와 달리 승객들이 탄력적으로 시간을 조절할 수 있고 또한 대체교통수단을 이용하는 것이 보다 가능하다고 보아서 이 양 시간대의 혼잡도가 출근 시와 비슷한 정도에 도달할 때까지 차량운행을 줄이는 것이 타당하다고 판단하였다. 일요일의 혼잡도 역시 58~75%로서 평일 일반시간대와 마찬가지로 차량 운행을 더 줄일 수 있는 것으로 판단하였다.

위와 같이 시간대별 혼잡도를 고려하여 산출한 평일 1일 운행 횟수는 현행 1,512회에서 약 305회 줄어든 1,207회로 이는 평시 운행의 79.8% 수준에 해당한다. 일요일의 경우에는 평시에도 배차간격이 지하철 호선에 따라 6~8분이므로 혼잡도만 고려하여 운행율을 결정할 경우 대기 시간이 지나치게 길어질 수 있으므로 이를 고려하여 산출한 1일 차량 운행 횟수는 현행 1일 1,269회에서 634

회를 줄인 635회로 결정하였으며, 이는 평시의 50%에 해당하는 운행율이다.

나. 직종별 유지수준 및 인원 결정

(가) 철도·도시철도 차량의 운전 업무

운전업무 중 승무기관사는 차량에 직접 승차하므로 차량운행 횟수와 비례하여 평일은 전체 승무기관사 855명의 78.1%인 668명이 필요하고, 공휴일의 경우 전체승무기관사의 70%인 581명이 필요하다. 그러나 구내기관사와 운영기관사는 차량 운행과 무관하게 반드시 필요한 인력이므로 100% 운행율을 유지하던 때와 차이가 없다.

(나) 철도·도시철도 차량 운행의 관제 업무

관제업무는 열차가 운행되는 동안 운행에 영향을 미치는 요소로부터 차량이 안전하고 정해진 시간에 운행할 수 있도록 제어·통제 감시하는 업무를 담당하고 있으므로 차량운행 횟수와 소요 인력이 직접 비례하지 않고 본사 관제의 경우 노동조합가입대상자가 전혀 없으므로 본건에서는 이를 고려하지 않았으며, 현장운행관제의 경우 쟁의행위 발생시 신호취급실 시스템의 일상점검 및 신호취급업무를 일부 축소하여 운행한다면 현행 184명의 74%에 해당하는 136명으로도 운영이 가능할 것으로 판단되었다.

(다) 철도·도시철도 차량 운행에 필요한 전기시설·설비를 유지·관리하는 업무

전기팀의 업무는 쟁의행위 발생 시에도 변전소·전기실의 일상점검, 신고사건 접수 시 특별점검, 비상출동, 장애복구, 고장설비의 수리 등의 업무로 구분되며, 파업 시에도 정지될 수 없다고 판단하

였다. 다만, 변전소, 전기실 등의 정기검사, 역사의 설비점검 등은 업무의 성격이나 실태로 보아 긴급성이 인정되나 인력이 다수 존재할 필요가 적은 것으로 보이므로 어느 정도 유보할 수 있으므로 현원 전기팀 470명의 51%에 해당하는 240명만으로도 최소한의 운영은 가능할 것으로 판단되었다.

(라) 철도·도시철도 차량 운행과 이용자의 안전에 필요한 신호시설·설비를 유지·관리하는 업무

신호팀은 신호시스템의 일일점검, 정기점검, 특별점검, 예방보수점검, 신호시스템보수, 장애복구작업, 교육훈련 등을 담당하고 있으나 쟁의발생시 예방보수점검, 교육훈련 등은 실시하지 아니하고, 일일점검, 정기점검 등도 꼭 필요한 수준으로 제한한다면 현행 332명의 56.6%에 해당하는 188명만으로도 최소한의 업무유지는 가능할 것으로 판단되었다.

(마) 철도·도시철도 차량 운행에 필요한 통신시설·설비를 유지·관리하는 업무

통신업무는 두 개의 정보통신팀이 관할 구역을 나누어 열차운전, 여객안전 및 서비스를 위한 정보통신설비 등 각종 정보통신설비의 유지관리 및 장애조치를 담당하고 있는 것으로 파악되었다. 그러나 이들 업무 중 반드시 유지되어야 하는 정보통신설비 유지관리 및 장애조치 업무만 수행한다면 현행 270명의 51.8%에 해당하는 140명만으로도 필요 최소한의 업무유지는 가능할 것으로 판단되었다.

(바) 안전 운행을 위하여 필요한 차량의 일상적인 점검이나 정비 업무

전동차의 일상적인 점검이나 정비 업무를 위하여 현재 861명이 6개 차량기지에서 근무하고 있으나 최소 필요한의 유지수준인 전

동차 출고준비, 고장 및 응급조치, 전동차정기검사, 경정비 등의 업무만 수행한다면 현행 861명의 44.7%에 해당하는 385명만으로도 운영이 가능할 것으로 판단되었다.

(사) 선로점검·보수 업무

선로보수는 5개 팀으로 429명이 근무하고 있으나 쟁의행위 시 필요최소한의 업무인 선로순회점검, 선로시설물유지관리 및 보수, 응급보수, 상황근무, 장비이용검사 등의 업무만 수행한다면 현행 429명의 38.9%인 167명만으로도 최소한의 유지운영은 가능할 것으로 판단되었다.

(4) 시사점

가. 필수유지업무에 대한 결정수준의 적정성

S철도공사의 경우 필수유지업무의 유지수준을 평일의 경우 출근 시간대 100%, 그 외의 시간대에는 79.8%, 공휴일(일요일 포함)은 50%로 결정하였는데 이러한 결정수준이 적정한 것인지 여부에 대하여 사전적으로 판단하기는 쉽지 않다. 이러한 수준의 적정성 여부는 실제로 쟁의행위가 일어나 필수유지업무가 그 수준에 유지되면서 파업이 진행될 때 어느 정도 시민의 불편이 발생하는지 결과를 보아서 판단할 수밖에 없을 것이다. 궁극적으로 시민의 생업에 미치는 영향 등 쟁의행위로 인한 공익침해의 정도 내지, 파업의 효과에 대한 평가를 거쳐 결정수준의 적정성이 평가될 수 있는 것이다.

나. 필수유지업무에 대한 노사 자율교섭의 미흡

임단협과 병행하여 필수유지업무협정 체결 교섭이 이루어짐에 따라 협정체결 관련 노사교섭이 미흡한 한계를 드러냈다. 원칙적으로 필수유지업무협정은 쟁의행위의 기준을 정하는 것이라는 점에서 단체협약 체결을 위한 단체교섭과는 별도로 사전에 교섭을 통하여 체결하는 것이 바람직하다. 그러나 S철도공사의 경우 노사간 필수유지업무협정 체결을 위한 충분한 자율교섭이 이루어지지 못하고, 협정이 체결되지 않은 상태에서 사측에 의하여 결정신청이 이루어졌다. 필수유지업무협정이 체결되지 않은 상태에서 노동조합의 쟁의조정신청이 이루어지고, 조정기간 만료 시 무협정 상태의 쟁의행위 우려가 제기되자 사측에서 서둘러 필수유지업무 결정 신청을 한 것이다. 사측의 필수유지업무 결정신청이 늦어진 것은 필수유지업무 결정신청이 노조를 자극하여 임·단협 교섭에 미칠 부정적 영향도 감안한 것으로 보인다.

2. S 메트로(지하철)의 사례

(1) 당사자의 주장

가. 당사자의 주장

노동조합측은 S지방노동위원회가 이 사건 필수유지업무 결정을 담당할 수 있는 전문적 지식이 부족하므로 최근 B지방노동위원회의 부산교통공단(부산지하철 운영) 결정사례에 따라 노·사 자주적인 협정을 체결하도록 지도하고, 필수유지업무의 유지수준 등에 대하여 결정을 하지 않은 채 사건을 종료해 줄 것을 주장하고 있으며, 필수유지업무 분야별 유지수준이나 필요인원에 대하여는 구체적인 주장을 하지 않고 있다.

　사용자측은 수도권에서 지하철의 수송분담율은 35%로 버스, 택시 등 다른 교통수단에 비해 매우 높고, 수도권 지하철 4개사 중 수송분담율이 가장 높은 44.5%를 차지하고 있으므로 서울메트로의 파업시 서울 및 수도권에 심각한 교통대란이 초래될 가능성이 있다. 따라서 파업시 평일 열차운행율은 R.H시간대(07:00∼09:00, 18:00∼20:00)에는 현행수준(100%)을 유지하고, N.H시간(R.H 시간대를 제외한 시간)에는 현행수준의 85%이상을 유지해야 하고, 휴일 열차운행율은 현행수준의 80%이상 유지해야 하며 구체적 주장내용은 다음 도표의 내용과 같다.

<table>
<tr><td rowspan="2">구분</td><td rowspan="2">유지업무
(분야)</td><td colspan="2" rowspan="2">가동률</td><td rowspan="2">인력운용
방 법</td><td colspan="3">인 원</td></tr>
<tr><td>정 원</td><td>필요인원</td><td>적용비율</td></tr>
<tr><td>계</td><td>−</td><td colspan="2">−</td><td>−</td><td>5,442</td><td>4,968</td><td>91.3%</td></tr>
<tr><td rowspan="2">운전</td><td rowspan="2">열차운전</td><td>평일</td><td>90%</td><td rowspan="2">교번제</td><td rowspan="2">1,927</td><td rowspan="2">1,747</td><td rowspan="2">90.7%</td></tr>
<tr><td>휴일</td><td>80%</td></tr>
<tr><td>관제</td><td>운행관제
(종합관제소)</td><td colspan="2">100%</td><td>교대제</td><td>189</td><td>189</td><td>100%</td></tr>
<tr><td>구내</td><td>운전취급(구내)</td><td colspan="2">100%</td><td>교대제</td><td>294</td><td>294</td><td>100%</td></tr>
<tr><td>전기</td><td>전기시설・설비</td><td colspan="2">90%</td><td>교대제</td><td>458</td><td>414</td><td>90.7%</td></tr>
<tr><td>신호</td><td>신호시설・설비</td><td colspan="2">90%</td><td>교대제</td><td>233</td><td>210</td><td>90.1%</td></tr>
<tr><td>통신</td><td>정보통신시설・설비</td><td colspan="2">90%</td><td>교대제</td><td>202</td><td>182</td><td>90.0%</td></tr>
<tr><td>차량</td><td>차량
일상점검・정비</td><td colspan="2">90%</td><td>교대제</td><td>1,397</td><td>1,263</td><td>90.4%</td></tr>
<tr><td>철도
토목</td><td>선로점검・보수</td><td colspan="2">90%</td><td>교대제</td><td>535</td><td>482</td><td>90.1%</td></tr>
<tr><td>토목</td><td>선로점검・보수</td><td colspan="2">90%</td><td>교대제</td><td>83</td><td>75</td><td>90.4%</td></tr>
<tr><td>건축</td><td>선로점검・보수</td><td colspan="2">90%</td><td>교대제</td><td>124</td><td>112</td><td>90.3%</td></tr>
</table>

나. 사용자측 전문가의 의견

2008년 6월 12일에는 사용자측과 노동조합측이 각각 추천하는 전문가의견를 청취하기로 하고 자문회의를 개최하였다. 사용자측에서는 분야별 실무전무가가 참석하여 전동차 운행시 고려할 사항으로 혼잡도를 기준으로 한 운행율산정, 열차운행시격, 혼잡도를 측정하는 전산프로그램의 측정 및 신뢰도, 혼잡구간 및 혼잡시간대 열차의 투입비율, 대체교통수단 및 대체인력의 투입 시 어려움, 1.3.5호선과 2호선운행의 특성 및 운행주체, 승무직의 필요인원수과 열차운행율, 승무직을 제외한 필수유지업무분야 유지보수인력의 인력은 일일전동차운행거리를 기준으로 비례하여 산정할 수 있으나 업무의 성격을 고려할 것을 진술하였다. 상기의견에 대하여 지방노동위원회에서는 분야별 유지율을 단순히 퍼센트로만 표기하지 말고 필요인원의 산정을 명확히 할 수 있도록 산출근거를 명확히 하여 줄 것으로 자료로 제출하라고 보완요청을 하였다.

다. 노동조합측 전문가의 의견

필수유지업무의 결정에 대하여 노동조합측은 일방적으로 지방노동위원회가 유지율을 결정하여 중대하게 파업권을 제한하는 것은 헌법상 보장하는 노동기본권을 침해하는 것이므로 위헌의 소지가 있다고 주장하고, 필수유지업무의 결정에 있어서도 필요최소한의 기준으로 결정되어야 한다고 주장을 하였다. 동시에 필수유지업무의 결정에 앞서 외국의 법제도의 운영실태 등 사례를 조사하여 줄 것, 대체교통수단에 대한 조사, 협정근로자의 체결사례 및 그 내용의 조사, 휴일 및 야간근로 시 인력운영실태에 대한 조사가 필요하다고 주장하였다.

또한 이탈리아의 철도분야 필수유지업무 결정사례를 들어 통상업무의 50%를 초과할 수 없으며, 필요인원 또한 해당기업의 3분의1을 초과할 수 없다고 주장하며, S지방노동위원회가 지하철의 필수유지업무에 대한 결정을 할 만한 전문성이 없다고 비판하고, 부산교통공단과 같이 결정을 보류하거나 중지하고 사건을 종료할 것을 주장하였고, 2008년 2월 S철도공사의 결정은 노동조합의 파업권을 근본적으로 제약하는 수준이라고 비판하며, 사용자측이 2007년 1월 작성한 노동조합의 파업시 비상수송대책을 참고자료로 제출하였다.

(2) 필수유지수준의 결정기준

필수유지업무의 유지수준을 합리적으로 산정하거나 판단하기 위한 기준(이하 '유지결정기준'이라 한다)은 노사당사자가 납득될만한 요소를 고려하여 판단할 필요가 있다. 이때 유지결정기준은 해당사업의 특성을 고려해야 할 요소를 선별하여야 하며, 어느 기준이 절대적인 기준이 될 수 없다고 보아 다양한 변수 중에서 상대적으로 합리적이고 유용한 변수가 무엇인지를 검토하였다. 이를 위해서는 외국의 필수유지업무와 관련된 유지결정기준이 무엇인지를 검토하는 동시에, 철도운송사업 및 관련업무의 특성, 도심지로서의 교통체계의 특성을 고려하여 필수유지업무의 유지결정기준을 선정하기로 하였다.

그 결과 유지결정기준으로서 혼잡도, 운행률 또는 운행거리, 교통대체수단의 이용가능성, 출퇴근시간에 따른 승객운송률, 파업기간을 고려할 필요가 있게 되었다. 이때 서비스공급수준은 공급수준의 총량을 고려할 것인지를 검토한 결과 해당사업체에 대해 지나치게 규제하여 사업자에 대한 재량권을 제한할 여지가 있으므로 고려할 필요가 없는 것으로 보인다. 노동위원회는 업무별 특성이나 조합원가입범위 등을 고려하여 개별적으로 유지수준을 결정하고 이에 따라 총량을 결정하는 것이 바람직할 것이다.

또한 유지수준을 결정함에 있어서 사업특성상 대체인력을 투입할 수 없는 경우가 있는데, 이러한 경우 대체인력의 투입에 관한 사항도 고려할 것인지를 논의한 결과 설사 업무별 특성에 따라 고려여부를 달리하는 경우에는 다른 사업체에 비하여 공정성이 결여될 여지가 있다고 보아 배제하기로 하였다.

유지결정기준에서 혼잡도는 구간별, 시간대별 차이가 있을 수 있으나, 평균혼잡도를 중심으로 산출하여 표기하고 있다. S메트로(Metro)의 경우 수송현황 및 혼잡도를 보면 호선 및 구간, 통과차량수, 시간대, 조사기간을 정하여 혼잡도를 조사하고 있다. 여기서 S메트로(Metro)의 1호선 내지 4호선에 대하여 1997년부터 2007년까지 혼잡도에 대한 연도별 추이를 살펴보면 다음과 같다. 즉 1호선은 최초연도인 1995년에는 171%에서 2007년에는 129%에 달하고 있고, 2호선은 1997년 241%에서 2007년 221%에 달하고 있다. 또한 3호선은 1997년 155%에서 2007년에는 137%로 낮아졌으며, 4호선은 1997년 217%에서 2007년 189%로 낮아지고 있다. 수송인원은 1호선은 2007년 일평균기준으로 볼 때, 1호선은 465천명으로 11.8%에 해당하고, 2호선은 1,938천명으로 49.4%에 해당하며, 3호선은 702천명으로 17.9%에 해당하고, 4호선은 818천명으로 20.9%

에 해당된다.

 S메트로(Metro)는 혼잡도는 개선하고, 지하철 운영개선 업무추진에 필요한 기초자료를 확보하기 위하여 교통량조사를 실시하고 있다. 조사현황을 살펴보면, 1995년도 한국산업경제연구원에서 조사한 교통량조사 현황을 살펴보면 다음가 같다.[28] 조사방법으로서 재차인원조사를 실시하되, 조사장소는 노선별 주요 34개역에 대하여 실시하고, 혼잡도 특성 조견표, 그림표를 참조로 한 목측조사를 하였으며, 발차시 인원을 재차인원으로 측정하였으며, 정원 160명을 기준으로 하고, 최대 승차인원을 432명으로 측정하였다.

 환승인원조사를 실시하는 경우에는 조사장소를 노선별 17개역 주요 33개 장소에 대하여 지정된 지점에서 방향별로 목측조사를 실시하고, 10분 간격으로 환승인원을 계수하여 조사표에 기입하는 방식으로 실시하였다. 또한 지하철 이용승객에 대한 설문조사의 경우에는 조사장소는 서울시 전역의 1~4호선의 지하철 입구에서 실시하고, 조사대상은 만15세~만65세 이하의 지하철 이용승객 1,000명에 대하여 조사방법은 면접원에 의한 1:1 개별 면접으로 실시하였다. 이후 2003년도에는 교통량 조사프로그램을 개발하여 교통량을 조사하였다. 추진목적은 지하철 혼잡도 및 환승인원을 조사함에 있어 보다 정밀하고, 과학적 방법의 모색, 조사결과의 신뢰성을 제고하고, 혼잡도 등에 대한 수시조사가 용이토록 하여, 각종 여건변화에 따른 지하철 승객수송에 탄력적으로 대응하기 위한 것이었다. 이때 교통량조사프로그램에 의하여 혼잡도를 산출하며, 정원 160명

---

28) 최초의 현황조사는 1995년 한국산업경제연구원에서 1차 : '95.12.2~12.4, 2차 : '95.12. 9~12.11(토, 일, 월)에 실시하였다.

(100%)를 기준으로 하여 열차 혼잡도를 산출한다. 이때 혼잡도 100%는 모든 좌석에 앉고 손잡이를 잡고 서 있는 상태를 의미하며, 150%는 이동하면 사람이 접촉이 발생하는 상태, 200%는 이동하기가 힘든 상태를 의미한다.[29]

파업으로 인한 혼잡도가 높아질 것을 예상하여 이를 완화하기 위한 목적으로 운송률을 증가시킬 수 있는 지를 고려하여 전동차 운행의 배차간격(시격)을 검토할 필요가 있다. 이론적으로는 출퇴근시간대에는 평상시간에 비하여 상대적으로 혼잡도가 높아질 것으로 예상할 수 있어 해당시간대에 전동차운행횟수를 증가시킨다면 혼잡도를 완화할 수 있는 여지도 있다. 그러나 전동차운행을 위한 배차간격(시격)에는 일정한 한계치가 있는데, 이는 전동차간 운행거리와 승객의 승하차시간을 고려하여 운행하기 위하여 필요한 최소 간격을 고려한 배차시격을 의미한다. 따라서 혼잡도의 증가를 이유로 배차간격을 좁히는 것은 상대적으로 한계성을 지닌다고 보고 있다. 따라서 필수유지업무를 결정하기 위한 시간으로서 배차시각을 조정하는 것은 타당성이 없다고 판단하고 있다. 필수유지업무의 유지기준을 결정하기 위해서는 전동자의 운행률을 분석하여야 하며, 이를 위해서는 호선별 운행구간, 운행거리, 1일 운행횟수, 시간대별 운송인원수를 검토할 필요가 있다.

---

[29] 시간대별 혼잡도는 해당 시간에 통과한 열차대수(Th),이용인원(Mh)를 기준으로 산출하며, 산출공식은 혼잡도(%) = 이용인원(Mh) / 열차대수(Th) / 정원×100로 표기한다. 이와 같은 교통량조사프로그램을 이용하는 경우 ① 환승통로 이용인원의 목측결과와 프로그램 산출 데이터를 비교한 결과 신뢰도가 95%에 해당하는 것으로 나타났으며, 기관별 O/D(승차,하차) 자료를 사용함으로 인위적인 혼잡율의 조정불가능 하도록 하였다.

(3) 필수유지 수준 및 필요인원 결정

가. 결정개요

2008년 7월 1일 S메트로 필수유지업무에 대한 필요최소한의 유지·운영수준, 대상직무 및 필요인원을 결정한 주문의 내용은 다음과 같다. 차량의 운전업무는 평상시의 65.7%(단, 공휴일<일요일 포함>은 50%), 차량운행의 관제업무(운전취급업무 포함)는 평상시의 100%, 차량운행에 필요한 전기시설·설비를 유지관리하는 업무는 평상시의 57.3%, 차량운행과 이용자의 안전에 필요한 신호시설·설비를 유지·관리하는 업무는 평상시의 40%, 차량운행에 필요한 통신시설·설비를 유지·관리하는 업무는 평상시의 30%, 안전 운행을 위하여 필요한 차량의 일상적인 점검이나 정비업무는 평상시의 57.5%, 선로점검·보수 업무는 평상시의 50%를 각각 유지하여야 한다.

[업무별 유지·운영수준, 대상직무, 필요인원]

필 수 유 지 업 무	유지수준 (%)		대 상 직 무	대상인원 (명)	필요인원 (명)
도시철도차량의 운전 업무	평일	65.7	기관사	901	592
			차장	898	590
			운영기관사	24	24
			구내기관사	90	90
도시철도 차량의 운전업무	일요일 공휴일	50.0	기관사	901	451
			차장	898	449
			운영기관사	24	24
			구내기관사	90	90
도시철도 차량 운행의 관제 업무(정거장,차량기지 등에서 철도신호 등을 취급하는 운전취급 업무를 포함)	100		종합관제(본부)	187	187
			본선운전취급실 차량기지운전취급실	294	285

필 수 유 지 업 무	유지수준 (%)	대 상 직 무	대상인원 (명)	필요인원 (명)
차량 운행에 필요한 전기 시설·설비를 유지·관리 하는 업무	57.3	기술사업소 기술직(전기분야)	437	251
차량 운행과 이용자의 안전에 필요한 신호시설·설비를 유지·관리하는 업무	40.0	기술사업소 기술직(신호분야)	247	99
차량 운행에 필요한 통신시설·설비를 유지·관리하는 업무	30.0	기술사업소 기술직(정보통신 분야)	204	62
안전 운행을 위하여 필요한 차량의 일상적인 점검이나 정비 업무	57.5	5개차량사무소 전동차직	1,397	803
선로점검·보수 업무	50	기술사업소,철도토목분소, 철도장비분소,기지분소 시설직(철도토목분야,철도 장비 분야,일반토목분야	486	243

※ 참고사항:
– 위 필요인원은 교번근무 또는 교대근무조 전체(3개조)를 편성하기 위한 필요인원으로 1일 필요인원이 아님
– 평일은 월요일부터 토요일까지를 말하며, 공휴일은 관공서 공휴일에 관한 규정(2006. 9. 6. 대통령령 19674호)
  에 정한 공휴일을 말함

나. 직종별 유지수준 및 인원 결정

(가) 도시철도 차량의 운전 업무

운전업무 유지수준은 열차운행율과 같은 수준인 평일 65.7%, 일요일(공휴일 포함) 50%로 각각 결정하며 그에 따른 필요인원은 승무기관사 및 차장, 운영기관사 및 구내기관사를 구분하여 산정하였다. 승무기관사와 차장의 필요인원은 열차운행률에 연동되므로 평일(토요일 포함)은 열차운행률 65.7%에 해당하는 기관사 592명, 차장 590명으로, 일요일(공휴일 포함)에는 열차운행률 50%에 해당되는 기관사 451명과 차장 449명으로 각각 산정하였다. 구내기관사와 운영기관사의 필요인원은 열차운행률에 직접 연동되지 않고, 직무의 내용상 항상 일정한 수준의 인원이 필요하며, 평상시 최소·필요인원으로 근무하고 있는 것으로 판단되어 평상시와 같은 구내기

관사 90명, 운영기관사 24명을 필요인원으로 산정하였다.

(나) 도시철도 차량 운행의 관제업무

관제업무의 유지수준은 열차운행률에 직접적으로 연동되지 않고, 항상 일정한 업무수준이 유지되어야 할 것으로 판단되며, 오히려 파업 등 비상시에는 정상적인 열차흐름을 저해하는 요인의 발생이 증가할 것으로 예상된다. 따라서 관제업무의 유지수준과 필요인원은 평시대비 100%의 유지수준과 근무인원이 필요한 것으로 판단된다.

운전취급업무의 유지수준 또한 관제업무와 마찬가지로 열차의 안전운전에 직접 영향을 미치므로 평시대비 100%가 유지되어야 할 것이다. 다만, 필요인원에 대하여는 본선 운전취급실 중 1개 근무조가 3명인 9개 운전취급실의 경우 1개 근무조를 2명으로 편성해도 운영이 가능할 것이므로 필요인원은 평시 294명에서 9명이 줄어든 285명이 필요한 것으로 판단된다.

(다) 도시철도 차량 운행에 필요한 전기시설·설비를 유지·관리하는 업무

전기업무 분야는 일상점검, 정기점검, 비상출동 및 장애복구, 고장설비 수리 등의 업무가 있으며, 구체적 업무 비중은 주간근무조의 경우 일상점검이 90.59%, 정기검사가 7.25%, 비상출동 및 장애복구 1.44%, 고장설비 수리 0.72% 등으로 파악된다. 위 업무 중 정기검사 업무는 노동조합의 파업 시 일정기간 유보할 수 있을 것으로 보이며, 일상점검 분야 중 열차운행과 직접관련이 있는 변전소(업무비중 24.29%) 및 전차선 설비 (업무비중 31.57%)에 대한 일상점검은 필요한 것으로 보이나, 전기실(업무비중 15.79%) 및 역사 설비 대한 일상점검(18.94%)은 어느 정도 유보할 수 있을 것이고,

비상출동 및 장애복구 업무는 파업시에도 유지되어야 할 업무로 파악된다. 위 기준에 따라 전기업무의 유지수준은 평상시 대비 57.3%로 판단되며 그에 따른 필요인원은 평상시 인력 437명 대비 251명으로 판단된다.

(라) 도시철도 차량운행과 이용자의 안전에 필요한 신호시설·설비를 유지 관리하는 업무

신호분야는 대상인원은 15개 분소의 247명으로 파악되며, 구체적 업무비중은 일일점검 및 일지작성 등 20%, 정기점검 50%, 특별점검 5%, 예방보수 점검 5% 각종 계측기 기능 시험 5%, 장애복구 10%, 교육훈련 5% 등으로 파악된다. 위 업무 중 정기점검, 교육훈련, 특별점검 등은 파업시 일정기간 유보할 수 있을 것으로 보인다. 따라서 파업시 신호업무의 유지수준은 평상시 대비 40%로 판단되며 그에 따른 필요인원은 99명으로 산정한다.

(마) 도시철도 차량 운행에 필요한 통신시설·설비를 유지·관리하는 업무

통신 분야 대상인원은 204명으로 파악되며, 주요 업무의 비중은 일상점검 15%, 정기점검 70%, 특별점검 5%, 장애복구 및 교육훈련 10% 등으로 파악되며, 정기점검 70%는 파업시 유보할 수 있을 것으로 보인다. 따라서 파업시 통신업무의 유지수준은 평상시 대비 30%로 판단되며 그에 따른 필요인원은 62명으로 산정한다.

(바) 안전 운행을 위하여 필요한 차량의 일상적인 점검이나 정비업무

차량분야 대상정원은 1,397명으로 이를 다시 업무별 소요인력으로 나타내면 일상검사 및 출고·도착점검 894명, 월상검사 135명, 차륜전삭 100명, 임시검사(특별검사) 39명, 기동검수 98명, 기타지

원업무 131명을 파악된다. 위 업무별 소요인력 중 월상검사, 임시검사, 지원업무 중 일부업무는 파업 시 유보할 수 있을 것으로 보이며, 나머지 업무분야에서도 열차운행률에 필요인원이 다소 줄어들 것으로 판단된다.

일상검사 및 출고·도차 점검은 파업 시에도 필요한 업무로 판단되나 열차운행률에 따라 업무량이 감소할 것으로 보이며 그에 따라 588명을 필요인원으로 산정하였고, 차륜전삭 90명, 기동검수 95명, 기술지원업무 중 차량운용반 통제요원 30명 도합 803명으로 최소한의 유지운영이 가능할 것으로 보인다. 따라서 차량분야 업무의 유지수준은 57.5%로 산정하고, 그에 따른 필요인원은 803명으로 산정한다.

(사) 선로점검 보수업무

선로관련 대상직무 및 대상인원으로 철도토목(궤도)분야의 철도토목분소, 철도장비분소, 기지분소 소속 403명과 일반토목(선로시설분야) 83명 등 도합 486명 대상인원이 파악된다. 선로분야의 경우 최소한의 업무인 선로순회점검, 선로시설물 유지관리 및 보수, 응급보수, 상황근무, 장비이용검사 등의 업무만 수행하면 될 것이나 신청인 회사의 궤도시설 82%가 상시 점검보수가 필요한 자갈도상 궤도구조로 되어 있고, 사용하는 레일 또한 동종업체인 S철도공사에 비하여 1m당 중량이 약 10Kg 가볍고 강성지수 또한 상대적으로 약한 레일을 사용하고 있는 점 등 시설 및 장비가 노후화 된 사정을 감안하면 평상시 대비 업무유지수준이 최소 50%는 되어야 할 것으로 판단되며 그에 따른 인원 243명을 필요인원으로 산정한다.

(4) 시사점

가. 동일업종간 결정기준의 일관성의 결여와 구체적 실태반영이 미흡

지방노동위원회에서 필수유지업무를 결정하는 과정에서의 각 사업장 및 서비스 수급상황의 특성에 따른 결정이 이루어지는 점을 고려하여 개별적 상황에 부합하는 결정을 해야 하나, 업종이나 사업실태에 따라 결정기준의 일관성이 다소 미흡하다는 지적이 있었다. 이에 대하여는 동종 업종의 S철도공사와 S메트로 간에 유지수준을 결정함에 있어서 무엇을 기준으로 해야 할 지 논란의 여지가 많았다. 그러나 사업장시설의 운영기법이나 노후화, 대체수단의 존재여부, 독자적인 운영주체의 여부, 이용구간이나 시간대별 대체가능성, 등에서 일률적으로 어느 기준이 적합성을 갖는지 결정하기가 어려운 문제점이 있었다. 또한 동일 업종간에도 도시철도와 같이 혼잡도를 적용할 수 있느냐에 대한 논란이 제기되었으나, 사업장 특성이 다르기 때문에 유지기준으로 채택하는데 논란이 많았다. 따라서 유지운영기준의 합리성을 담보하기 위해서는 업종별 실태조사의 연구가 향후 중장기 과제로 필요한 것으로 나타났다.

나. 필수유지업무에 대한 위원회의 관할 및 처리기간 등의 문제

필수유지업무의 결정사건을 취급하는 과정에서 노동조합 측에서는 파업참가율을 높이기 위한 명분이나 필수공익사업으로서의 직권중재에 의한 파업제한 등을 이유로 하여 필수유지업무의 결정에 대하여 부정적인 태도를 나타냈다. 특히 노동조합이 주장하는 필수유지업무의 부당성에 대한 내용을 살펴보면 다음과 같다. 첫째, 필수유지업무에 대하여 노사당사자간에 충분한 교섭 없이 사용자가

일방적으로 신청한 사건에 대하여 노사 간 쟁점이 형성되어 있지 아니한 사항에 대하여 지방노동위원회가 일방적으로 결정하는 것은 부당하며, 둘째, 필수유지업무의 결정에 대하여 처리기간을 도과하며 지연하고 있거나 신청사건을 졸속적으로 처리하는 문제점이 있으며, 셋째, 필수유지업무의 결정은 심판이나 조정과 다른 성격을 지닌 사건임에도 이를 처리하기 위한 부문별 위원회를 두지 아니하고, 특별조정위원회에서 담당하는 문제점이 있고, 넷째, 사업장이 전국단위에 걸쳐 존재하는 경우에 이에 대한 조사를 위하여 하나의 지방노동위원회가 관할 사건을 담당하는 것이 부적합하며, 다섯째, 노조법 제42조의4 제3항에서 노동위원회 필수유지업무의 결정업무는 특별조정위원회가 담당하도록 규정하고 노조법 제72조의 특별조정위원회는 공익사업 노동쟁의의 조정에 한정되어 있으며, 노동위원회규칙 제133조 제6항에서 필수공익사업에 대하여 조정기간(15일) 만료 전까지 조정안을 제시하도록 하고 있으나, 이를 무시하고 있을 뿐만 아니라, 필수유지업무의 결정업무는 조정업무가 아니라 심판업무에 해당하는 것이라는 등 일관성이 없다는 비판을 하였다.

다. 노사 간 정보공유의 미흡으로 인한 갈등 표출

필수유지업무의 협정체결이나 결정과정에서 일방이 다른 상대방에게 자료의 제공을 거부하거나 비협조적으로 대응하여 자율교섭이 어려운 것으로 나타났다. 이러한 이유로 노동조합 측에서는 정보의 공유 없이 사용자가 제출하는 일방적 자료에 의존하여 지방노동위원회가 필수유지업무를 결정하는 것에 대한 강한 불만을 표출하였다. 동시에 자료의 제공 등 조정절차가 매우 미흡하므로 이를 보완할 것을 요구하고 있다. 또한 노사 간 필수유지업무에 대한 자율적인 교섭이 원만하게 잘 이루어지지 않는 원인에 대하여 노동조합은 상대방의 자료제공이 이루어지지 아니하여 불신하게 된다는 태도를 나타내고 있다. 따라서 노동위원회에서 필수유지업무를 합리적으로 결정하기 위해서는 전문인력의 보충 및 제도적 절차의 개선이 필요하다.

3. 발전 5개사의 사례

(1) 당사자의 주장

가. 노동조합 주장

발전노조는 사업소별로 입장을 제출하지 않고 5개 발전회사 공통으로 다음과 같은 입장을 각 지노위별로 제출하였다. 전기의 수급조절은 ① 수요량보다 많은 공급량 유지, ② 경제적 효율성, 즉 사용되지 않고 버려지는 전기의 양을 최소화하기 위해 가능한 한 수요량 대비 일정비율만큼 더 많이 공급량을 조절하는 '최적화'방법으로 이루어진다. 발전노조는 이러한 사측의 경제적 효율성을 고려하지 않는 경우(중간부하 발전소와 첨두부하 발전소도 계속 운전 상태를 유지하는 방법)와 경제적 효율성까지 고려한 경우 2개의 안으로 필수유지업무 유지·운영수준과 대상직무 및 필요인원에 대한 의견을 아래와 같이 제시하였다.

[제1안 : 사측의 경제적 효율성 고려하지 않을 경우]

| 업무분류 | | 유지운영 수준 | 필요인원 | | 근무 형태 |
대분류	중분류		대상조합원수	비고	
발전설비운전	중앙제어실운전	100%	0명	– 4/5직급 운전인력 및 대체인력 투입으로 100% 유지운영가능	교대
	현장설비운전	100%	0명		
	환경화학설비운전	100%	0명		
	시운전	0%	0명	– 필수유지업무 아님	
발전설비운전 기술지원	연료하역시료채취	100%	0명	– 초급간부 및 대체인력으로 유지운영가능	교대
	발전운전기술지원	50%	0명		통상
	환경화학설비 기술지원	50%	0명		
발전설비 점검 및 정비	계측제어설비정비	50%	0명	– 초급간부/하청업체/대체인력으로 유지운영가능	통상
	기계설비정비	50%	0명		
	전기설비정비	50%	0명		
안전관리		50%	0명		통상

[제2안 : 사측의 경제적 효율성을 고려할 경우]

– 필수유지업무의 유지·운영수준 및 필요인원 모두 100% 필요함.

| 업무분류 | | 유지운영수준 | 필요인원비율 |
대분류	중분류		
발전설비운전	중앙제어실운전	100%	100%
	현장설비운전	100%	100%
	환경화학설비운전	100%	100%
	시운전	100%	100%
발전설비운전 기술지원	연료하역시료채취	100%	100%
	발전운전기술지원	100%	100%
	환경화학설비기술지원	100%	100%
발전설비점검 및 정비	계측제어설비정비	100%	100%
	기계설비정비	100%	100%
	전기설비정비	100%	100%
안전관리		100%	100%

나. 사용자 주장

이러한 노동조합측의 주장에 대해 사용자측은 사업소와 관계없이 공통적으로 필수유지업무의 유지수준은 모두 100%로 해야 하고 필요인원비율에서는 중분류 중 발전운전 기술지원, 환경화학설비 기술지원, 기계설비정비, 전기설비정비, 안전관리에서만 75%이고 나머지는 100%를 유지해야 한다고 주장하였다.

업무 분류		필수업무 운영유지율	필수업무수행 인원비율
대	중		
발전설비운전	중앙제어실 운전	100%	100%
	현장설비 운전	100%	100%
	환경화학설비 운전	100%	100%
	시 운 전	100%	100%
발전설비운전 기술지원	연료하역 시료채취	100%	100%
	발전운전 기술지원	100%	75%
	환경화학설비 기술지원	100%	75%
발전설비점검 및 정비	계측제어설비정비	100%	100%
	기계설비정비	100%	75%
	전기설비정비	100%	75%
안 전 관 리		100%	75%

이러한 공통기준에 따라 사업소별로 필요인원을 산출하고 있다. 구체적으로 S화력발전소의 예를 들어본다. 가스 발전기 2기(총설비용량 387.5MW)를 가동하여 전기를 생산하는 중간부하 발전소로 안정적인 전기공급을 위해서는 파업 등 쟁의행위가 발생하더라도 평상시와 같이 발전기 2기를 모두 가동하여 전기를 공급하여야 하고, 이에 따른 필수유지업무 유지·운영수준과 대상직무 및 필요인원은 아래 표와 같다.

| 필수유지
업무 | 유지수준
(%) | 대상직무 | | 근로자수 | 필요인원 | 비고
(근무형태) |
		중분류 (필요인원비율)	소 분 류			
발전설비 운전	100%	중앙제어실 운 전 (100%)	발전설비운전총괄	8	8	4조3교대
			보일러제어반 운전(BTG1)	8	8	〃
			터빈전기제어반 운전(SBO)	8	8	〃
		현장설비 운 전 (100%)	터빈운전(TO)	8	8	〃
			터빈보조기기 운전(AO)	8	8	〃
			보일러 운전(BO 1)	12	12	〃
		환경화학 설비운전 (100%)	발전용수 생산 및 처리 (용수운전원)	4	4	〃
			계통수 처리 및 분석 (용수분석원)	4	4	〃
			폐수처리 및 환경오염방지 (폐수운전원)	1	1	통상
발전운전 기술지원 업무	100%	발전운전 기술지원 (75%)	전력거래 및 효율관리	7	5	〃
			발전운전 기술지원	2	2	〃
		환경화학설비 기술지원 (75%)	환경오염방지설비 운영	3	2	〃
			화학설비운영	3	2	〃
점검 및 정비	100%	계측제어 설비정비 (100%)	보일러·터빈제어설비	5	5	〃
			전산제어설비	4	4	〃
		기계설비 정 비 (75%)	터빈설비	3	2	〃
			보일러설비	3	2	〃
		전기설비 정 비 (75%)	발전기 및 고·저압전기설비	3	2	〃
			송전 및 수전설비	1	1	〃
			통신설비	2	2	〃
안전관리	100%	안전관리 (75%)	안전관리	1	1	〃

(2) 필수유지수준의 결정기준

본 발전회사의 필수유지수준 결정신청을 받은 전국의 지방노동위원회는 시운전을 제외한 (시운전은 필수유지업무가 아닌 것으로 판단) 모든 필수유지업무의 유지수준을 100%로 결정하였다. 그렇게 결정하게 된 사유를 각 지노위별로 제시하였는데 대동소이하여 S지노위의 결정사유를 기술한다. 필수유지업무라 함은 제71조제2항의 규정에 따른 필수공익사업의 업무 중 그 업무가 정지되거나 폐지되는 경우 공중의 생명·건강 또는 신체의 안전이나 공중의 일상생활을 현저히 위태롭게 하는 업무로 노동조합 및 노동관계조정법 제42조의2에 규정되어 있다.

전기사업은 국민의 일상생활의 모든 부분, 산업·경제 및 국가안보에 있어서 가장 기본적인 에너지원으로 공중의 생명·신체의 안전에 영향을 미치는 ILO에서도 인정하는 필수서비스이며, 저장이 불가능하여 생산과 동시에 소비되는 특성이 있다. 특히 우리나라는 전국 발전소에서 생산한 전기가 하나로 얽힌 송전선에 의하여 전국에 공급되는 환상망으로 구축되어 있어 수요와 공급이 균형을 유지하지 못하면 전기품질(60HZ, 220V)이 저하되거나 전력설비 고장, 광역정전 등 사고발생의 우려가 있다. 외국의 경우, 즉 유럽은 전기가 국경 없이 전 국가 간에 연결되어 있어 어떤 한 나라에서 파업을 하더라도 다른 나라에서 전기수급을 할 수 있으나, 우리나라의 경우에는 다른 나라와 연결되어 있지도 않아서 노동조합의 파업 등 쟁의행위로 정상적인 전기수급이 되지 않을 경우 전국적 혼란 및 경제적 손실 등이 예상된다. 따라서 노동조합이 쟁의행위에 돌입하더라도 서비스의 공급수준(전기의 질·양)은 평상시와 같은 수준으로 유지되어야 한다.

사업장의 조직과 인력은 업무의 총량을 계량화할 수 없는 상태에서 다양한 직종의 인력들이 상호 유기적으로 결합되어 운영되고 있어 특정업무가 가동되지 않을 경우 발전소 전체의 정상 운영이 어려운 구조로 되어 있다. 따라서 위에서 살펴본 바와 같이 전기의 공급을 평상시와 같은 수준으로 유지하여야 한다면 노동조합및노동관계조정법 제42조의2 제1항, 동법 시행령 제22조의2 별표1에 필수유지업무로 규정되어 있는 발전설비의 운전(운전을 위한 기술지원을 포함한다) 업무, 발전설비의 점검 및 정비(정비를 위한 기술·행정지원은 제외한다) 업무, 안전관리 업무는 모두 평상시의 100% 수준을 유지·운영하여야 한다. S지노위는 구체적으로 위의 각 필수유지업무 별로 100% 수준을 결정하게 된 사유를 기술하고 있으나 이는 여기서 생략한다.

(3) 필수유지 수준 및 필요인원 결정

가. 결정개요

2008년 6월 말 전국 지방노동위원회는 발전 5개사에 소속된 29개 사업소에 대해 독립적인 필수유지업무수준을 결정한 바 있다. 거의 모든 발전회사 사업소에 대한 필수유지업무 결정주문은 거의 동일하게 결정하고 있는데 발전설비의 운전업무·운전기술 지원업무·점검 및 정비 업무·안전관리업무는 각 평상시의 100%를 유지·운영하여야 한다고 결정하였다. 대상직무와 필요인원은 규모의 차이로 인해 사업소별로 약간의 차이를 보이는데 그 중 S화력발전소의 필수유지업무 대상직무와 필요인원을 소개하면 <표 2>와 같다.

<표 2> 업무별 유지·운영수준과 대상직무 필요인원 (서울화력)

필수유지 업무	유지수준	대상직무		근로자수	필요인원	비고 (근무형태)
		중분류 (필요인원비율)	소 분 류			
발전설비 운전	100%	중앙제어실 운 전 (100%)	발전설비운전총괄	8	8	4조3교대
			보일러제어반 운전(BTG1)	8	8	"
			터빈전기제어반 운전(SBO)	8	8	"
		현장설비 운 전 (100%)	터빈운전(TO)	8	8	"
			터빈보조기기 운전(AO)	8	8	"
			보일러 운전(BO 1)	12	12	"
		환경화학 설비운전 (100%)	발전용수 생산 및 처리 (용수운전원)	4	4	"
			계통수 처리 및 분석 (용수분석원)	4	4	"
			폐수처리 및 환경오염방지 (폐수운전원)	1	1	통상
발전운전 기술지원 업무	100%	발전운전 기술지원 (29%)	전력거래 및 효율관리	7	2	〃
			발전운전 기술지원	제외	0	"
		환경화학설비기술지원 (33%)	환경오염방지설비 운영	3	1	"
			화학설비운영	3	1	"
점검 및 정비	100%	계측제어 설비정비 (56%)	보일러·터빈제어설비	5	3	"
			전산제어설비	4	2	"
		기계설비 정 비 (33%)	터빈설비	3	1	"
			보일러설비	3	1	"
		전기설비 정 비 (50%)	발전기 및 고·저압전기설비	3	1	"
			송전 및 수전설비	1	1	"
			통신설비	2	1	"
안전관리	100%	안전관리 (100%)	안전관리	1	1	"
총 계				96	76	

※ 필요인원은 현원 기준. 4급 이상 간부 제외

발전소별로 필수유지업무 필요인원을 산정한 통계표는 <표 3>과 같다.

〈표 3〉 발전소별 필요인원 현황 <특성별>

특성	발전소	전체 조합원수	근로자수 대비 필요인원수				필수유지업무 분야 대비 파업참가 가능율(%)
			발전설비 운전 (필요인원수 /근로자수)	발전설비 기술지원 (필요인원수 /근로자수)	발전설비 점검및정비 (필요인원수 /근로자수)	안전관리 (필요인원수 /근로자수)	
화력	서울화력	127	61/61	4/13	10/21	1/1	22.2
	영동화력	163	76/79	28/47	12/31	1/1	**34.3%**
	영남화력	123	**61/67**	4/12	10/30	1/2	31.5
	울산화력	410	238/238	6/29	34/103	1/4	25.4
	영흥화력	352	104/128	10/27	32/80	1/2	39
	평택화력	275	156/156	7/30	20/62	1/2	27.5
	보령화력	672	307/307	27/75	61/163	2/5	28%
	서천화력	185	91/91	26/51	13/33	1/1	26%
	태안화력	509	236/236	20/67	57/144	2/6	31%
	당진화력	509	226/226	27/70	59/145	2/4	30%
	여수화력	126	63/63	6/17	11/23	1/1	18.3%
	호남화력	136	76/76	4/10	15/32	1/6	20.6%
	인천화력	234	115/117	6/21	20/41	1/4	24.5
	삼천포화력	416	176/188	12/61	51/113	1/2	36.5%
	제주화력	148	**71/79**	8/21	17/35	1/2	27.58
	하동화력	496	**176/180**	11/50	36/96	1/3	34.3%
	동해화력	132	60/60	14/28	14/33	1/4	38.6%
	남제주화력	171	**74/85**	11/26	25/49	2/5	**35.08**
양수	청평양수	46	16/16	2/6	4/13	1/2	23.1
	청송발전	45	16/16/	2/4	4/11	1/14	23.3
	산천양수	47	16/16	2/3	4/12	1/4	28.1%
	양양양수	60	18/18	2/9	6/13	1/3	**55%**
	삼랑진발전	45	16/16	2/3	4/8	1/3	14.8%
	무주양수		/	/	/	/	
복합	부산복합	162	**42/72**	3/11	15/41	1/2	**51.6**
	분당복합	124	56/56	4/11	10/34	1/2	31.7
	서인천	169	84/84	4/11	24/44	1/1	20.6
	신인천복합	161	76/76	4/14	23/48	1/1	26.9
열병합	일산열병합	134	54/54	4/14	12/28	1/2	27.6

나. 직종별 유지수준 및 필요인원 결정

필수업무의 유지수준을 100%로 결정한 상태에서 이를 위한 비상시의 최소한의 필요인원을 산출해야 하는데 각 지방노동위원회별로 약간의 차이가 나타나고 있다. 구체적 산출근거와 결과는 아래에서 기술하는 바와 같이 S지노위의 결정사례를 참고하고자 한다. 대상직무와 필요인원을 산정함에 있어서 팀장(3급), 과장(4급) 등 간부는 노동조합에 가입자격이 없고 파업참가의 가능성도 없으며 이를 제외하더라도 노동조합의 단체행동권을 침해할 우려가 없기에 필요인원에서 제외하였고, 구체적인 대상직무 및 필요인원은 아래와 같다.

(가) 발전설비 운전업무

발전설비의 운전 업무는 크게 중앙제어실 운전, 현장설비 운전, 환경화학설비 운전으로 구분된다. 중앙제어실 운전은 보일러제어반 운전, 터빈전기제어반 운전으로, 현장설비 운전은 터빈운전, 터빈보조기기 운전, 보일러 운전으로, 환경화학설비운전은 용수운전원, 용수분석원, 폐수운전원으로 분류한다.

전기생산이라는 발전소의 특성상 24시간 상시 가동이 필요하여 발전설비 운전은 폐수운전원을 제외하고는 4조3교대로 근무하고 있고, 휴가, 교육 등으로 결원이 발생할 시에는 휴무조 인원을 대체하여 업무공백이 발생하지 않도록 하고 있는 점, 각 업무위치별로 1명씩 근무하면서 직접 조작·감시하면서 운전업무를 수행하고 있는 점, 발전설비 운전을 위해서는 고도의 전문성과 오랜 경험, 발전설비에 대한 전반적인 이해가 필요하고, 발전 수요량에 따라 설비의 기동 및 정지를 위한 운전이 수시로 이루어지고 있는 점, 각 종사자들이 담당하고 있는 업무영역이 명확히 구분되어 있고,

각 설비별 특성 및 제어방식이 상이하여 운전원 상호간 겸직이 어렵다는 점, 특히 환경화학설비운전 관련업무는 각종 폐수 등이 배출기준을 초과하면 수질 및 수생태계 보전에 관한 법률 위반 등으로 조업정지 즉 발전기 가동중지명령의 행정처분을 받게 된다는 점 등을 감안하여 볼 때 직무별 필수유지인원은 <표 2>와 같다.

(나) 발전설비운전 기술지원

발전설비운전 기술지원업무는 전력거래 및 효율관리업무와 환경화학설비 기술지원업무로 구분되고 환경화학설비 기술지원업무는 다시 환경오염방지설비 운영과 화학설비 운영업무로 분류한다. 발전설비운전 기술지원업무는 발전량 증감을 조절하는 발전소 가동에 필수적인 전력거래업무 및 발전 정지·기동 계획을 세워 운전업무가 효율적으로 가동될 수 있도록 지원하는 효율관리업무, 대기오염방지 및 폐수처리설비, 용수처리설비 유지관리, 연료 및 윤활유를 관리하는 등 발전설비 운전에 반드시 필요한 기술지원 직무와 같은 필수유지업무와 물론 일반 행정지원 업무와 에너지관리업무 등 사측의 경제적 효율성을 높이기 위한 업무 등 필수유지업무가 아닌 업무로 구성되어 있으며, 이러한 필수유지업무 외의 업무를 감안한 세부직무별 필수유지인원은 <표 2>와 같다. 다만 발전운전기술 지원업무(소분류)는 발전설비 계획정비 및 예방정비 계획수립, 사무관리 등 발전설비의 정비를 위한 기술·행정지원업무로서 노동조합및노동관계조정법 제42조2의 필수유지업무에 해당되지 아니하여 제외하였다.

(다) 발전설비 점검 및 정비업무

발전설비 점검 및 정비업무는 크게 계측제어설비, 기계설비, 전기설비로 구분되며, 계측제어설비는 보일러·터빈제어설비, 전산제어설비로, 기계설비는 터빈설비, 보일러설비로, 전기설비는 발전기 및 고·저압전기설비, 송전 및 수전설비, 통신설비로 분류된다. 계측제어설비는 발전소의 두뇌신경에 해당하는 설비로서 정비업무는 점검, 설계 및 정비 등으로 크게 구분할 수 있는데, ①계측제어설비의 중요성이 크고 전문적인 지식과 기술이 필요하여 신청인 회사의 직원이 직접 수행하고 있는 점, ②필수유지업무가 아닌 일반 행정지원업무, 해당직원의 휴가·교육 시 대체 없이 해당부서 내에서 업무를 나누어 처리한다는 점 등을 고려하여 세부직무별 필수유지인원은 별지와 같이 정하였다. 기계설비 정비와 전기설비 정비는 정비계획수립 및 설계업무, 계획예방정비 용역 발주, 하청업체에 대한 작업지시 등의 업무는 ①신청인 회사에서 수행하고 현장 정비업무는 하청업체 직원이 수행하고 있는 점, ②운전원 및 정비 담당자들이 모두 비상 대기해야 하는 기동·정지 기능이 있는 중간부하 발전소라는 점, ③일반 행정지원 업무 등 필수유지업무가 아닌 업무도 일부 수행하고 있는 점 등을 감안하여 세부직무별 필수유지인원은 <표 2>와 같이 정하였다.

(라) 안전관리업무

안전관리업무는 기계·전기 등으로 분류되고 발전소의 각종 기계·전기설비의 운전·정비작업 등의 안전담당자 역할을 수행하는 발전소의 안정적인 운영과 관련된 중요한 업무로서 안전관리업무를 전담하고 있는 현원이 1명이라는 점을 감안하여 필수유지인원을 <표 2>와 같이 정하였다.

(6) 시사점

5개 발전회사의 필수유지수준 결정에서 나타난 미비점을 몇 가지로 요약하면 다음과 같다.

가. 노동조합의 필수유지업무제도 폐지 시도

발전노조는 ○○연맹에 소속되어 있어서 초기에는 본 필수유지업무 교섭을 위임했으며 그 연맹은 필수유지업무제도를 폐지시키기 위한 시도를 줄기차게 해 왔다. 각 지노위별 필수유지업무의 특별조정회의에 노동조합이 참여하지 않다가 과정이 진행되면서 발전노동조합이 전부 필요하거나 아니면 전혀 필요 없다는 식의 "all or nothing"과 같은 공통의 입장으로 대응하였다.

나. 필수유지업무에 대한 교섭의지의 부족

중노위에서 각 발전사업소별로 필수유지수준을 결정하도록 함에 따라 사업소별로 노사당사자가 교섭해야 할 필요가 있음에도 사업소의 노조지부가 빠진 상태에서 노동조합이 발전노조차원에서 참여하여 공동입장만 피력하고 발전회사도 본사차원에서 대응하여 정보공유나 교섭의 의지를 보여주지 않고 있다. 발전회사가 필수유지업무수준결정을 신청했지만 노동조합과 교섭을 한번 하지 않은 상태에서 신청하였고 발전노조도 교섭권이 산별노조수준에서 있지만 발전회사별, 사업소별로 결정하도록 되어 있는 상태에서 지부차원에서 교섭을 허용하지 않고 산별노조에서 통합적으로 상대하고 통제하려 하다 보니 교섭이 제대로 이루어지지 못하고 있다.

다. 발전회사 공통 필수유지수준 결정 미흡

지노위별로 필수유지수준을 결정하면서 상호 협의채널을 가동하여 발전소별, 사업소별로 필수유지수준을 유사하게 결정하고 있는데 사용자의 산별수준에서 공동수준이나 가이드라인을 설정하고 세부적인 필요인원은 사업소별로 결정하는 체계가 효과적일 수 있는데 이번 발전회사의 경우 각 사업소별로만 결정하다보니 상급수준에서 총론적인 필수유지수준 결정의 교섭이나 가이드라인을 설정하지 못했다.

4. H가스공사의 사례

(1) 당사자의 주장

가. 노동조합의 주장

K지방노동위원회는 2차에 걸쳐 이 사건 노동조합에게 필수유지업무 결정에 관한 자료요청과 특별조정회의 참석을 위한 출석을 요구하였으나 자료제출이나 의견 진술이 없었다.

나. 사용자의 주장

전국에 산재된 18개 발전소 및 30개 도시가스회사에 안정적으로 천연가스를 공급하기 위하여 3개 생산기지가 지역별로 부하를 분담하고 있고, 배관을 이용한 가스공급 계통 특성상 비상시 일정부분 부하가 조정되는 경우에도 생산기지 및 공급관리소 전부 가동되어야 하는 공급계통방식이며 가스 생산 및 공급계통의 공정 특성이

설비별 독립공정이 아닌 연속·연계 공정으로 이루어져 있어 어느 한 공정이 중단될 경우에도 전체공급 중단으로 연결되는 체인구조로 이루어져 있다. 이에 따라 비상시에도 평상시 설비운영 인력의 100%를 그대로 유지하여야 하는 운영계통구조이고 인수·제조·저장 공정에서 산업용, 가정용, 발전용 등 용도별 통제가 불가능하며 적정 공급압력을 상시 유지해야 하는 배관공급 특성상 시간대별로 공급량을 제한하는 것도 불가능하다.

천연가스공급이 중단될 경우, 공중의 일상생활을 현저히 위태롭게 할 수 있으므로 쟁의행위 시에도 가스공급은 100%로 유지되어야 하고 다만, 가스의 인수, 제조, 저장, 공급 등과 직접 관련 없는 지원부서의 인력정도는 쟁의행위에 참가하더라도 최소한의 업무가 유지될 수 있고 이에 따른 필수업무 유지·운영수준 및 필요인원은 다음과 같다.

필수유지업무 업무분류		서비스 유지율	필요인원
대	중		
1. 천연가스의 인수 업무	LNG 선박 입항, 하역, 출항관리	100%	11
	가스열량, 성분분석	100%	19
	수급일정 조정	100%	10
	소 계		40
2. 천연가스의 제조, 저장 업무	제조시설 통제	100%	90
	제조시설 운전	100%	197
	소 계		287
3. 천연가스의 공급 업무	공급시설 통제	100%	119
	공급시설 운전	100%	619
	충전설비(L/CNG) 운전	100%	33
	소 계		771

필수유지업무 업무분류		서비스 유지율	필요인원
대	중		
4. 천연가스 시설의 긴급정비 업무	제조시설 정비	100%	37
	공급시설 정비	100%	75
	사옥 부대시설 정비	100%	26
	소　　계		138
5. 천연가스 시설의 안전관리 업무	법정 안전관리	100%	84
	제조시설 소방	100%	48
	당직, 비상계획	100%	30
	소　　계		162
필수유지업무 인원 합계			1,398

(2) 가스공급수준의 결정

배관을 이용한 가스공급계통의 특성상 비상시 일정부분 부하가 조정되는 경우에도 생산기지 및 공급관리소 전부가 가동되어야 하는 공급계통 방식이며, 설비별 독립공정이 아닌 연속·연계공정으로 이루어져 어느 하나의 공정이 중단될 경우에도 전체 공급의 중단으로 연결되는 체인구조로 이루어져 있고 인수·제조·저장 공정에서 산업용, 가정용, 발전용 등 용도별 통제와 시간대별로 공급량 제한이 불가능 하고 이 사건 사용자가 거의 독점적으로 천연가스를 공급하므로 그 업무가 정지 또는 폐지될 경우 공중의 일상생활을 현저히 위태롭게 하거나 국민경제를 현저히 저해할 수 있으므로 천연가스의 공급은 평상시와 같은 수준으로 유지되어야 할 것이다.

(3) 필수유지수준 및 필요인원 결정

가. 결정개요

K지방노동위원회는 천연가스의 인수, 제조, 저장 및 공급 업무, 천연가스시설의 긴급정비 및 안전관리 업무는 각각 평상시의 100%를 유지·운영하는 것으로 2008년 6월 30일 결정하였는데 그 대상 직무 및 필요 인원은 <표 5>와 같다.

<표 5> H가스공사 필수유지 업무별 대상직무 및 필요인원

(단위: 명)

필수유지 업무종류	필요최소한의 유지·운영 수준	대상직무	필요인원	비고
천연가스 의 인수	100%	LNG 선박 입·출항, 하역, 통관	9	평택기지 3, 인천기지 3, 통영기지 3
		가스 열량 및 성분 분석	12	평택기지 4, 인천기지 4, 통영기지 4
		수급일정 조정	5	본사 5
천연가스 의 제조 및 저장	100%	제조시설 통제	90	평택기지 30, 인천기지 40, 통영기지 20
		제조시설 운전	158	평택기지 65, 인천기지 68, 통영기지 25
천연가스 의 공급	100%	공급시설 통제	110	본사 14, 공급지사 8개소 각각 12
		공급시설 운전	468	서울지사 74, 경인지사 104, 강원지사 45, 충청지사 35, 서해지사 55, 호남지사 40, 경북지사 45, 경남지사 70
		충전설비운전	26	평택기지 6, 통영기지 1, 서울지사 4, 충청지사 8, 경북지사 3, 경남지사 4
천연가스 시설의 긴급정비	100%	제조시설 긴급정비	18	평택기지 6, 인천기지 6, 통영기지 6
		공급시설 긴급정비	32	공급지사 8개소 각각 4

필수유지 업무종류	필요최소한의 유지·운영 수준	대상직무	필요인원	비고
천연가스 시설의 안전관리	100%	법정안전관리	74	평택기지 3, 인천기지 3, 통영기지 4, 서울지사 11, 경인지사 10, 강원지사 5 충청지사 8, 서해지사 6, 호남지사 7, 경북지사 8, 경남지사 9
		제조시설 소방	23	평택기지 8, 인천기지 8, 통영기지 7
		충전시설 안전관리	7	평택기지 1, 통영기지 1, 서울지사 1 충청지사 2, 경남지사 1, 경북지사 1
계			1,032	

※ 2급 이상은 위 필요인원에서 제외

나. 필수유지수준 및 필요인원 결정

천연가스의 인수, 제조, 저장 및 공급 업무, 천연가스시설의 긴급 정비 및 안전관리 업무를 평상시의 100%로 유지해야 한다는 기준 하에 각 직무별 필요인원은 다음과 같이 결정되었다.

(가) 천연가스 인수

천연가스 인수 업무는 천연가스 수송선의 입·출항 관리 및 하역 통제, 가스열량 및 성분분석, 통관, 수급일정 조정 업무가 이에 해당되고 천연가스 선박 1척이 입항해서 하역을 완료하고 출항할 때 까지는 대략 24시간이 소요되고 이 시간 동안 선장 및 분석담 당자는 1일 2교대 형태로 근무하고 있다. 평균적으로 보아 매일 천 연가스 수송선이 입항하지 않는 점, 가스열량 분석은 품질확인을 통한 계약의 적합성 제고가 주된 목적인 점, 수급일정 조정관련 업 무는 본사에서 통상 근무하면서 단기 수급계획 업무뿐 만아니라 연간일정 도입 조정 등 장기수급계획 업무도 같이 수행하고 있는 점 등을 감안하여 대상직무 및 필요인원을 <표 5>와 같이 판단한다.

(나) 천연가스 제조 및 저장

제조시설 통제가 정상적으로 수행되지 아니할 경우에는 통제설비의 기능마비로 인하여 천연가스 공급중단이나 장애를 초래할 수도 있음을 감안하여 그 필요인원은 90명으로 결정되었다. 제조시설 운전업무의 경우 ①현장설비 운전업무가 제대로 수행되지 아니할 경우에는 제조시설 운전 기능마비로 인하여 천연가스 공급의 중단이나 장애를 초래할 수도 있는 점, ②운전지원·관리 업무가 운전 데이터 분석, 운전 개선방안 수립, 설비효율 검사 등의 설비를 효율적으로 운영하여 경제성 향상 도모에 그 주된 목적이 있는 점 등을 감안하여 그 필요인원은 197명으로 결정되었다.

(다) 천연가스의 공급

공급시설 통제 업무는 통제업무가 정상적으로 수행되지 아니할 경우에는 ①통제설비의 기능마비로 인하여 천연가스공급의 중단이나 장애를 초래할 수도 있는 점, ②중앙지령시스템 유지관리가 통상 근무로서 하드/소프트웨어 및 데이터 통신망 유지보수 및 관리가 주요 업무인 점 등을 감안하여 그 필요인원은 119명으로 결정되었다.

공급시설 운전업무는 설비운전 업무가 정상적으로 수행되지 아니할 경우 ①공급설비의 기능마비로 인하여 천연가스 공급의 중단이나 장애를 초래할 수도 있는 점, ②본사 운영팀에서 통상 근무하는 총괄관리자가 수행하는 업무는 공급시설의 현장설비 운전업무라기 보다 행정지원 업무에 가까운 점, ③운전지원·관리자의 업무는 운전업무를 직접 수행하지 아니하고 설비를 효율적으로 운영하여 경제성 향상도모에 그 주된 목적이 있는 점 등을 감안하여 그 필요인원은 619명으로 결정되었다.

충전설비의 운전업무는 충전설비도 수요처에 가스를 공급하기 위한 천연가스 시설이고 동 업무가 중단될 경우 천연가스의 운행 중단으로 공중의 일상생활에 현저한 불편을 초래할 수 있는 점을 감안하여 그 필요인원이 33명으로 결정되었다.

(라) 천연가스 시설의 긴급정비 업무

긴급정비 업무는 설비를 운전할 때 발생되는 설비의 고장, 가스 누출 등 이상 상태 발생시 긴급히 수행하여야 하는 정비작업으로 서 예방정비와 정기적으로 수행하는 정기정비는 여기에서 제외하 여야 할 것으로 판단되었다. 이 사건 사용자는 ①고장설비에 대한 원인분석, 자재준비, 협력회사 기능요원에게 출동지시 등 설비정상 화가 이루어질 때까지 정비작업을 관리·감독 하는 등의 업무는 수행하나 직접 정비 업무를 수행하지 아니한다는 점, ②사옥은 천 연가스시설이 아니라는 점, ③설비의 기능 및 전문기술 분야에 따 라 각 설비별로 최소 인원은 유지되어야 한다는 점 등을 감안하여 그 필요인원은 제조시설정비 37명, 공급시설정비 75명, 사옥 부대 시설정비 26명으로 결정되었다.

(마) 천연가스 시설의 안전관리 업무

도시가스사업법 규정에 의한 안전관리자가 수행하는 업무와 위 험물안전관리법 규정에 의하여 설치된 제조시설 소방담당자가 수 행하는 업무, 고압가스안전관리법 규정에 의하여 선임된 충전시설 안전관리원의 업무는 천연가스 시설의 안전관리 분야의 대상 직무 로 판단되나 비상사태시 비상명령, 비상소집, 비상연락망 체계, 필 수요원 지정 등 비상근무 필요사항의 이행을 위한 당직 및 비상계 획 업무는 시설의 안전관리 업무와 직접적인 관련성을 찾기 곤란하므로 대상 직무에서 제외 되어야 할 것으로 판단되었다.

안전관리업무는 생산·공급설비의 운전 및 정비작업시 위험요인의 사전제거를 위한 안전점검 활동과 재해 발생시 긴급조치가 주요 업무로서 ①도시가스사업법령에 의거 사업장마다 일정수의 안전관리자를 선임토록 규정되어 있는 점, ②안전관리자가 제조시설소방업무 등 타 업무를 겸직하고 있는 점 등을 감안하여 그 필요인원은 84명으로 결정되었다.

제조시설소방의 경우 위험물안전관리법에 의하면 다량의 위험물을 저장·취급하는 제조소 등은 자체소방대를 설치토록 규정되어 있고, 이 사건 사용자의 각 생산기지는 제조소 또는 일반취급소에서 취급하는 제4류 위험물의 최대수량의 합이 지정수량의 12만배 미만인 사업소로서 동법에 의해 소방차 및 자체소방대원을 보유해야 하는 점, 자체소방대원이 4조 3교대 형태로 근무하는 점 등을 감안하여 그 필요인원은 48명으로 결정되었다.

충전시설 안전관리는 고압가스안전관리법령에 의하면 자동차의 연료로 사용되는 천연가스를 충전하는 시설의 경우에는 1인 이상의 안전관리원을 선임토록 규정되어 있음을 감안하여 그 필요인원은 30명으로 결정되었다.

(4) 시사점

다른 필수공익사업장의 필수유지신청 사건과 유사하게 한국가스공사의 경우에도 사용자 측이 노조와의 실질적인 교섭이 없이 K노동위원회에 결정신청서를 제출했다. 사용자 측은 필수공익사업장의 쟁의 발생시 국민 불편을 최소화하자면 필수유지업무 유지 수준을 높여야 한다는 입장인 반면 노동계에서는 근로자들의 파업권을 제한하는 수단으로 전락했다며 팽팽히 맞서 쉽게 해결의 실마리를 찾기 힘든 상태에서 양측의 의견 차이가 크다 보니 노사자율에 의한 협정체결보다는 노동위원회가 필수유지업무 수준을 결정하는 사례가 늘어나고 있다.

K지방노동위원회가 "천연가스의 인수, 제조, 저장 및 공급 업무, 천연가스시설의 긴급정비 및 안전관리 업무는 각각 평상시의 100%를 유지, 운영한다"고 결정하자 노동조합 측은 노동기본권을 완전히 박탈했다고 크게 반발하며 7월 16일 중앙노동위원회에 재심을 신청하였다.

필수유지업무가 100% 수준으로 유지되어야 한다는 결정이 필요인원도 100%로 유지된다는 오해를 불러일으킬 가능성이 많고 노동조합원 전체가 파업에 참여할 수 없는 것으로 오해될 수 있는 소지가 많다. H가스공사의 필수유지업무의 필요인원이 1,032명으로 결정되어 노동조합원수 2,449명 대비해서는 42.4%에 불과하고 필수유지업무 종사자 대비해서는 70% 정도이므로 필수유지수준 100%가 파업인원을 완전 차단하는 것이 아니라는 점이 잘 알려지지 않는 특성으로 나타났다.

5. 병원업계의 사례

(1) 당사자의 주장

가. 인력의 대체성

노동조합측은 비정규직, 의사, 비조합원에 의하여 인력대체가 가능하다고 주장하나, 사용자측은 필수유지업무를 담당하는 비정규직의 경우 필수유지업무인원으로 요구하고 있으며 필수유지업무의 경우 업무특성상 고도의 숙련이 필요하므로 타 업무 종사자가 담당할 수 없는 업무이므로 대체가 불가능하다고 주당하고 있다. 또한 사용자측은 의사는 업무의 과중성으로 인하여 노동강도가 매우 높아지기 때문에 대체하기가 곤란하고, 비노조원에 의한 인력대체도 해당업무의 특성 및 전문성으로 인하여 현실적으로 곤란하고 노동강도가 높아지는 등 업무의 정상적 유지운영이 곤란할 것으로 주장하여 노사간 뚜렷한 시각 차이를 나타냈다.

나. 환자의 전원조치 가능성

노동조합은 대학병원의 경우에 위탁병원, 협력병원, 다른 대학병원으로 환자를 전원조치를 할 수 있을 것이라고 주장하나, 사용자측은 현실적으로 대학병원은 3차 의료기관에 해당하고, 해당병원에 입원하기 위하여 수개월씩 대기하고 있는 중증환자 등이 많고, 외래환자와 입원환자들의 비중도 상대적으로 높아 제때에 환자를 수용하지 못하는 실정이며, 병실대비 가동율도 90%이상에 해당되며, 다른 1차 및 2차 의료기관에 중증도가 높아 전원조치가 불가능하고 단지 상병상태가 호전되거나 퇴원이 가능할 정도에 이른 환자만을 위탁병원이나 협력병원에 전원조치를 하는 정도에 불과하므로 파업시에 다른 의료기관으로 환자를 전원조치를 하는 것은 사실상 불가능하다고 주장하였다. 특히 보건의료노조의 경우 동시다발적으로 산별파업을 진행하므로 같은 3차 병원으로의 전원이 어려운 경우가 많고, 지역의 대형병원은 타 병원으로 전원도 어려운 실정이라고 사용자측은 주장한다.

다. 3차 의료기관의 특성

노동조합은 3차 의료기관의 특성을 인정하면서도 파업시라는 특수한 사정에서는 신규내원환자의 수용거부 등을 통하여 필요최소한의 범위 내에서 운영이 가능하다고 주장하는 반면, 사용자측에서는 의료전달체계상 3차 의료기관에 속하는 병원으로서는 내원환자나 응급환자, 중환자 등 입원환자나 외래에서 입원 또는 수술대기중인 환자를 고려하지 않을 수 없고, 고귀한 생명을 다루는 의료기간의 특성을 지니므로 파업이라는 특수한 사정이 있다고 하더라도 유지수준을 결정하는 경우에 고려할 필요가 있다고 주장하였다.

라. 중환자의 범위

노동조합 측에서는 중환자실에 있는 자는 특수시설과 의료장비를 이용하여 집중치료를 받는 환자이므로 중환자의 범위를 중환자실로 국한하여야 하며, 중증도의 경우에도 중환자실은 1등급내지 6등급으로 구분되는 반면 일반병동은 1등급내지 4등급에 해당되어 등급기준이 서로 다르다고 주장하였다.

그러나 사용자측에서는 중환자실은 6등급으로 구분되고, 일반병동은 4등급으로 구분한다는 내용을 확인할 수 없고, 중환자실에서 집중치료를 하며 일반병동에 비하여 의료시설이나 장비를 잘 갖추고 있으나 이는 병원경영을 효율적으로 운영하기 위한 방책이라고 주장한다. 즉 중환자실의 운영에는 고가의 시설투자 및 운영에 따른 막대한 비용의 투자로 인해 경영수지상 대부분 적자이기 때문에 확충이 곤란한 것이 일반적인 대학병원의 실정인바, 이러한 사정으로 인해 중환자실이 아닌 일반병동에서도 중환자를 수용할 수밖에 없으며 일반병동에 입원하고 있는 환자 중에서는 말기암환자, 전염병환자 등 특수한 환자관리를 위하여 중증환자도 있으며, 환자의 상병상태의 변동에 따라 중환자실에 들어갔다 나오기도 하는 실정이므로 중환자실만으로 국한하는 것은 부당하며 일반병동에 있는 중환자 및 중증환자도 고려하여 필수유지업무의 범위를 일반병동에 대하여 결정하여야 한다고 사용자측은 주장하였다.

마. 교대제근무형태의 변경 및 휴일·휴직자의 문제

노동조합측은 파업시에 대비하여 필수유지업무를 결정함에 있어서는 4조3교대제를 3조2교대제로 변경하는 문제와, 필수인원의 산정시 D, E, N, Off를 고려하여야 한다고 주장하며, 휴직자나 휴일근무자를 근로의무가 없는 자로서 파업에 자율적으로 참여할 수 있으며, 이들이 대체근로에 투입되어서는 아니 되므로 실근무자위주로 산정하여야 한다고 주장하였다.

그러나 사용자측은 4조3교대제를 3조2교대제로 변경하는 것은 노동강도가 높아지고 근무시간이 연장되어 피로도가 높아질 가능성이 있다고 주장하며, 노동조합측도 이에 대하여 일부 수긍하는 태도를 나타내고 있으나, 휴직자나 휴일근무자에 대하여도 노동강도의 증가우려가 있고 적절한 피로회복을 고려하여 필수유지인원의 산정시 고려하여야 한다고 주장하였다.

바. 필수유지인원 산정기준과 야간 당직자

노동조합은 파업이라는 특수한 사정에서는 필요최소인원을 정할 필요가 있으므로 평상시 대비 필수유지인원을 산정하여서는 아니되고, 야간당직과 같은 최소인원을 기준으로 적정인원을 산정하여야 한다고 주장하였다. 그러나 사용자측은 평상시 운영기준에 대비하여 정상적인 업무가동율을 파업시에 어느 수준으로 낮추어 가동할 것인지를 결정할 것인지를 정할 필요가 있으므로 노동조합측이 주장하는 것은 업무의 평상시 가동율을 기준으로 유지수준을 산정하는 것이 아니므로 부당하며, 필요최소인원은 평상시 대비 필수유지인원을 정할 필요가 있다고 주장하였다.

사. 업무분야별 필수유지범위

노동조합은 필수유지업무를 결정함에 있어서는 파업이라는 특수한 사정을 고려하여 긴박하거나 신체의 생명유지에 중대한 영향을 미치는 직접적 업무로 국한할 필요가 있으므로 부평세림병원 등 자율협정을 체결한 병원과 같이 ①수술(마취, 회복실, 공급실)업무에 대하여는 응급수술에 한하며, 수술실(마취, 회복포함), ②투석업무의 경우에는 혈액투석업무로 국한하고, ③진단업무는 응급 등의 진단검사에 국한하고, ④영상검사업무는 응급 등의 영상검사업무로 국한하며, ⑤응급약제업무는 필요최소한으로 정하고, ⑥치료식 환자급식업무는 치료식은 특수 및 튜브식으로 한정하고, ⑦산소공급, 비상발전, 냉난방업무는 운전 및 조정업무를 기본으로 하며, 수리 등은 최소화하자고 주장하였다. 그러나 사용자측은 상기의 수술업무, 투석업무, 진단검사업무, 영상검사, 응급약제업무, 치료식환자급식업무 및 산소공급업무, 비상발전업무, 냉난방업무에 대하여 노동조합측이 최소화를 기준으로 주장하는 것은 타당성이 없다고 주장하였다.

(2) 필수유지수준의 결정기준

병원업계에서 필수유지수준을 결정하기 위한 기준은 상기 노사 당사자들의 주장에서 대립되는 쟁점들을 어떻게 고려하느냐에 달려 있다. 3차 의료기관의 특성, 중환자의 범위, 교대제근무형태의 변경 및 휴일·휴직자의 문제, 필수유지인원 산정기준과 야간당직자, 업무분야별 필수유지범위 등의 기준이 병원별로 노사간에 어떻게 고려되었는가에 따라 결정수준과 필요인원이 결정되고 있다.

(3) 필수유지 수준 및 필요인원 결정

K의료원의 경우에는 3개병원으로 구성하여 필수유지업무를 결정하였고, H대학교 2개병원에 대하여 필수유지업무의 결정을 하였다. 이 경우 해당병원에 대하여는 중환자치료의 업무를 둘러싸고 노사간에 의견이 첨예하게 대립되고 있으며, 사용자측에서는 ①일반병동에도 중환자와 유사한 증증도를 지닌 환자가 30%정도 존치하고 있는 점, ②암환자의 경우에는 1기에서 4기의 중증도에 의한 환자가 있는 점, ③혈액종양의 암환자는 생명의 위협을 받는 정도가 매우 심각한 점, ④백혈병환자의 경우에는 무균치료 등 특수병동에 의한 중점적

치료와 관리가 이루어지고 있는 점을 고려하여 중환자실이외에 특수병동, 일반병동의 중증도 환자까지 인정하여 줄 것을 강력히 주장하고 있다. 암환자의 경우에는 ①호스피스병동은 의학적 처치가 집중적으로 이루어지지 아니한 점, ②일반병동의 경우에는 중환자로 취급한 만한 객관적 기준에 따른 환자의 구별이 어려운 점을 고려하여 중환자실과 혈액종양내과병동, 무균치료실, 백혈병동으로 국한하여 중환자치료업무를 결정한 점이 특이한 사항이다.

가. K의료원의 결정 내용

(가) 응급의료에 관한 법률 제2조 제2호에 따른 응급의료업무

응급의료에 관한 법률 제2조 제2호는 응급의료를 응급환자의 발생부터 생명의 위험에서 심신상의 중대한 위해가 제거되기까지의 과정에서 응급환자를 위하여 행하여지는 상담·구조·이송·응급처치 및 진료 등의 조치로 규정하고 있는 바, 동 업무의 중요성을 고려하여 업무의 유지·운영수준을 평상시의 100%로 결정하였다. 그에 따라 병원의 응급의료업무 대상직무인 응급진료실 간호사 89명, 간호조무사 4명, 업무보조원 11명, 구급차기사 3명, 사원 16명 등 총 123명 전원을 필요인원으로 결정하였다.

(나) 중환자 치료 업무

중환자 치료 업무는 환자의 생명과 건강에 직결되는 업무로서 그 업무의 중요성을 고려하여 업무의 유지·운영 수준을 평상시의 100%로 결정하였다. 한편, 신청인 병원의 경우 중환자실 외에서도 중환자 치료업무가 일정부분 이루어지고 있는 것으로 판단되나 그 범위를 구체적으로 특정하기 어려운 점 등을 감안하여 중환자실과

특수병동 중 무균병동, 혈액종양내과병동에 한하여 중환자 치료 업무로 인정하였다. 그에 따라 신청인 병원의 중환자 치료 업무 대상 직무인 중환자실 간호사 227명, 간호조무사 11명, 업무보조원 58명 등 296명, 무균병동 간호사 33명, 업무보조원 2명, 혈액종양내과병동 간호사 32명, 업무보조원 1명 등 68명, 총 364명 전원을 필요인원으로 결정하였다.

(다) 분만(신생아간호 포함) 업무

신청인 병원의 분만건수 등을 고려하여 업무의 유지·운영수준을 평상시의 60%로 결정한다. 그에 따라 분만(신생아간호 포함) 업무 대상직무인 분만실 간호사 25명 중 17명, 업무보조원 2명 중 2명, 신생아실 간호사 16명 중 10명 등 대상인원 총 43명 중 29명을 필요인원으로 결정하였다.

(라) 수술 업무

신청인 병원은 국내 유수의 대형 종합병원으로서 큰 수술 및 중요한 수술이 수시로 이루어지는 점 등을 감안하여 업무의 유지·운영 수준을 평상시의 70%로 결정하였다. 그에 따라 수술 업무 대상직무인 수술실 간호사 137명 중 98명, 수술실 업무보조원(환자이송) 7명 중 6명, 수술실 간호조무사 2명 중 2명 등 대상인원 총 146명 중 106명을 필요인원으로 결정하였다. 한편, 중앙공급실 업무는 수술업무와 밀접하게 연관되어 있음이 인정되나, 노동조합 및 노동관계조정법 시행령 제22조의 2에 규정되어 있지 않으므로 수술업무의 대상직무에서 제외하였다.

(마) 투석 업무

투석환자는 주기적인 치료를 받지 않을 경우 생명을 유지하기 어렵고 신청인 병원의 투석환자 대부분이 신청인 병원에서 주기적인 치료를 받고 있는 점 등을 감안하여 업무의 유지·운영 수준을 평상시의 70%로 결정하였다. 그에 따라 투석 업무 대상직무인 인공신장실 간호사 40명 중 30명, 업무보조원 4명 중 4명 등 대상인원 총 44명 중 34명을 필요인원으로 결정하였다.

(바) 마취 업무

마취 업무는 수술업무와 밀접하게 연계되어 있는 점을 감안하여 수술업무와 동일하게 업무의 유지·운영 수준을 평상시의 70%로 결정하였다. 그에 따라 대상직무인 마취과 간호사 70명 중 50명, 간호조무사 4명 중 4명 등 대상인원 총 74명 중 54명을 필요인원으로 결정하였다.

(사) 진단검사(영상검사 포함) 업무

진단검사(영상검사 포함) 업무의 특성을 감안하여 업무의 유지·운영 수준을 평상시의 70%로 결정하였다. 그에 따라 대상직무인 진단검사의학과 임상병리사 117명 중 84명, 간호조무사 1명 중 1명, 업무보조원 8명 중 7명, 사원 2명 중 2명, 병리과 임상병리사 21명 중 16명, 의료기사 1명 중 1명, 업무보조원 2명 중 2명, 사원 2명 중 2명, 영상의학과 방사선사 116명 중 83명, 간호사 11명 중 9명, 간호조무사 1명 중 1명, 업무보조원 23명 중 18명, 사원 4명 중 4명, 핵의학과 방사선사 16명 중 12명, 임상병리사 5명 중 5명, 임상간호조무사 2명 중 2명, 업무보조원 2명 중 2명, 사원 1명 중 1명, 방사선종양학과 방사선사 17명 중 13명, 간호사 2명 중 2명, 간호조무사 1명 중 1명, 사원 1명 중 1명, 심혈관센터 간호사 20명 중 16명, 간호조무사 4명 중 4명, 방사선사 6명 중 6명, 임상병리사 23명중 17명 등 대상인원 총 409명 중 312명을 필요인원으로 결정하였다.

(아) 응급약제 업무

응급약제 업무는 그 업무의 중요성을 고려하여 업무의 유지·운영 수준을 평상시의 100%로 결정하였다. 다만, 대상직무인 약제팀 약사 85명, 업무보조원 21명, 사원 3명, 기술직원 1명 등 총 110명 중 응급약제 업무와 관련이 없는 외래업무 담당 약사 10명, 업무보조원 5명, 병동약국 담당 약사 17명, 업무보조원 8명을 제외하고, 나머지 70명만을 필요인원으로 결정하였다.

(자) 치료식 및 환자급식 업무

신청인 병원의 전체 환자식 중 치료식이 차지하는 비중 등을 감안하여 업무의 유지·운영 수준을 평상시의 70%로 결정하였다. 그에 따라 대상직무인 영양팀 영양사 24명 중 19명, 조리사 5명 중 5명, 조리·배식원 147명 중 104명 등 대상인원 총 176명 중 128명을 필요인원으로 결정하였다.

(차) 산소공급 업무

비상시에도 응급환자, 중환자, 수술환자 등을 위해 산소공급 업무가 유지되어야 하는 점을 감안하여 업무의 유지·운영 수준을 평상시의 60%로 결정하였다. 그에 따라 대상직무인 시설팀 고압가스기사 12명 중 8명, 냉동기사 5명 중 4명 등 대상인원 총 17명 중 12명을 필요인원으로 결정하였다.

<K대학교 I병원>

필수유지업무종류	필요 최소한의 유지·운영수준	대상직무	대상인원	필요인원
응급의료업무	100%	응급의료센터간호사	35	35
		응급의료센터간호조무사	3	3
		응급의료센터업무보조원	4	4
		응급의료센터구급차기사	1	1
		응급의료센터사원	5	5
중환자치료업무	100%	내과중환자실간호사	30	30
		내과중환자실업무보조원	10	10
		외과중환자실간호사	30	30
		외과중환자실업무보조원	9	9
		심혈관계중환실간호사	15	15
		심혈관계중환자실업무보조원	3	3
		신생아중환자실간호사	14	14
		신생아중환자실간호조무사	3	3
		무균병동간호사	7	7
		혈액종양내과간호사	14	14
		혈액종양내과업무보조원	1	1
분만업무 (신생아간호포함)	60%	분만실간호사	9	6
		분만실업무보조원	2	2
		신생아실간호사	6	4
수술업무	70%	수술실간호사	46	33
		수술실업무보조원	4	3
투석업무	70%	인공신장실간호사	16	12
인공신장실업무보조원	1	1		

필수유지업무종류	필요 최소한의 유지·운영수준	대상직무	대상인원	필요인원
진단검사업무 (영상검사포함)	70%	진단검사의학과임상병리사	41	29
		진단검사의학과업무보조원	2	2
		진단검사의학과사원	1	1
		병리과임상병리사	8	6
		병리과의료기사	1	1
		병리과사원	1	1
		영상의학과방사선사	40	28
		영상의학과간호사	4	3
		영상의학과업무보조원	9	7
		영상의학과사원	2	2
		핵의학과방사선사	7	5
		핵의학과임상병리사	1	1
		핵의학과업무보조원	1	1
		방사선종양학과방사선사	9	7
		방사선종양학과간호사	1	1
		방사선종양학과간호조무사	1	1
		방사선종양학과사원	1	1
		심혈관센터간호사	9	7
		심혈관센터간호조무사	2	2
		심혈관센터방사선사	3	3
		심혈관센터임상병리사	7	5

<고려대학교 구로병원>

필수유지업무종류	필요 최소한의 유지·운영수준	대상직무	대상인원	필요인원
응급의료업무	100%	응급의료센터간호사	27	27
		응급의료센터업무보조원	4	4
		응급의료센터구급차기사	1	1
		응급의료센터사원	5	5

필수유지업무종류	필요 최소한의 유지·운영수준	대상직무	대상인원	필요인원
중환자치료업무	100%	내과중환자실간호사	40	40
		내과중환자실업무보조원	12	12
		외과중환자실간호사	26	26
		외과중환자실업무보조원	8	8
		신생아중환자실간호사	10	10
		신생아중환자실간호조무사	1	1
		신생아중환자실업무보조원	2	2
		무균병동간호사	5	5
		혈액종양내과간호사	18	18
분만업무 (신생아간호포함)	60%	분만실간호사	7	5
		신생아실간호사	5	3
수술업무	70%	수술실간호사	53	38
		수술실간호조무사	1	1
		수술실업무보조원	3	3
투석업무	70%	인공신장실간호사	13	10
		인공신장실업무보조원	2	2
마취업무	70%	마취과간호사	31	22
		마취과업무보조원	2	2
진단검사업무 (영상검사포함)	70%	진단검사의학과임상병리사	43	31
		진단검사의학과간호조무사	1	1
		진단검사의학과업무보조원	2	2
		진단검사의학과사원	1	1
		병리과임상병리사	8	6
		병리과사원	1	1
		영상의학과방사선사	43	31
		영상의학과간호사	4	3
		영상의학과간호조무사	1	1
		영상의학과업무보조원	6	5
		영상의학과사원	2	2
		핵의학과방사선사	5	4
		핵의학과임상병리사	2	2
		핵의학과간호조무사	1	1
		핵의학과업무보조원	1	1
		핵의학과사 원	1	1
		방사선종양학과방사선사	8	6
		방사선종양학과간호사	1	1

필수유지업무종류	필요 최소한의 유지·운영수준	대상직무	대상인원	필요인원
진단검사업무 (영상검사포함)	70%	심혈관센터간호사	8	6
		심혈관센터간호조무사	2	2
		심혈관센터방사선사	2	2
		심혈관센터임상병리사	11	8
응급약제업무	100%	약제팀약사	30	19
		약제팀사원	1	1
		약제팀업무보조원	8	3
치료식환자 급식업무	70%	영양팀영양사	9	7
		영양팀조리사	2	2
		영양팀조리·배식원	54	38
산소공급업무	60%	시설팀고압가스기사	5	3
비상발전 및 냉난방업무	60%	시설팀열관리기사	9	6
		시설팀공조냉동기사	2	2
		시설팀자동제어기사	4	3
		시설팀전기기사	10	6

(카) 비상발전 및 냉난방 업무

산소공급 업무와 마찬가지로 비상시에도 발전 및 냉난방 업무가 유지되어야 하는 점을 감안하여 업무의 유지·운영 수준을 평상시의 60%로 결정하였다. 그에 따라 대상직무인 시설팀 전기기사 29명 중 18명, 자동제어기사 12명 중 9명, 설비기사 2명 중 2명, 공조냉동기사 4명 중 4명, 열관리기사 19명 중 13명 등 대상인원 총 66명 중 46명을 필요인원으로 결정하였다.

<K대학교 S병원>

필수유지업무종류	필요 최소한의 유지·운영수준	대상직무	대상인원	필요인원
응급의료업무	100%	응급의료센터간호사	27	27
		응급의료센터간호조무사	1	1
		응급의료센터업무보조원	3	3
		응급의료센터구급차기사	1	1
		응급의료센터사원	6	6
중환자치료업무	100%	내과중환자실간호사	24	24
		내과중환자간호조무사	2	2
		내과중환자업무보조원	6	6
		외과중환자실간호사	22	22
		외과중환자실간호조무사	4	4
		외과중환자실업무보조원	4	4
		신생아중환자실간호사	16	16
		신생아중환자실간호조무사	1	1
		신생아중환자실업무보조원	4	4
		혈액종양내과간호사(무균병동 포함)	21	21
		혈액종양내과업무보조원(무균병동 포함)	2	2
분만업무 (신생아간호포함)	60%	분만실간호사	9	6
		신생아실간호사	5	3
수술업무	70%	수술실간호사	38	27
		수술실간호조무사	1	1
투석업무	70%	인공신장실간호사	11	8
		인공신장실업무보조원	1	1
마취업무	70%	마취과간호사	18	13
		마취과업무보조원	1	1
진단검사업무 (영상검사포함)	70%	진단검사의학과임상병리사	33	24
		진단검사의학과업무보조원	4	3
		병리과임상병리사	5	4
		병리과업무보조원	2	2
		영상의학과방사선사	33	24
		영상의학과간호사	3	3
		영상의학과업무보조원	8	6
		핵의학과방사선사	4	3
		핵의학과임상병리사	2	2
		핵의학과간호조무사	1	1

필수유지업무종류	필요 최소한의 유지·운영수준	대상직무	대상인원	필요인원
진단검사업무 (영상검사포함)	70%	심혈관센터간호사	3	3
		심혈관센터방사선사	1	1
		심혈관센터임상병리사	5	4
응급약제업무	100%	약제팀약사	24	17
		약제팀사원	1	1
		약제팀업무보조원	6	2
치료식환자 급식업무	70%	영양팀영양사	6	5
		영양조리사	1	1
		영양 팀조리·배식원	36	26
산소공급업무	60%	시설팀고압가스기사	3	2
		시설팀냉동기사	2	2
비상발전 및 냉난방업무	60%	시설팀열관리기사	7	5
		시설팀자동제어기사	4	3
		시설팀전기기사	8	5

나. B병원의 결정 내용

(가) 수술 업무

해당 병원은 국가와 민족을 위하여 희생한 국가유공자와 그 가족들에 대한 진료 및 재활서비스를 담당하는 병원으로서 그 특성 및 중요성을 감안하여 업무의 유지·운영수준을 평상시의 70%로 결정하였다. 그에 따라 수술 업무 대상직무인 수술실 간호사 18명 중 13명, 간호보조원 2명 중 2명 등 대상인원 총 20명 중 15명을 필요인원으로 결정하였다. 한편, 중앙공급실 업무는 수술 업무와 밀접하게 연관되어 있음이 인정되나 노동조합 및 노동관계조정법 시행령 제22조의2에 규정되어 있지 않으므로 수술 업무의 대상직무에서 제외하였다.

(나) 마취 업무

마취 업무는 수술 업무와 밀접하게 연계되어 있는 점을 감안하여 수술 업무와 동일하게 업무의 유지·운영 수준을 평상시의 70%로 결정하였다. 그에 따라 대상직무인 마취통증의학과 간호사 9명 중 7명을 필요인원으로 결정하였다.

(다) 진단검사(영상검사 포함) 업무

진단검사(영상검사 포함) 업무 특성 및 신청인 병원의 동 업무 현황을 감안하여 업무의 유지·운영수준을 평상시의 60%로 결정하였다. 그에 따라 대상직무인 진단검사의학과 임상병리사 28명 중 17명, 임상병리보조원 1명 중 1명, 병리과 임상병리사 4명 중 3명, 내분비내과 임상병리사 4명 중 3명, 진단방사선과 MRI방사선사 7명 중 5명, CT간호사 2명 중 2명, CT방사선사 6명 중 4명, 일반촬영 및 야간방사선사 18명 중 11명, 혈관조형방사선사 4명 중 3명, 혈관조형간호사 1명 중 1명, 초음파촬영방사선사 2명 중 2명, 고밀도촬영실방사선사 1명 중 1명, 업무보조원 6명 중 4명 등 대상인원 총 84명 중 57명을 필요인원으로 결정하였다.

(라) 응급약제 업무

응급약제 업무는 그 업무의 중요성을 고려하여 업무의 유지·운영 수준을 평상시의 100%로 결정하였다. 다만, 대상직무인 약제부 약사 35명, 약제보조원 13명 등 총 48명 중 응급약제 업무와 관련이 없는 외래업무 담당 약사 15명, 약제보조원 9명을 제외하고, 나머지 24명만을 필요인원으로 결정하였다.

(마) 치료식 환자급식 업무

신청인 병원의 전체 환자식 중 치료식이 차지하는 비중 등을 감안하여 업무의 유지·운영수준을 평상시의 60%로 결정하였다. 그에 따라 치료식 환자급식 업무 대상직무인 영양실 영양사 2명 중 2

명, 보조원 24명 중 15명 등 대상인원 총 26명 중 17명을 필요인
원으로 결정하였다.

필수유지업무종류	필요 최소한의 유지·운영수준	대상직무	대상인원	필요인원
수술업무	70%	수술실 간호사	18명	13명
		수술실 간호보조원	2명	2명
마취업무	70%	마취통증의학과 간호사	9명	7명
진단검사 (영상검사포함) 업무	60%	진단검사의학과 임상병리사	28명	17명
		진단검사의학과 임상병리보조원	1명	1명
		병리과 임상병리사	4명	3명
		내분비내과 임상병리사	4명	3명
		진단방사선과 MRI방사선사	7명	5명
		진단방사선과 CT간호사	2명	2명
		진단방사선과 CT방사선사	6명	4명
		진단방사선과 일반촬영 및 야간방사선사	18명	11명
		진단방사선과 혈관조형방사선사	4명	3명
		진단방사선과 혈관조형간호사	1명	1명
		진단방사선과 초음파촬영방사선사	2명	2명
		진단방사선과 고밀도촬영실방사선사	1명	1명
		업무보조원	6명	4명
응급약제업무	100%	약제부 약사	20명	20명
		약제부 약제보조원	4명	4명
치료식환자 급식업무	60%	영양실 영양사	2명	2명
		영양실 보조원	24명	15명

(4) 시사점

가. 결정수준이 높거나 낮다는 상대적인 주장

필수유지업무의 결정에도 불구하고 여전히 노사당사자간에 불합
리하다고 주장하는 쟁점사항들이 많은데, 중요한 사항은 필수유지
업무의 결정수준이 지나치게 높다거나 낮다는 주장으로 노사간 큰
이견을 보이고 있다. 자율교섭에 의하여 체결하여 온 사업장은 K
의료원이나 G병원에 비하여 병원의 규모, 중환자의 분포, 2단계진

료기관(종전에는 3차진료기관이라 함)의 특성을 고려할 때 상대적으로 낮은 수준의 병원에 불과하여 동일하게 취급할 수 없으나 노동조합측에서는 이를 무시한 채 유지수준이 높다고 주장을 하는 반면 상대적으로 사용자측에서는 실질적으로 낮다고 주장하는 입장이다.

나. 중환자치료업무 등 필수유지업무의 범위를 둘러싼 노사간의 대립
　　필수유지업무의 범위를 결정과정에서 중환자치료업무의 범위를 둘러싸고 노사간에 대립이 극도로 심화되어 노사양측 간에 합의를 이끌어내기 어려웠다. 특히 노동조합은 중환자실로 국한하여 결정하여야 한다는 주장이나 병원업계에서는 중환자치료업무를 중환자실로 국한하는 것은 부당하며, 실질적으로 각 대학병원에서 자체적으로 중환자운영위원회 등을 구성하여 운영하고 있는 점을 고려하여 중환자의 관리지침에 따라 중환자의 치료업무를 결정하여 줄 것을 주장하였다.

다. 필수유지인원과 비정규직, 비노조원, 휴무자 등 포함 여부에 대한 논란
　　필수유지인원을 산정함에 있어서는 해당부서별 조합원을 기준으로 필수유지인원을 결정하여야 하나 비정규직의 포함을 둘러싸고 노사갈등이 심하다. 노동조합측에서는 정규직 이외에 해당부서에 노동조합원이 낮을 수 있고, 사용자가 비노조원이나 비정규직을 대체근로자로 투입할 가능성이 있으므로 필수유지수준을 결정할 경우에는 비정규직 등 모든 근로자를 포함하여 유지수준을 결정하여야 한다고 주장하였고 일부 사용자들은 필수유지인원의 결정은 조합원을 기준으로 결정하여 줄 것을 주장하며, 비정규직 인원을 제

외하여 달라고 주장하여 필수유지업무의 결정과정에서 상당한 어
려움이 겪게 되었다.

라. 교대제(순환근무제)에 따른 필요인원 및 파업참가자의 범위에 대한 논란

필수유지인원을 산정하는 과정에서 병원업계의 특성에 따라 4조
3교대제의 순환근무제를 실시하므로 휴무자(off day) 및 휴가자를
제외한 실근무자를 기준으로 산정하는 것에 대하여 노사간에 의견
이 대립되었다.

노동조합 측에서는 실근무자를 위주로 필수유지인원을 산정하고,
이외의 근무자에 대하여는 노동조합의 쟁의행위에 참가할 수 있도
록 보장하여야 하며, 사용자가 필수유지업무에 휴무자를 포함하여
정원으로 산정하는 경우 비번자에 대하여는 업무에 동원할 우려가
있다고 주장하였다. 그러나 사용자측은 실무자만으로 필수유지인원
을 산정하기 보다는 교대근무자의 적절한 휴식을 위하여 휴무나 휴
가가 필요한 것이고, 해당근로자는 파업시에 동원하지 않을 것이며,
상대적으로 노동조합이 파업시에 동원할 우려가 있으므로 근로자의
적절한 휴식을 보장할 수 있도록 포함하여야 한다고 주장을 하였다.

Ⅳ. 사례분석의 결과

2008년 7월까지 자율협정을 체결한 사업장은 총 19개 업체이고
노동위원회가 필수유지업무를 결정한 업종과 사업장은 전기사업의 5

개 발전회사, 철도사업의 3개 지하철공사, 병원사업의 서울지역 6개 병원, 가스사업의 1개 사업장이다. 이들 사업장에서 필수유지업무를 결정하면서 나타난 업종별 특성과 한계점을 정리하면 다음과 같다.

1. 자율협정체결의 분석결과

(1) 필수유지업무에 대한 이해 부족

노동조합 및 노동관계조정법에 의해 노사 간 필수유지업무의 유지, 운영수준, 대상직무, 필요인원을 필수유지업무 협정으로 체결해야 하고 노사 간 협정이 체결되지 않을 경우 관계당사자 일방 또는 쌍방의 신청으로 노동위원회가 결정하게 되어 있다. 그럼에도 불구하고 필수유지업무에 대한 이해부족으로 인하여 당사자 간에 자율적으로 추진하는 사례가 매우 적었고, 이로 인하여 답변과정에서 홍보부족이라고 응답하는 사례가 많았다.

(2) 노동조합에 의한 협정체결의 주도 경향

필수유지업무의 협정은 본질적으로 당사자의 자율협정을 전제로 하지만 필수유지업무의 협정이 체결되지 아니하면 노동위원회에 결정신청을 할 수 있다. 필수유지업무 제도가 2008년 1월 1일부터 시행되고 있지만 자율적인 협정은 그 이전에도 가능하였지만 대부분의 필수유지업무사업장은 2007년에 자율적으로 협정을 체결하지 않고 미루어 왔다가 2008년 6월말부터 본격적으로 협정체결을 시작하게 되었다. 그래서 2007년 한해동안 전혀 체결되지 않고 있다가 11월 28일 H공사가 최초로 협정을 체결하는 현상을 볼 수 있다. 그럼에도 불구하고 자율적인 협정을 체결하고자 하는 노력은 노동조합이 주도하는 경향이 강하고, 사용자가 우선적으로 교섭을 먼저 제안하는 경향은 상대적으로 찾아보기 어려웠다.

필수유지업무는 기본적으로 필수공익사업장에서 파업이 발생했을 때 효력이 발생하는 것이므로 파업이 발생하지 않는 상황에서 체결해야할 강제성이 없어 협정체결이 저조한 이유도 있다. 따라서 필수유지업무의 협정체결건수가 여전히 저조한 이유는 임금협정의 만료나 단체협약의 만료일자가 1월부터 12월까지 제각기 다르고, 교섭시기가 도래하지 아니한 사업장이 많다는 원인도 있으나, 언제까지 필수유지업무협정을 체결하여야 한다는 강제규정이 없기 때문에 필수유지업무의 협정을 둘러싸고 노사갈등을 초래할 필요가 없다는 인식에서 노사당사자가 적극적으로 나서지 않는 것에도 기인한다고 볼 수 있다. 이러한 이유로 교섭에 응하다가 자율적인 교섭이 어렵다는 이유를 들어 노동위원회에 결정을 신청하는 사례가 대부분 이었다.

(3) 사업규모나 노조조직율에 따른 유지비율의 차이

2008년 들어서 1월에 동수원병원 등 몇 개 사업장만이 협정을 체결하였으나, 여름이 접어들면서 공기업의 민영화와 구조조정의 방향이 잡히면서 필수공익사업장의 파업이 예고되고 이에 따라 갑자기 협정체결과 노동위원회 결정 사업장이 늘기 시작하였다. 그럼에도 자율적인 협정체결 사업장은 병원업종에서 주로 증가하고 있고 일부 업종에서는 최근 추가적인 사례가 나타나지 않았다. 따라서 민주노총 보건의료노조 등에서 필수유지업무의 체결을 반대해오다 정책을 변경하여 체결하는 방향으로 선회한 후 필수유지업무의 협정체결을 요구하자, 이에 응하여 대상사업장에서 협정체결에 응하는 경향을 나타냈다. 그럼에도 불구하고, 자율협정을 체결하는 사업장을 보면 상대적으로 규모가 작은 사업장이나 노동조합원의 비율이 낮은 사업장은 비교적 일찍 자율협정을 체결하는 경향을 보이고 있다. 또한 자율협정을 체결한 사업장의 경우라도 사업장의 규모 및 의료서비스 대체가능성, 노사의 교섭력 등에 따른 편차를 보이고 있다. 예를 들어 K가스회사와 D병원에서는 80~100%의 유지수준을 결정한 바 있고 S병원, K도립 6개병원 등 병원들은 40~50%의 비율을 결정한 바 있다.

2. 노동위원회 결정의 분석결과

(1) 사용자측의 일방적 신청

사례에서 나타났듯이 노사당사자가 임·단협과 병행하여 필수유지업무협정체결에 대한 교섭이 이루어짐에 따라 필수유지업무협정을 위한 교섭이 별로 진행되지 못할 뿐 아니라 임·단협이 결렬되면 쟁의조정신청을 하면서 필수유지업무결정을 신청하게 된다. 또한 쟁의조정을 거친 후 파업에 들어갈 것을 예고하는 경우에 사용자들은 법에 따라 필수유지업무를 지정해야 하므로 사용자 단독으로 노동위원회에 필수유지업무 결정을신청하는 경우가 대부분이다. 노동조합 측에서는 "각 사업장들이 법적으로 정해진 노·사 교섭을 거치지도 않고 지방노동위원회에 잇따라 필수유지업무결정을 신청하고 있다"며 "우려했던 대로 필수유지업무 제도가 공공부문 노동자의 단체행동권을 침해하고 있다"고 주장했다.

(2) 전국단위사업장에 대한 노동위원회 관할권

전국적으로 분포되어 있는 전국단위사업장이 본사 소재 지방노동위원회에 신청할 경우 산별로 묶어서 해당 노동위원회에서 결정하기도 하고 필요에 따라 개별 사업장별로 해당 지방노동위원회에서 결정하기도 한다. 중앙노동위원회에서 이에 대한 방침을 내리게 되는데 발전사의 경우 지방노동위원회별로 결정하도록 하였다. 한편 노동조합에서는 개별 사업장의 특성에 따른 지방노동위원회에서 각각 결정하는 방식에 대한 반대의사를 표하기도 하였다.

(3) 업종수준의 공통 가이드라인 부재

발전사 같은 동일업종을 여러 지방노동위원회에서 개별적으로 결정하는 경우 각 사업장의 특수한 사항은 알아서 결정하지만 공통적인 사항을 대처하기 매우 어려웠다. 산별수준에서 결정을 신청한 경우에도 산별수준에서 결정하지 못하고 노동위원회가 자율적으로 결정해야하는 형편이었다. 사용자의 산별수준에서 공동수준이나 가이드라인을 설정하고 세부적인 필요인원은 사업소별로 결정하는 체계가 효과적일 수 있다. 이번 발전회사의 경우 각 사업소별로만 결정하다보니 상급수준에서 총론적인 필수유지수준 결정의 교섭이나 가이드라인을 설정하지 못했기 때문에 그러한 조율작업이 미흡한 측면이 있었다. 그러나 지방노동위원회의 결정은 각각 독립적으로 결정이 이루어지므로 공통적인 사항이나 산별수준의 사항을 조율하기는 어려운 면이 있었으나, 이에 대하여 노동위원회는 발전사업, 병원사업 등 업종별로 조사관 워크숍 실시, 현장실사 등을 통하여 사업장 및 지역적 특성을 반영하면서도, 형평성있는 결정이 내려질 수 있도록 전문성을 고려하여 결정하도록 노력하였다.

(4) 노조의 상급단체 위임과 제도의 시행 반대

필수공익사업장의 노동조합은 상당수가 공공운수연맹에 소속되어 있는데 이들 사업장의 노동조합이 필수유지업무 교섭을 공공운수연맹에 위임하였고 공공운수연맹이 필수유지업무제도를 무력화시키기 위한 시도를 줄기차게 해 왔다. 발전회사 신청사건의 경우 각 지노위별 필수유지업무의 특별조정회의에 노동조합이 참여하지 않다가 과정이 진행되면서 발전노동조합이 전부 필요하거나 아니면 전혀 필요 없다는 식의 "all or nothing"과 같은 공통의 입장으로 대응했다. 또 S메트로의 경우 해당 사업장의 필수유지업무 결정에 집중하지 않고 필수유지제도에 대한 부당성을 홍보하는데 많은 시간을 할애하였다. 이로 인하여 노동조합에 대한 적극적인 홍보가 필요할 것으로 보인다.

(5) 조정적 및 심판적 성격의 혼재

노사당사자가 자율적 교섭이 없이 사용자측이 일방적으로 필수
유지업무 결정을 신청할 경우 필수유지업무협정이 기본적으로 교
섭사항이므로 노사간 교섭을 촉진하고 합의해보도록 조정하게 된
다. 그러나 사용자는 교섭 없이 결정을 신청하고 노동조합은 제도
자체를 부정하는 태도를 취하여 처음에는 당사자들의 주장을 조정
해보려 하지만 대개 양측의 주장을 검토하고 현장을 조사해서 노
동위원회가 결정을 하는 어려움이 발생하였다

(6) 자료 및 정보의 공유와 노사간 대화의 부족

노동조합이 연맹이나 산별차원에서 당사자로 참여하고 있으면서
노동위원회의 필수유지업무 결정회의에 잘 참석하지 않거나 교섭
에 임하지 않아 노동조합의 의견을 확인하기 어려울 때가 많다. 또
사용자는 필수유지업무를 교섭과 협의를 통해 결정하기보다 노동
위원회에서 알아서 결정해주기를 원하고 있다. 그리하여 상호간에
자료제공과 정보공유가 이루어지지 않을 뿐 아니라 대화가 잘 이
루어지지 않아 상호 만족을 하는 결정을 내리기 어려운 문제점을
해소하고자 노력하였다. 발전회사 결정사건에서 보듯이 사업소의
노조지부가 빠진 상태에서 노동조합이 발전노조차원에서 참여하여
공동입장만 피력하고 발전회사도 본사차원에서 대응하여 정보공유
나 교섭의 의지를 보여주지 않은 문제점이 노출되었다.

(7) 필수유지수준과 필요인원비율의 오해

노동위원회에서 필수유지업무를 결정할 때 공통된 일관성 있는 결정 내용과 방법이 미흡한 실정이다. 가장 많이 사용하는 내용과 방법은 필수유지업무를 설정하고 그 업무의 유지수준을 결정하고 업무별 필요인원을 산출하는 것이다. 그리하여 필수유지업무가 100% 수준으로 유지되어야 한다는 결정이 필요인원도 100%로 유지된다는 오해를 불러일으킬 가능성이 많고 노동조합원 전체가 파업에 참여할 수 없는 것으로 오해될 수 있는 소지가 많았다.

(8) 유지수준 결정에 대한 노사양측의 태도분석

가. 유지수준의 결정에 대한 사용자의 태도

필수유지업무의 결정에 대하여 사용자는 대체로 긍정하는 태도를 나타내고 있다. 사용자의 입장에서는 필수공익사업체에 있어서 원칙적으로 파업이 가능하도록 입법개선이 이루어진 이상 어떠한 형태로든지 필수유지업무의 결정이 이루어지기를 기대할 수밖에 없다. 만약 필수유지업무의 협정이 제대로 이루어지지 아니하여 전면파업이 가능하다면, 사업운영에 막대한 지장이 초래될 우려가 있기 때문이다. 그러나 필수유지업무의 체결을 위해 노사간 교섭이 원만히 이루어지지 아니하는 경우에는 필수유지업무의 결정신청을 선호하는 경향을 나타내고 있다. 또한 사용자 역시 필수유지업무의 제도적 절차미비를 개선할 것을 요구하고 있다.

나. 유지수준의 결정에 대한 노동조합의 태도

필수유지업무에 대한 노동조합의 태도는 파업참가율을 높이기 위한 명분이나 필수공익사업으로서의 긴급조정에 의한 파업제한 등을 이유로 유지수준을 낮추고자 하는 성향을 보이고 있다. 그러나 노사관계가 협력적이거나 상급단체에 가입되지 아니하여 독자적인 결정이 자유로운 사업체에서는 상대적으로 필수유지업무의 유지수준을 높게 책정하는 것에 대하여 동의하는 경향을 나타내고 있다. 필수유지업무에 근무하는 조합원의 조직률이 낮은 사업 또는 사업장에서는 파업에 미치는 영향이 미미하기 때문에 노동조합은 필수업무유지수준을 높이고자 한다. 반대로 필수유지업무에 근무하는 조합원의 조직률이 높거나 전체근로자가 조합원인 경우에는 일부 조합원이 참가하더라도 파업의 효과가 크기 때문에 사용자는 적극적으로 유지수준을 낮추고자 하는 경향을 나타내고 있다. 그러나 필수유지업무수준을 낮추는 데는 일정한 한계가 있을 수 있다. 지나치게 필요인원이 극소수로 낮아져 업무의 운영에 따른 노동강도가 높아지거나 장시간근로를 하는 경우에는 정상적 업무수행이 불가능해 질 우려가 있기 때문이다. 이로 인하여 사용자측 보다는 노동조합 측에 대한 또 다른 부담으로 작용될 여지가 있다. 그러나 유지수준을 낮추어도 업무강도로 전환되지 않는 사업장의 경우에는 노동조합이 구태여 유지수준을 높게 정할 이유가 없다고 보아 반대할 가능성이 크다.

다. 유지수준의 결정기준에 대한 노사의 인식

필수유지업무의 운영유지수준을 결정하기 위한 결정기준은 무엇

을 지표로 삼아 합리적인 기준으로 정하고 적정한 결정을 할 것인
가 하는 것이 매우 중요하다. 따라서 필수유지업무의 협정체결을
하고자 하는 경우에는 우선적으로 해당업무의 내용에 따라 특성을
분석하고 이를 가장 잘 나타내는 지표를 찾아 유지결정기준으로
정하는 노사간의 노력이 필요하다. 그러나 현실적으로는 이에 대한
논의가 전혀 이루어지지 아니하고 비과학적인 근거에 의하여 노사
당사자가 논의를 하다 보니 상호간에 공감대가 형성되지 못하고
불신을 하게 되는 문제점이 나타나고 있다.

　필수유지업무의 결정기준과 관련 지나치게 법률의 문언에 얽매
어 '공익성'이라든지, '사업의 안정적 운영'등 추상적인 용어로 표
현하는 것은 적절하지 않다. 오히려 유지수준의 결정기준은 객관적
이고 합리적인 기준으로 삼을 수 있는 지표가 무엇인지를 찾는 데
에서 출발하여야 한다. 따라서 필수유지업무의 협정체결을 위한 유
지수준의 비율을 정하는 경우에는 무엇을 적정한 지표로 삼아 수
준을 정할 것인지에 대한 노력이 필요하다. 이러한 지표는 해당업
무의 내용을 잘 나타내는 것이어야 한다. 예건대, 판매직의 경우에
는 매출을 기준으로 할 것인지, 병원의 경우에는 내원환자나 외래
환자의 진료건수나 다른 어떤 것을 기준으로 할 것인지 등에 대한
검토가 필요하다. 이러한 문제는 당사자간에 자율협정을 하고자 하
는 의욕이 강한 경우에는 쉽게 합의가 되어 문제가 되지 아니하나,
지방노동위원회에 결정신청을 하는 경우에는 객관적 유지수준을
결정하기 위한 근거로서 지표가 매우 중요한 의미를 지니게 된다.

　S메트로(Metro)는 도시철도사업의 특성상 필수유지업무수준을 결
정하기 이하여 혼잡도, 운행율, 시격, 교통대체율, 작업량 등 다양

한 지표를 검토하였다. 그러나 유지수준을 결정하기 위한 기준은 무엇을 지표로 삼을 것인지에 대하여는 논란의 여지가 많았다. 그 이유는 어느 한 가지 지표만을 선택하기에는 완결성이 부족하여 다수의 지표를 검토하여 선택하거나 두 가지 이상의 지표를 보완적으로 사용하여야 노사당사자에게 설득할 수 있는 객관성을 담보하기 때문이다. 철도의 경우 시간대별 승객수가 어느 정도 예측이 가능하나, 병원의 경우 대부분 24시간 관리체계에서 급작스럽게 발생되는 환자 및 집중환자 발생 등 변화가 많아 예측이 어렵고, 철도의 경우 업무상 불편의 정도이나, 병원은 생명과 직결되어 지연 및 지체가 어려워 판단지표 선정이 어렵다.

(9) 필수유지업무 범위와 유지운영수준의 결정기준 미흡

필수유지업무의 협정체결은 노사 당사자가 자율적인 교섭을 통하여 유지운영업무를 구체적으로 정하거나 유지수준을 정할 필요가 있다. 그러나 최근에 입법취지와는 달리 필수유지업무의 직종별 업무범위나 유지수준을 둘러싸고 노사간에 갈등이 고조되고 있다. 필수유지업무를 결정하는 경우에 주로 발생하는 문제점을 살펴보면 다음과 같다.

첫째, 어떤 직종의 업무를 구체적으로 필수유지업무로 확정해야 하는지, 어느 정도의 범위업무까지 포함하는지, 주된 업무와 부수적 업무를 구분할 필요가 있는지, 노사간에 의견이 불일치되는 경우에 합리적으로 정하기 위해 직무분석이 자료가 있는지를 사전에 조사할 필요가 있다. 왜냐하면, 필수유지업무로 결정하기 위한 업무가 공정이 복잡하거나 서로 이질적인 특성을 지닌 업무가 혼재되어 있는 경우에는 업무의 특성이나 내용을 객관적으로 구분하여 정하기가 어렵기 때문이다. 막연히 노조법 제42조의2 및 같은 법 시행령 제22조의2에 의하여 지정된 범위를 가지고 교섭을 하다보면, 해석상 혼란이 생겨 서로 상대방을 불신하기 쉽다. 따라서 노동조합과 사용자가 필수유지업무의 시행에 있어서 우선적으로 그 직무범위를 구체적으로 협의하여 명확히 할 필요가 있다.

둘째, 필수유지업무의 유지운영수준을 결정하는 경우 무엇을 기준으로 하여 결정하여야 하며, 그 수준은 몇 퍼센트(%)로 하는 것이 합당한지 매우 어렵다. 이러한 이유로 사용자는 상대방을 납득시킬 만한 자료의 제시를 제대로 하지 못하거나 해당 직무에 대한 필수유지결정기준을 명확히 내세우지 못하고 있다. 필수유지업무의 수준은 무엇을 기준으로 결정할 것인지, 당사자간에 수용할 수 있는 기준은 무엇인지를 정할 필요가 있다. 따라서 제3자에 의한 결정이 절대적으로 합리적인 수준이라고 단언하기도 어렵다. 이러한 이유로 당사자간에 결정기준과 결정수준을 교섭을 통해 자율적으로 정하는 것이 가장 바람직하다. 그러나 당사자간에 원만히 필수유지업무가 체결되지 아니하여 분쟁이 발생하여 지방노동위원회에 결정신청을 하게 된다면, 어느 수준으로 결정해야 하는지 판단하기가 어렵다.

필수유지업무의 유지수준에 대한 합리적이거나 객관적인 기준을 판단하기가 곤란하므로 지방노동위원회의 결정은 전문적인 결정으로서 재량권을 가진다고 보아야 한다. 따라서 지방노동위원회의 결정은 위법이거나 월권행위에 해당되지 않는 한 전문적인 식견을 기초로 한 판단으로서 존중되어야 한다. 이 경우 노동위원회는 필수유지업무의 유지수준을 결정하기 위하여 합리적인 결정으로서 신뢰할 수 있도록 준거를 찾아 판단을 하여야 한다. 물론 이러한 결정과정에서 노사당사자가 합의하여 선호하는 준거를 채택하는 것이라면 더욱 믿을 만한 결정을 할 수 있고, 노사간에 결정기준을 둘러싼 분쟁은 발생할 여지가 없게 된다. 그러나 일반적으로 노동위원회는 필수유지업무의 내용이나 특성에 기초하여 유지수준을 결정하기 위한 기준을 정하여야 하고, 이를 객관적으로 나타내는 지표를 스스로 찾아내야 할 것이다. 예를 들어 병원사업의 경우에는 업무의 성격이 긴박성 또는 혼잡도, 생명에 미치는 영향, 간호등급기준 등 표준으로 삼을 만한 기준을 정할 수 있지만 수술과 치료의 긴급성, 치료의 범위 및 환자의 위중도 등 다양한 상황변수의 지표를 만들기가 어려운 현실에 적절한 기준을 마련할 필요가 있다. 또한 필수유지업무를 결정하거나 협의하는 경우에는 구체적으로 공정성 아니면 긴박성 등 구별기준을 정하는 방법, 협의나 동의로 하는 방법에 대하여 정할 필요가 있다.

필수유지업무와 비필수유지업무의 비교[별표]

구분	노조법시행령 필수유지업무	비 필수유지업무
철도 · 도시철도	운전, 관제(운전취급 포함), 전기 · 신호 · 통신, 선로 점검 · 보수 등	화물운송, 승무 · 역무(매표 · 안내) · 전산 · 중정비 · 설비관리(역사 · 환기 · 배수 시설 등) 등
항공	탑승수속, 보안검색, 조정 · 객실 승무 · 일상정비, 항행안전시설 운영, 관제 등	예탁 · 발권, 기내식 · 기용품 생산 및 탑재, 창정비, 운항 스케줄 관리, 객실청소 등
수도	취수 · 정수 · 가압 · 배수시설 운영, 수도시설 통합시스템, 계측 · 제어 설비 운영 등	민원(수도요금 등), 수도시설 순회 점검, 상수원 오염물질 유입순찰, 댐관리, 건설, 행정관리 · 지원 등
전기	· 발전설비의 운전 · 점검 및 정비, 전력계통 보호를 위한 통신센터 운영 · 송전 · 변전 및 배전설비의 긴급복구 · 전력 공급운영과 송전설비 계통운영의 제어 등	· 발전소의 업무 중 건설, 행정관리 및 지원 · 송변전 및 배전업무 중 무인변전소 순회점검, 전산업무, 영업 · 민원 등 · 전력거래소 업무 중 전력시장 운영, 전력수급 계획운영 등
가스	천연가스의 인수 · 제조 · 저장 및 공급, 시설의 긴급정비 및 안전관리 등	기획 · 지원 · 건설 · 연구개발 등
석유정제 · 공급	석유의 인수 · 제조 · 저장 및 공급, 시설의 긴급정비 및 안전관리 등	석유화학공정, 기획 · 지원 · 마케팅 · 연구개발 등
병원	응급의료, 중환자 치료, 분만, 수술, 투석, 마취, 진단검사, 응급약제, 치료식 환자식 등	원무, 행정, 시설관리, 일반 환자급식, 외래진료, 입원진료, 보조진료(물리치료 등) 등
혈액공급	채혈 · 검사 · 제재 · 수송	헌혈기획(헌혈자 모집 · 홍보) 등 지원 업무
통신	· 기간망과 가입자망의 운영 · 관리, 통신 장애의 신고접수 및 수리 · 기본 우편역무, 부가 우편역무 중 내용증명과 특별송달	· 내부전산망 업무, 가입자의 가입 · 이 전업무, 기타 경영지원, 기술연구 등 · 등기우편, 보험취급, 우체국 쇼핑, 전자우편 등

※ 자료: 노동부, 필수유지업무 매뉴얼

제4장
법리적 쟁점 및 제도보완 검토사항

Ⅰ. 서설

 필수유지업무협정은 종전의 직권중재에 대한 위헌성 시비를 없애고 쟁의권과 공익성을 동시에 보장하는 제도로 도입되었다. 그러나 앞의 제3장의 사례분석에서 살펴본 것처럼 현실적으로 제도를 운영하는 과정에서 몇 가지 한계가 나타났다. 먼저 필수공익사업에 해당하는 사업장이 쟁의행위가 발생하지도 않은 상태에서 구태여 시간을 내어 필수유지업무협정을 체결할 필요가 있느냐는 문제를 제기한다. 또한 자율적으로 체결하는 사업장이 훨씬 높은 비율을 차지하고 있지만, 일부 사업장은 협정체결을 위하여 노사 간에 충분히 자율적인 교섭도 없이 노동위원회에 결정신청을 하는 문제점이 있다. 그러나 노동위원회는 사업분야별도 필요최소한의 업무가 어느 정도의 수준인지를 결정하는 데 어려움을 겪고 있다.

 특히, 필수유지업무제도를 처음 시행하다보니 도입할 당시에 예상하지 못한 문제점이 나타나고 있다. 예를 들어, 필수공익사업에서의 '직권중재'가 폐지된 현재의 상황에서 노동조합이 쟁의행위에 돌입하는 경우 혼란의 해소를 위해서는 노사간 자율협정을 체결하고, 이를 준수하려는 노사의 규범의식이 필요하다. 협정의 체결은 공중에게 미칠 피해를 최소화하고, 공익과 쟁의권의 균형있는 보호를 위하여 쟁의행위에 들어갈 경우 준수할 게임의 룰로서 노사당사자가 자율적으로 체결해 준수해야 한다. 그러나 필수유지업무제도의 쟁의권 제한 여부에 대한 소모적 논쟁으로 자율적으로 협정을 체결하지 못하고 노동위원회가 결정하는 경우에 직권중재제도와 다르지 않다는 비판을 받고 있다. 또한 종전 직권중재제도 아래서 쟁의권 제한에 대한 비판을 극복하기 위하여 새로운 제도가 도입되었음에도 여전히 일부 노동계는 쟁의권을 제한하고 있다고 비판한다. 이러한 논쟁의 해소를 위해 현행 필수유지업무제도가 국제노동기준에 부합하는지 여부를 검토할 필요가 있다. 또한 필수유지업무제도 이외에 대체근로를 일부 허용하고, 긴급조정제도를 존치하는 제도적 타당성 등에 대해서도 검토할 필요가 있다.

한편으로, 제도를 도입한 시행 초기라는 점에서 제도적 보완사항에 대한 문제제기도 있다. 노사의 자율성을 최대한 보장한다는 취지에서 명확한 규정을 두지 않고 노사당사자가 자율적으로 정하도록 함에 따라 일부 노사간 갈등이 발생하는 사례도 나타나고 있다. 현행 필수유지업무제도가 당초 도입취지와 같이 쟁의권과 공익의 균형있는 보호를 도모하고, 직권중재에 따른 타율적 결정을 극복하고 노사당사자가 자율적으로 바람직한 쟁의질서를 형성할 수 있도록 지원할 필요가 있다. 이러한 제도도입 취지 및 현실을 고려하여 법리적 쟁점 및 제도개선 검토사항들에 대하여 쟁점별로 살펴보기로 한다.

Ⅱ. 필수유지업무제도의 법리적 쟁점

1. 필수유지업무와 ILO 최소업무의 비교

(1) 필수사업의 범위

노조법은 제42조의2에서 "필수유지업무라 함은 제71조제2항의 규정에 따른 필수공익사업의 업무 중 그 업무가 정지되거나 폐지되는 경우 공중의 생명·건강 또는 신체의 안전이나 공중의 일상생활을 현저히 위태롭게 하는 업무로서 대통령령이 정하는 업무를 말한다"고 규정하고 있다. 이 정의는 현실에서 필수유지업무협정을 체결할 때 어느 범위까지를 필수유지업무로 획정해야 하느냐와 관련하여 문제가 될 수 있다. 즉 어느 정도 수준까지를 업무가 정지 또는 폐지되는 경우 공중의 생명, 신체의 안전이나 건강 또는 공중의 일상생활을 위태롭게 하는 것이냐가 우선적 문제로 대두된다.

그런데 노조법상의 필수유지업무가 ILO의 최소업무와 충돌하는가의 여부를 판단하기 위해서는 우리 노조법상의 필수공익사업의 범위가 ILO의 필수사업의 범위와 상응하는가를 살펴보아야 한다. 우리나라 노조법 제71조 제2항은 필수공익사업에 대하여 공익사업으로서 그 업무의 정지 또는 폐지가 공중의 일상생활을 현저히 위태롭게 하거나 국민경제를 현저히 저해하고 그 업무의 대체가 용이하지 아니한 다음의 사업을 말한다고 정의하고 있다.

> - 철도사업, 도시철도사업 및 항공운수사업
>
> - 수도사업, 전기사업, 가스사업, 석유정제사업 및 석유공급사업
>
> - 병원사업 및 혈액공급사업
>
> - 한국은행사업
>
> - 통신사업

이에 반해 ILO는 필수사업(essential service)을 다음과 같이 3분하여 정의하고 있다.

첫째, 업무의 정지될 경우 국민 전부 또는 일부의 생명, 안전, 건강을 위협하는 사업(엄밀한 의미, 협의), 둘째, 엄밀한 의미의 필수사업이라 할 수 없으나 파업의 정도 및 기간 등에 비추어 그 결과가 국민의 일상생활에 심대한 위기를 초래할 수 있는 사업(광의), 셋째, 기본적으로 엄밀한 의미의 필수사업이라 할 수 없으나, 파업의 정도 및 기간 등에 비추어 그 결과가 국민의 일상생활에 심대한 위기를 초래할 수 있는 사업(최광의)으로 구분할 수 있다. ILO는 이러한 필수서비스 관련 사업은 적절한 대상조치(알선·조정·중재 등)를 전제로 파업권의 일반적 금지도 가능하다는 입장이다.

한편, ILO의 결사의 자유위원회는 필수사업의 개념을 엄밀한 의미 즉, 업무가 정지될 경우 국민 전부 또는 일부의 생명, 안전, 건강을 위협하는 사업으로 서 "병원, 전기, 수도, 전화, 항공사업" 등으로 파악하고 있다.30) 그러면서 결사의 자유위원회는 일반적으로

---

30) Gernigon, Bernard/Odero, Alberto/Guido, Horacio, ILO Principles concerning the Right to Strike, International Labour Review, Vol. 137(1998), No. 4., 20, 30; Ministry of Justice, Restrictions on Strike Action for Prison Officers in European Union(EU) Member Countries and Countries in the Organisation for Economic Cooperation and

다음과 같은 사업은 엄밀한 의미의 필수사업에 포함된다고 할 수 없으므로 파업을 금지할 수 없다는 입장을 보이고 있다.

- 라디오, 텔레비전사업	- 탄광사업
- 석유사업	- 운수사업
- 적재사업	- 냉동사업
- 은행사업	- 호텔사업
- 과세 목적의 컴퓨터서비스사업	- 건설사업
- 백화점사업	- 자동차제조사업
- 놀이공원사업	- 항공기수리사업
- 금속사업	- 농업
- 식자재의 공익 및 분배사업	- 조폐사업
- 교육사업	- 정부간행물사업
- 도시철도사업	- 주류, 소금, 담배사업
- 우편사업	

그러나 이들 필수서비스사업이 아닌 일반 공익사업에 해당하는 경우에도 최소한도의 서비스는 지속적으로 제공될 필요가 있다고 보고 있다. 즉, 엄격한 의미의 필수서비스에 해당하지 아니하여 파업이 허용되는 사업일지라도 수요자의 기본적 필요충족과 시설의 중단없는 인전운영을 위하여 필요한 최소한의 서비스가 제공될 수 있도록 하는 제도나 조치를 강구할 수 있다는 견해를 취하고 있다.

그러나 위에 열거한 예가 필수사업 또는 최소서비스사업을 대표

---

development(OECD), 2008. 1., 30

한다고 할 수 없다. 결사의 자유위원회는 특수한 상황에 따라 필수사업의 범위는 달라질 수 있다는 입장에서 더 이상의 열거를 피하고 있다.

한편, 우리나라 노조법 제71조 제2항은 필수공익사업을 ① 철도사업, 도시철도사업 및 항공운수사업, ② 수도사업, 전기사업, 가스사업, 석유정제사업 및 석유공급사업, ③ 병원사업 및 혈액공급사업, ④ 한국은행사업, ⑤ 통신사업으로 획정하고 있다. 따라서 우리나라 노조법상의 필수공익사업에는 ILO의 기준에서 필수서비스에 해당하는 사업 뿐 아니라 최소서비스 제공에 해당하는 사업도 포함되어 있음을 알 수 있다.

결사의 자유위원회는 각국이 처한 입장에 따라 필수사업의 범위는 달라질 수 있다고 보고 있다. 다만 필수사업의 범위를 너무 폭넓게 획정할 경우 필수사업 규정의 의미를 상실하게 된다는 점을 언급하였다. 따라서 필수사업은 엄밀한 의미 즉, 업무가 정지될 경우 국민 전부 또는 일부의 생명, 안전, 건강을 위협하는 사업으로 한정하는 것이 바람직하다는 입장이다. 동시에, 법적으로 필수사업의 목록을 확정하여 규정하는 것은 그리 추천할 만하지 않다는 입장이다. 다만 필수사업의 정의는 각국이 처한 입장에 따라 차이가 날 수밖에 없으므로 ILO의 정의에 전적으로 의존할 필요는 없다고 보고 있다. 예컨대 섬나라에서는 해상운수사업이 공익에 미치는 영향이 지대하므로 필수사업으로 지정될 수 있는 반면 대륙에서는 그렇지 않다는 것이다. 또한 엄밀한 의미의 필수사업이 아니라 할지라도 파업이 일정 기간 또는 그 한도를 초과하여 국민의 생명, 안전, 건강에 미치는 매우 중대하다고 판단되는 경우 필수사업으로

될 수 있다는 것이다.

그런데 우리나라 노조법의 필수공익사업은 ILO의 필수서비스 외에 최소서비스 사업도 포함하고 있는데, ILO가 필수사업에서의 파업권을 제한 또는 금지하는 경우와 최소업무를 허용하는 경우로 나누고 있다는 사실에 주목해야 한다. 즉 우리나라의 구 직권중재가 파업권을 제한 또는 금지하는 경우라면, 필수유지업무는 최소한의 파업은 인정하는 경우(최소업무)에 해당한다. 즉 ILO에 의하면 전자(직권중재)의 경우는 파업이 제한 또는 금지되므로 필수사업의 범위를 엄격하게 제한해야 하나, 후자(필수유지업무 또는 최소업무)에서는 파업을 일정한 정도로 허용하고 있기 때문에 필수사업의 범위를 넓게 보아도 된다는 것이다.

직권중재 등 필수사업에서의 쟁의행위가 제한 또는 금지되는 경우가 아니더라도 ILO는 각국이 처한 특수한 상황을 감안하여 필수사업 이외에 최소서비스 제도의 설정을 인정하고 있는 사실에 비추어 볼 때 현행 필수공익사업의 범위는 ILO의 정의를 위반한다고 볼 수는 없다. 가령 인구의 절반이 수도권에 거주하는 우리나라의 특수상황에 비추어 볼 때 도시철도를 최소서비스사업에 포함시킨 것을 문제로 삼을 수 없다는 입장을 취할 수 있다.

한편, 도시철도 외의 사업, 예컨대 석유사업, 한국은행사업 등의 경우에도 쟁의행위로 인하여 서비스 공급이 중단되었을 때 나타날 공익침해의 정도를 감안할 때 최소서비스를 제공하도록 하는 제도설정의 정당성은 부인하기 어렵다고 하겠다. 다만, 무엇을 기준으로 특정국의 특정사업이 필수사업 내지 최소서비스사업에 포함되어야 하는지 아니면 그로부터 제외되어야 하는지를 객관적으로 판단하기는 그리 쉽지 않다.

보다 엄밀한 잣대를 사용한다면 한 국가 내에서도 도시철도가 지역적 특성에 따라 심지어 필수업무에 포함될 수도 있고 단순히 최소서비스 사업으로 분류될 수도 있다. 예컨대 서울 및 수도권에서의 지하철은 시민의 일상생활에 지대한 영향을 미치므로 필수서비스 성격이 크지만 지하철 이용인구가 상대적으로 적은 도시에서의 지하철은 최소서비스 성격에 불과하다는 논리도 가능하다. 그렇다면 사실상 지하철사업의 이용인구가 인구의 일정 비율을 넘어서는 도시(예컨대 서울 및 수도권)에서 최소한의 운행수준을 유지하도록 의무를 부과하는 최소서비스 제도를 설정하는 것은 공익과 쟁의권의 조화라는 측면에서 용인될 수 있다고 본다. 한편, 육지로 통하는 유일한 교통수단이 선박인 섬에서는 해운사업을 필수공익사업으로 인정해야 한다는 주장을 할 수 있다.

한편 ILO의 결사의 자유위원회는 필수사업이 공중에게 미치는 피해와 파업권의 금지로 인하여 발생하는 충돌을 피하기 위해서는 공익사업에 대한 파업의 전면금지보다는 최소업무(필수유지업무) 제도를 도입하는 것이 바람직하다고 보았다. 이에 대하여는 아래에서 다시 언급하기로 한다.

결론적으로 ILO의 입장에 비추어 볼 때 우리나라의 필수유지업무제도 자체는 바람직하다고 볼 것이나, 필수공익사업을 법정함으로써 각 지역 또는 국가가 처한 특수한 상황에 따라 유연하게 대처할 수 없게 한 점은 한계로 지적될 수 있을 것이다. 그렇긴 하나 필수공익사업을 법정화하지 않았을 경우 필수공익사업에 포함되느냐 아니냐를 둘러싼 혼란을 생각한다면 ILO의 입장이 이상적이기는 하지만 성문법주의인 우리나라의 현실에는 적합하지 않을 수 있다. 또한 현행 노조법은 필수공익사업의 종류는 법으로 열거한 반면, 공공서비스 대체공급 가능성을 기준으로 사업의 규모에 따른 필수공익사업의 범위를 법 해석상 탄력적으로 정할 수 있도록 입법적 장치를 두고 있다는 점에서 제도적 신축성을 부여하고 있는 점도 주목할 필요가 있다.

(2) 필수사업(essential service)과
최소업무(minimum service)의 개념

필수사업과 관련 각국의 입법은 다소 차이가 난다. 일부 국가는 필수사업을 쟁의행위가 금지되지는 않으나, 최소한의 업무는 수행되어 져야만 한다고 정의하고 있는 반면, 일부 국가에서는 필수사업을 쟁의행위에 대한 상당한 제한 내지 금지를 정당화하는 사업으로 정의하고 있다. ILO는 필수사업을 후자의 의미로 사용하고 있다. 즉 좁은 쟁의권의 제한 또는 금지가 정당화되는 사업을 말한다.

ILO는 필수사업을 정의할 때 중간적 개념을 사용하기도 한다. 즉 파업이 금지될 수 있는 필수사업(essentail service)과 파업이 금지되지 않을 수 있는 비 필수사업(non - essential service)으로 구분하고 근본적인 중요성(fundamental importance)을 띤 사업(결사의 자유 위원회의 정의)과 공익(public utility)을 위한 사업(전문위원회의 정의)의 경우 파업이 금지되지는 않을 수 있으나, 문제가 되는 업무의 수행을 위해 최소한의 업무는 유지하도록 하는 제도를 의미하는 것이다. 이러한 점에서 ILO의 전문위원회는 각국의 입법상 또는 학설상의 정의가 다양하기 때문에 종종 최소업무와 필수사업 간의 개념상 혼동이 초래될 수 있다고 언급한 바 있다. 전문위원회에서 사용하는 필수사업은 엄밀한 의미로 업무가 정지될 경우 국민 전체 또는 일부의 생명, 안전 또는 건강을 위협하는 사업으로서 그 제한 또는 금지가 정당화될 수 있는 사업이되 (파업권 제한에 대한) 보상이 보장되는 사업을 의미한다.

그럼에도 불구하고 최소업무는 파업의 상당한 제한 또는 전면금지가 정당화될 수는 없다고 할 것이나, 다수 근로자의 파업권을 침해하지 않는 범위 내에서 공중의 기본적 욕구를 충족하고 시설의 안전한 또는 중단없는 작동이 보장되는 업무를 의미한다고 보고 있다. 특히 전문위원회는 이런 형태의 최소업무를 공익사업에서 찾을 수 있다고 보았다. 결사의 자유위원회는 파업권제한에 대한 보상으로 공정한 기구에 의한 신속한 조정 또는 중재가 이루어지도록 하되, 매 단계마다 관계당사자가 참여할 수 있도록 해야 한다고 하였다. 전문위원회도 비슷한 입장을 취하고 있다.

(3) 긴급한 국가적 위기 상황: 파업의 전면금지

결사의 자유위원회는 긴급한 국가적 위기상황에서는 파업의 전면적 금지가 정당화된다고 보고 있다.[31] 다만, 이 개념은 국가의 위기를 초래하는 쿠데타 등 예외적인 상황에만 적용할 수 있다고 보았다.[32] 전문위원회도 마찬가지로 파업의 금지는 긴급한 국가적

---

31) ILO, 1996d, para. 527
32) ibid., paras. 528 - 530

위기의 경우 단지 제한된 기간 및 필요한 한도 내에서만 정당화된
다고 보았다. 위원회는 이는 사회의 정상적인 기능이 부재한 심각
한 충돌, 폭동 또는 천재지변의 결과로 발생하는 진정한 위기상황을
의미한다고 보았다.[33)]

(4) 최소업무가 부과되는 상황

결사의 자유위원회는 국민의 안전, 사고의 예방, 기계설비의 안
전을 위해 필요한 경우 파업 중에도 최소안전업무(minimum safety
service)는 유지되어야 한다고 보았다.[34)] 최소가동업무(minimum operational
services)라 함은 파업이 발생하는 기간 동안에도 일정 수준의 생산
또는 업무가 유지되어야 함을 말한다. 최소업무의 요건은 다음과
같이 구분하였다.

첫째, 업무가 정지될 경우 국민 전부 또는 일부의 생명, 안전, 건
강을 위협하는 사업(엄밀한 의미의 필수사업), 둘째, 엄밀한 의미의
필수사업이라 할 수 없으나 파업의 정도 및 기간 등에 비추어 그
결과가 국민의 일상생활에 심대한 위기를 초래할 수 있는 업무, 셋
째, 기본적으로 중요한 공익사업을 말한다. 위에 열거한 최소업무
에는 예컨대 섬나라에서의 페리호, 전국항구사업, 지하철사업, 여객
및 상품의 운송사업, 철도사업, 우편사업, 은행사업, 석유사업, 광산
사업 등이 이에 해당한다.[35)]

결사의 자유위원회는 파업 중에도 수행되어야 할 최소서비스의

---

33) ILO, 1994a, para. 152
34) ILO, 1996d, paras. 554 and 555
35) ILO, 1996d, paras. 563-568

범위와 제공방법을 정함에 있어 공공기관 뿐 아니라 비중있는 사용자단체 및 근로자단체도 포함되어야 한다고 보았다. 이는 진정으로 필요한 최소업무가 어느 정도 수준이어야 하는가와 관련하여 신중하게 상호의 입장을 교환하고 최소업무가 파업을 무력화하는 결과를 초래하지 않는다는 보장을 하기 위해서 뿐 아니라 노동조합에게 최소업무가 지나치게 넓게 지정되어 파업이 무의미하게 되었다는 인상을 주지 않도록 하는 데도 필요하다는 것이다. 결사의 자유위원회는 최소업무가 명확하게 지정되어 엄격하게 적용되어야 하고 적시에 관계당사자에게 알려져야 한다는 입장이다.[36]

또한 공익사업의 경우 최소업무의 대상업무와 근로자와 관련 의견이 일치하지 않는 경우 정부 외의 제3의 독립적 기구에 의해 의견의 불일치가 조정될 수 있는 법정 장치를 마련해야 한다고 하였다.[37] 위원회는 최소업무가 필요최소한의 범위를 넘었는가의 여부는 사업장의 구조 및 가동, 시설, 파업의 실질적 영향 등을 충분히 숙지하고 있음을 전제로 법원이 판단해야 한다고 하였다.[38] 또한 위원회는 최소업무가 최소한 두 가지 요건을 충족해야 한다고 보았다. 첫째, 최소업무는 압박의 효과가 견딜만한 수준이면서 국민의 기본적 욕구를 충족시키는 데 반드시 필요한 업무로 제한되어야 하고, 둘째 최소업무제도가 근로자의 경제적, 사회적 이익을 관철시키는 데 필요한 필수적인 수단을 제한한다는 점에서 사용자, 공공기관과 함께 노동조합이 최소업무의 범주를 정하는 데 반드시

---

36) ibid., para. 560 and 559
37) ibid., para. 561
38) ibid., para. 562

참여할 수 있어야 한다는 것이다.[39]

(5) 필수유지업무제도의 ILO 요건과의 부합 여부

위에서도 언급한 바와 같이 노조법이 구 직권중재하에서처럼 필수공익사업에서의 파업을 제한 또는 금지하는 상황이라면 필수공익사업의 범위가 ILO가 지정한 엄밀한 의미의 필수사업의 범위에 비해 넓다는데 대해 의문을 제기할 수 있을 것이다.[40] 그러나 ILO가 파업을 허용하는 최소업무제도 하에서는 필수사업의 개념을 최광의로 해석하고 있다는 점에서 노조법의 필수공익사업이 지나치게 넓다는 문제제기를 할 수는 없다고 본다. 위에서 살펴본 바와 같이 ILO도 엄밀한 의미의 필수사업의 범주에 포함시키지 않았던 페리호, 항구사업, 지하철사업, 여객 및 상품의 운송사업, 철도사업, 우편사업, 은행사업, 석유사업 등을 최소업무에 포함시키고 있다는 사실을 주목해야 할 것이다.

2. 필수유지업무의 범위 규정

노조법 시행령 제22조의2 및 시행령 별표는 12개 필수공익사업(철도사업 및 도시철도사업, 항공운수사업, 수도사업, 전기사업, 가스사업, 석유정제사업과 석유공급사업, 병원사업, 혈액공급사업, 한

---

39) ibid.

40) 필수사업의 범위를 확대한 것이 부당하다는 주장으로는 김선수, 필수유지업무 제도의 문제점과 정책과제 참조

국은행사업, 통신사업, 우정사업)의 필수유지업무의 범위를 구체적으로 열거하고 있다. 이러한 열거방식은 필수유지업무의 범위를 확정해 놓음으로써 실무에서 필수유지업무를 둘러싼 불필요한 다툼을 방지할 수 있다는 점에서는 긍정적으로 평가할 수 있다. 다만, 현실적으로 파업을 해서는 안 되는 업무분야가 시행령에 열거되지 않았다는 이유로 필수유지업무에서 제외된다거나, 역으로 구태여 필수유지업무에 포함시킬 필요성이 없음에도 불구하고 시행령에 포함되었다는 이유로 파업의 대상에서 제외시키는 불합리한 결과를 가져올 수 있다는 경직성은 문제로 지적될 수 있다고 본다.

실제로 노동계는 노조법 시행령에 필수유지업무가 지나치게 넓게 지정되었다는 이유로 불만을 제기하고 있다. 다만 필수유지업무로 지정되었다는 이유로 파업이 전면 금지되는 것은 아니므로 유지율과 관련하여서는 노사당사자가 자율적으로 조정할 수 있다고 본다. 그러나 시행령에 포함된 필수유지업무가 적정하다거나 지나치게 광범위하다는 등의 논란도 실은 시행령에 필수유지업무를 열거해 놓음으로써 발생하는 불필요한 논쟁이라고도 할 수 있다. 해당 사업장에서 반드시 수행하여야 할 필수유지업무가 무엇인가는 당사자가 가장 정확히 알고 있다는 점에서도 그러하다. 따라서 필수유지업무제도가 어느 정도 정착한 이후에는 필수유지업무비율을 노사 당사자가 자율적으로 정하도록 하는 것이 합리적이라고 본다.

3. 필수유지업무협정과 단체협약과의 차별성

앞서 살펴본 바와 같이 필수유지업무가 단체협약의 성격을 띠느냐의 여부와 관련 이 연구는 단체협약과는 다르다는 결론에 이르렀다. 노동3권의 궁극적인 목적은 근로자가 노조를 형성하여 근로조건의 유지개선을 위하여 단체교섭을 하여 단체협약을 체결하는 데 있으며, 노사간 의견의 불일치로 교섭이 결렬된 경우 노조는 사용자에게 압박을 가하기 위하여 쟁의행위에 돌입할 수 있다.

그런데 필수공익사업에서 쟁의행위가 발생한 경우 노사당사자가 아닌 국민에게 피해를 줄 수 있으므로 이를 최소화하기 위해 필수적인 업무만은 유지하도록 노사간 협정을 체결하도록 한 것이 필수유지업무제도이다. 즉 필수유지업무협정을 단체협약 자체가 아니라 단체협약을 체결하기 위해 근로자에게 부여한 헌법상의 권리인 쟁의권의 '치외법권'에 관한 내용을 정한 것이다. 그러므로 필수유지협정은 반드시 단체협약에 선행하여 체결되어야 한다. 필수유지업무협정의 법적 성격이 단체협약과는 다르기 때문에 협정 체결의 의무, 협정의 유효기간, 협정체결 거부시 및 위반시의 처벌 등과 관련하여서도 노조법상의 단체협약에 관한 규정[41]이 적용될 수 없다.

---

41) 노조법상 단체협약과 관련된 규정은 제29조(교섭 및 체결권한), 제30조(교섭 등의 원칙), 제31조(단체협약의 작성), 제32조(단체협약의 유효기간), 제33조(기준의 효력), 제34조(단체협약의 해석), 제92조(벌칙) 등이 있다.

4. 노동기본권의 이중적 제한 여부

정부에서는 필수유지업무제도로써 합법적 파업의 길이 열렸다고 생각하나, 노동조합측에서는 이 제도가 파업권을 실질적으로 제약하고 있다고 인식하기 때문에 노동조합은 필수유지업무결정에 적극적으로 참여하지 않는다. 만일의 파업에 대비해 노동위원회에 결정신청을 하는 측도 절대다수가 사용자이다. 노동계가 필수유지업무협정에 비협조적인 이유는 노조법 제76조에 긴급조정제도가 있는 상태에서 필수공익사업 근로자들의 파업권을 제한하므로 이중규제라는데 있다. 특히 노동위원회의 결정시 업무의 거의 100%가 필수유지업무로 지정되고 근로자의 대부분을 근무대상자로 지정하는 것은 노동기본권의 박탈이라는 것이다.

그렇다면 노동계가 주장하듯이 노조법에 이미 긴급조정제도가 있는데 필수유지업무제도를 두는 것이 위헌적이라고 할 수 있는가? 위에 언급한 바와 같이 ILO는 노동기본권을 논할 때 구 직권중재와 같이 필수사업에 대한 파업권의 제한 또는 금지를 두는 제도에서는 필수사업의 범위를 지나치게 넓게 규정해서는 안 된다고 보았다. 만약 이 기준으로 보면 노조법 제71조 제2항의 필수공익사업은 ILO의 권고에 비해 그 범위가 넓으므로 불필요한 사업에까지 노동기본권을 제한하는 것으로 볼 수 있다. 그러나 ILO는 파업권이 보장하되, 공익에 대한 피해를 고려해 최소업무를 유지하도록 하는 최소업무(필수유지업무)의 경우는 직권중재에서보다 대상사업의 범위를 폭넓게 지정할 수 있다고 보고 있다. 이 기준으로 보면 노조법 제71조 제2항의 필수공익사업은 대부분 최소업무의 대상이 된다.

또한 ILO는 긴급한 국가적 위기상황에서는 파업이 전면 금지될 수 있다고 보아 최소유지업무제도와 국가적 위기상황에서의 파업의 금지를 구분하고 있다. 이 기준으로 보면 노조법이 필수유지업무제도와 긴급조정제도를 두고 있는 것이 이중규제라는 이유로 위헌이라고 할 수 없다. 다만, ILO가 의미하는 국가적 위기상황이 국가의 소요사태 또는 천재지변 등 일상생활을 유지하기 어려운 매우 예외적인 경우를 의미하는데 비해, 노조법 제76조의 긴급조정은 "쟁의행위가 공익사업에 관한 것이거나 그 규모가 크거나 그 성질이 특별한 것으로서 현저히 국민경제를 해하거나 국민의 일상생활을 위태롭게 할 위험이 현존하는 때"로서 쟁의행위에 국한된 것이라는 점에 차이가 있다.

필수공익사업의 근로자들은 노조법 제76조 제1항에 쟁의행위가 "공익사업에 관한 것"으로서 라는 요건이 있기 때문에 필수공익사업의 쟁의행위는 "현저히 국민경제를 해하거나 국민의 일상생활을 위태롭게 할 위험이 현존하는" 한 언제든지 긴급조정의 대상이 될 수 있다는 점에서 필수유지업무제도를 두는 것이 이중규제라고 비판한 것으로 보인다.

그러나 노조법 제76조 제1항의 요건에서 중요한 것은 "공익사업에 관한 것이거나"가 아니라 "현저히 국민경제를 해하거나 국민의 일상생활을 위태롭게 할 위험이 현존하는 때"라 할 것이다. 어떠한 쟁의행위이든, 즉 공익사업에 관한 것이든, 그 규모가 큰 것이든, 그 성질이 특별한 것이든 간에 현저히 국민경제를 해하거나 국민의 일상생활을 위태롭게 할 위험이 현존하는 때는 긴급조정을 할 수 있다는 것이다.

다시 말해 긴급조정의 대상이 되는 쟁의행위는 공익사업에 국한된 것이 아니라 전 산업에 적용된다는 점에서 단지 필수공익사업에 대해서만 이중규제를 하고 있는 것으로 볼 수 없다. 여기서 "공익사업에 관한 것"이라는 요건은 공익사업의 쟁의행위의 경우 노사당사자가 아닌 일반 국민(공익)에 피해를 준다는 점에서 1차적으로 들어간 것이지 공익사업만이 긴급조정의 대상이 된다는 점이 아님을 주목해야 한다. 따라서 긴급조정제도가 존재하는데 필수유지업무제도를 두는 것이 이중규제라는 주장은 설득력이 약하다. 다만 필수공익사업의 근로자들로서는 노동위원회가 필수유지업무의 범위 및 대상근로자수를 지나치게 높게 정할 경우 대다수의 업무 또는 근로자들이 파업으로부터 제외되는데 대해 불만이 있을 수는 있겠으나, 오로지 그 이유로 노동기본권에 대한 이중 제한이라고 주장할 수는 없다.

노동위원회가 정한 필수유지업무비율과 대상근로자수에 불만이 있다는 이유로 필수유지업무제도 자체를 부정한다는 것은 구 직권중재제도로 회귀하자는 것이 아닌 한 필수공익사업의 쟁의행위에 대한 제한을 해제하자는 것과 다름없다. 원칙적으로 필수유지업무에 관한 협정은 당사자 자율적으로 체결하는 것이 원칙이고, 노동위원회에의 결정신청은 당사자 협정을 게을리 하였거나 양자간 주장이 엇갈려 의견조율이 되지 않은 경우에 한하는 것이다. 노동위원회의 결정에 대한 불만을 필수유지업무협정제도 자체에 대한 부정으로 연결시키는 것은 판결에 대한 불만을 사법제도 전반에 대한 부정으로 귀결시키는 것과 다름없다.

5. 필수유지업무의 유지운영 수준 및 필요인원의 산정

필수유지업무협정체결 시 그 대상업무를 어느 정도 수준으로 할 것인가도 당사자 대립이 첨예한 부분이다. 일반적으로는 필수업무의 수준을 백분율로 수치화하는 방법이 가장 간단하다고 생각할 수 있다. 그러나 필수업무를 무차별적으로 수치화하는 것은 업무의 특성상 불가능하거나 불필요할 수 있다. 예를 들면 병원의 경우 특정업무(응급실, 수술실, 중환자실 등)를 필수유지업무로 해야 할 필요성이 있기 때문에 일괄적으로 전체 업무의 일정률을 필수유지업무로 정하는 것은 의미가 없다.

또는 지하철, 철도, 항공 등 일부 사업의 경우 필수유지업무가 시간대나 노선별 또는 계절적 요인에 따라 달라질 수 있다는 점을 고려하지 않을 수 없다. 예컨대 지하철의 경우 출퇴근 시간대나 노선에 따라 이용률이 달라질 수 있고, 철도사업의 경우 주말 내지 월요일 오전까지, 항공사업의 경우 휴가철 등의 경우 평상시에 비해 이용률이 달라질 수 있기 때문에 이를 고려하여 필수유지업무의 비율을 책정해야 한다. 따라서 필수유지업무의 비율을 일률적으로 법정화하는 데는 한계가 있을 수밖에 없고, 이러한 이유로 필수유지업무의 수준은 노사당사자의 자율에 맡기는 수밖에 없다.

그러나 당사자 자율에 맡길 경우 양 당사자는 업무내용과 특성에 대하여는 서로 잘 알 수 있으나 필수유지업무의 수준에 대한 견해차이가 현격하여 합의에 이르지 못할 가능성도 매우 높다. 이러한 사정으로 위에 설명한 바와 같이 협정체결이 결렬된 경우 사용자에게 우선권을 주어 필수유지업무의 수준을 정하도록 하고 노동

조합이 이에 이의를 제기할 경우 노동위원회에 결정신청을 하도록
한 것이다.

또한 당사자는 필수유지업무협정 체결시 필요최소한의 유지·운
영수준을 유지하기 위하여 쟁의행위기간 중 근무하여야 할 필요인
원수를 정하여야 한다. 그러나 필요인원수를 산정기준이나 방법에
대하여는 구체적 방법에 있어서 논란의 여지가 있다. 즉 필수유지
업무의 범위, 필요인원 내지 대체근로자의 산정시 조합원신분을 가
진 자만을 대상으로 산정하느냐 아니면 조합원신분을 가지지 않은
비조합원이나 비정규직 근로자는 제외하느냐와 관련하여 의견이
다를 수 있다. 예를 들어 필수유지업무에 대한 대상별 인원을 결정
함에 있어서 비정규직이나 비노조원을 포함하여 결정해야 하느냐
에 대하여 노사간 의견이 대립될 수 있다. 노동조합 및 노동관계조
정법 제42조의4제2항에서는 노동위원회가 사업 또는 사업장별로
필수유지업무의 특성 및 내용 등을 고려하여 필수유지업무의 필요
최소한의 유지·운영수준, 대상직무 및 필요인원 등을 결정할 수
있다고 규정하고 있다. 따라서 '대상직무'라고 표현되어 있는 점,
필수유지업무가 쟁의행위시에도 유지·운영해야 할 필요성이 있는
점 등을 고려하여 필수유지업무의 결정 당시 해당업무에 비노조원
이나 비정규직에 의하여 수행되고 있다면 이들의 업무로 포함하여
결정해야 할 필요성이 있다.

그러나 필수유지업무의 결정과 달리 노동조합이 필수유지업무
근무자를 통보하여야 할 대상은 쟁의행위의 참가대상이 노동조합
원인 점을 고려할 때 대상근무자는 조합원 중에서 선정하여 통보
하여야 한다. 따라서 일단 유지운영수준의 산정에서는 비조합원의

업무를 포함하는 것이 타당하다고 할 수 있다. 다만 필수유지업무협정은 노사간 쟁의권을 제한하는 조합원의 범위를 정하는 것이 목적이므로 필수유지업무협정의 효력은 조합원에만 한정하는 것이 타당하다고 할 것이다.

6. 대체근로의 범위와 방법

(1) 대체근로 허용의 정당성 여부

노조법 제43조제1항에 의하면, '사용자는 쟁의행위기간 중 그 쟁의행위로 중단된 업무의 수행을 위하여 당해 사업과 관련이 없는 자를 채용 또는 대체할 수 없다'고 규정하고 있다. 또한 같은 조 제2항에서는 '사용자는 쟁의행위기간 중 그 쟁의행위로 중단된 업무를 도급 또는 하도급 줄 수 없다'고 규정하고 있다.

한편, 노조법 제43조제3항에서는 '제1항 및 제2항의 규정은 필수공익사업의 사용자가 쟁의행위기간 중에 한하여 당해 사업과 관계없는 자를 채용 또는 대체하거나 그 업무를 도급 또는 하도급 주는 경우에 적용하지 아니 한다'고 규정하여 예외적 규정을 명시하고 있다. 이에 따라 노조법 제43조제4항에서는 '제3항의 경우 사용자는 당해 사업 또는 사업장 파업참가자의 100분의 50을 초과하지 않는 범위 안에서 채용 또는 대체하거나 도급 또는 하도급 줄 수 있다. 이 경우 파업참가자 수의 산정방법은 대통령령으로 정한다'고 규정하고 있다. 이와 같은 규정에 의하면, 원칙적으로 쟁의행위기간 중에는 당해 사업과 관련이 없는 자를 채용 또는 대체할 수 없으나, 필수공익사업에 대하여는 해당기간 동안에는 채용 또는 대체가 가능하다는 결론에 이를 수 있다. 이에 대하여 노동계는 필수공익사업의 경우 긴급조정이 있음에도 불구하고 필수유지업무에 대해 대체근로를 허용하는 것은 노동기본권에 대한 침해이므로 대체근로를 전면 금지해야 한다고 주장한다.[42]

그런데 노조법 제43조제1항에 의한 일반 사업장의 쟁의행위에 대하여는 중단된 업무의 수행을 위하여 '당해 사업과 관련이 없는 자'란 누구를 의미하는지 논란이 일 수 있다. 이때 '당해 사업과 관련이 없는 자'는 쟁의행위와 관련이 있는 당사자가 아닌 제3자를 의미하며, 여기에는 쟁의행위 시에 장소적 의미의 사업장에 속하지 아니하는 자를 제외한 모든 자를 제3자로 보아야 할 것이다. 예를 들어 특정한 장소에 있는 공장에서 쟁의행위를 하는 경우 인근의 다른 사업장 소속의 근로자를 대체하여 투입하는 것은 금지된다고 보아야 할 것이다. 그런데 필수공익사업에서는 '당해 사업과 관련이 없는 자'의 제한을 받지 않으므로 이들에 의한 대체근로가 가능하다. 즉 필수유지업무의 경우 당해 사업의 근로자인지의 여부와 상관없이 제3자를 필수유지업무를 유지·운영하기 위하여 채용 및 대체를 하거나 그 업무를 도급 또는 하도급을 주는 것이 가능하다고 보아야 한다. 따라서 노동계에서 주장하는 것과는 다른 관점에서, 즉 공익에 대한 피해를 최소화할 필요성이 있다는 점에서 필수유지업무에 대하여는 예외적으로 대체근로를 허용할 필요성이 있다.[43]

---

42) 이에 대하여 노조법이 긴급조정을 존치시킨 상태에서 필수유지업무를 도입하고 대체근로를 허용하는 것은 노동자의 파업권을 사실상 유명무실하게 만드는 결과를 초래하여 위헌이라는 주장도 있다(김선수, 앞의 논문, 63면).

　또한 일반 사업장과 달리 필수유지업무에 대하여는 파업참가자의 100분의 50을 초과하지 않는 한도 내에서 대체근로 및 하도급이 허용된다는 것이다. 이 규정으로부터 일반 사업장에 업무에 비해 필수유지업무의 사업은 근로자의 쟁의권을 과도하게 제한하는 것인지가 논란이 될 수 있다. 주지하듯이 필수공익사업이 종전에 전면적으로 쟁의행위를 금지하다 이를 개정하여 필수유지업무제도를 도입하면서 쟁의권을 허용하는 대신 대체근로 및 하도급을 허용한 것이다. 따라서 필수공익사업에 대한 쟁의권의 허용과 사용자의 대체권을 보장하여 조화하기 위한 정책적 목적에서 입법화한 것이라면, 공익에의 피해를 최소화하기 위하여 파업참가자의 100분의 50이라는 수적인 제한을 두어 대체근로를 허용한 것이 부당하다고 보기는 어렵다.[44] 즉 필수공익사업에 대한 쟁의권을 허용하는 대신에 필수유지업무에 대하여 대체근로를 허용한 점, 그럼에도 불구하고 공익에 피해가 발생할 수 있다는 점에서 파업참가자수의 50% 범위 내에서의 대체근로를 제한적으로 허용한 것이라면 이를 과도한 제한이라고 보기는 어렵다. 무엇보다 필수유지업무협정에 의하여 쟁의행위에 돌입했음에도 불구하고 공익에게 피해가 발생한 경우 사용자로서는 대체근로를 사용하지 않을 수 없는 상황에

---

43) 따라서 노동계에서 주장하는 바와 같이 긴급조정이 있음에도 대체근로를 허용하는 것은 이중 규제라고 주장에 대하여는 긴급조정의 요건이나 제도적 취지 등에 비추어 다른 관점에서 판단하여야 한다.

44) 노조법 제43조 제1항을 반대해석을 하면 일반 사업장의 경우 쟁의권을 보장하기 위하여 대체근로를 금지하고 있으나, 노조법 제71조의 규정에 따른 필수공익사업의 경우에는 종전과 달리 쟁의권을 허용하는 대신 대체근로를 허용한 것이다. 이에 따라 필수공익사업에서 쟁의권을 허용하는 대신 특히 문제가 되는 업종에서 필수유지업무를 정하고자 한 것이다. 종전과 달리 근로자의 쟁의권을 제한하는 대신에 필수공익사업이나 필수유지업무에 대한 사용자에게 일부 대체근로의 허용한 것이며, 특히 필유지업무업무는 필요최소한으로 결정한다는 측면에서 헌법 제33조제1항과 관련하여 위헌성을 지닌다고 볼 수 없다.

직면하게 될 수밖에 없다.

(2) 대체근로의 산정방법 및 업무대체율의 표기방법

필수공익사업의 경우 대체업무에 투입할 수 있는 인력의 산정을 할 때 기업체전체를 기준으로 파업참가자를 산정할 것인지, 아니면 해당직무를 기준으로 파업참가자를 산정할 것인지에 대하여 해석상 논란이 있을 수 있다. 필수공익사업의 쟁의행위에 대한 업무대체는 쟁의행위가 발생하는 사업 또는 사업장을 중심으로 대체인력을 산정할 수 있다고 보아야 한다. 따라서 구체적으로는 해당 사업의 조합원 가입범위에 따라 또는 파업으로 인하여 업무가 정지 또는 폐지될 우려가 있는지에 대한 판단을 전제로 대체근로를 인정해야 할 것이다. 따라서 해당 직무뿐만 아니라 실질적으로 기업전체의 차원에서 파업이 이루어진다면 이에 따른 대체인력의 허용이 가능할 것이다. 이와 같은 논리에 따라 필수유지업무에 대한 대체근로도 허용된다고 보아야 한다. 따라서 필수유지업무의 대체율을 산정하는 경우 해당직무를 기준으로 산정할 수 있을 뿐만 아니라 기업전체의 차원에서 필수유지업무의 비율을 비교하여 산정하여도 무방하다.

예를 들어 업무대체율을 산정하는 경우 기업차원에서 몇 %로 표기하느냐, 필수유지업무만을 중심으로 업무별 일정 비율로 표기하느냐에 대해 논란이 일 수 있다. 노동계에서는 업무대체비율을 산정할 경우 필수유지업무만을 중심으로 표기하여야 한다고 주장한다. 그러나 병원 응급실의 유지율이 50%인 반면 수술실은 90%에 해당하는데, 병원업무의 전체에서 보면 평균하여 필수유지업무의 유지율이 50% 미만이라면 그 부족분만큼 병원전체의 입장에서 대체가 가능하다고 볼 수 있기 때문에 당사자간에 이해관계가 대립된다. 이러한 필수유지업무를 중심으로 표기하도록 제한한다면 수술실은 100%이나 응급실은 30% 미만인 경우 쟁의기간 중 수술실의 업무가 갑자기 증가하더라도 이미 100%를 차지하기 때문에 추가인력의 투입이 불가능하고, 나머지 응급실에 대하여는 70%의 업무대체가 허용될 뿐이다. 수술실에 긴급상황이 발생했는데도 이미 업무유지율이 100%이기 때문에 추가인력을 보충할 수 없게 한다면 환자의 생명이 위험에 처하게 된다. 이러한 이유로부터 필수유지업무에 국한하여 대체인력의 비율을 정하는 것은 공익에의 피해를 최소화하기 위한 필수유지업무제도의 취지에 부합하지 않는다. 따라서 필수유지업무의 인원 및 비율을 정할 때에는 해당업무를 중심으로 한다 하더라도 이를 다시 기업전체의 인원대비로 표현하여야 타당하다고 할 것이다.

(3) 파견근로자의 이용과 대체근로의 적법성

노조법 제43조제1항에서는 '사용자는 쟁의행위기간 중 그 쟁의행위로 중단된 업무의 수행을 위하여 당해 사업과 관련이 없는 자를 채용 또는 대체할 수 없다'고 규정하고 있다. 또한 같은 조 제2항에서는 '사용자는 쟁의행위기간 중 그 쟁의행위로 중단된 업무를 도급 또는 하도급 줄 수 없다'고 규정하고 있다. 그러나 노조법 제43조제3항에서는 '제1항 및 제2항의 규정은 필수공익사업의 사용자가 쟁의행위기간 중에 한하여 당해 사업과 관계없는 자를 채용 또는 대체하거나 그 업무를 도급 또는 하도급 주는 경우에 적용하지 아니 한다'고 규정하고 있다. 이러한 규정에 따라 당해 사업과 관계없는 자를 채용 또는 대체하거나 그 업무를 도급 또는 하도급 주는 것이 가능하다면 파견근로자의 이용도 가능한지 검토할 필요가 있다.

「파견근로자보호 등에 관한 법률」(이하 '파견법'이라 한다) 제16조 제1항을 보면, '파견사업주는 쟁의행위중인 사업장에 그 쟁의행위로 중단된 업무의 수행을 위하여 근로자를 파견하여서는 아니 된다'고 규정하고 있다. 여기에서 '쟁의행위기간 중에'라는 표현은 쟁의행위로 인한 업무의 대체를 목적으로 파견되는 것을 금지하는 것이라고 보아야 한다. 이 경우 파견법 제16조 제1항과 노조법 제43조제3항 및 제4항이 상충된다.

그러나 문제는 노동조합의 행위를 규율하는 노조법과 파견인력을 제공하는 파견법의 성격이 서로 다르므로 일반법·특별법관계에서 우선적 적용을 논할 여지가 없다는 것이다. 파견법 제16조에 따르면 노조법 제43조제3항 및 제4항의 규정에도 불구하고 쟁의행위시에 이미 파견근로자를 사용하고 있어 필수인원산정시 비정규직근로자로 보아 산정할 수 있으나, 쟁의행위 도중 쟁의행위로 인하여 중단된 업무를 대체하기 위하여서는 파견근로자를 사용할 수 없게 된다. 물론 파견법에서 의미하는 근로자의 파견은 일반 사업장의 경우이고 필수공익사업에는 적용되지 않는다고 볼 수도 있을 것이다. 그러나 파견법에 필수공익사업의 경우는 예외로 한다는 명시적인 규정이 없는 상태에서 임의로 해석할 수 없을 것이다. 그러므로 필수공익사업에서 파견근로자를 대체 사용할 수 있기 위해서는 파견법 제16조 제1항이 노조법 제43조제3항 및 제4항에 따른 필수공익사업에서의 채용이나 대체, 업무의 도급이나 하도급에는 적용되지 않는다는 명시적 규정을 두어야 할 것이다.

(4) 필수유지근무자의 대체가능성 및 지명문제

필수유지업무의 대체방법은 원칙적으로 사용자의 경영권에 속하는 사항이므로 법률이 이에 간여할 여지는 없다. 그러나 대체근로를 허용하는 입법규정에도 불구하고 실질적으로 대체근로를 할 수 없는 경우 필수유지업무의 결정시 이를 고려하여야 하는지 논란이 일 수 있다. 형식적으로 대체근로를 허용하고 있으나 오랜 숙련과정이나 부서 내 근로자간의 협력이 전제되지 아니하는 한 위험한 작업을 할 수 없게 되는 사태가 발생할 수 있다. 예컨대 수술전문의가 위급한 수술하기 위해 오랜 기간 호흡을 맞추어 작업을 해온 수술간호사가 필요한데, 이 간호사의 파업으로 인해 다른 사람으로 갑자기 대체된다면 수술에 지장을 초래할 수 있다.

필수업무 중에서도 병원 내 작업 등 특수한 업무의 경우는 업무대체를 용이하게 할 수 없는 지역적 특성, 인력조달의 곤란 등을 고려해야만 한다는 비판이 일고 있다. 특히 생명을 다루는 분야에 있어서는 대체근로에 대한 보완이 필요하다는 것이 의료계의 주장이다. 반대로 사용자가 수술실에 근무하는 노조간부를 지명하게 된다면 노조간부인 근로자가 조합활동에 참가할 수 없는 문제가 발생한다. 이러한 경우에 어떠한 권리를 우선적으로 보호해야 하는지 논란이 일 수 있다. 그러나 사용자가 현실적으로 근로자를 대체할 수 없는 사정이 있다는 이유로 필수유지업무의 유지·운영수준을 더 높게 결정하도록 하는 것은 타당하지 않다. 이미 법률에서 사용자에게 필수유지업무에 대한 대체근로를 허용한 터에 또다시 사용자의 경영권에 속하는 특별한 사정까지 고려할 필요성은 없기 때문이다.

또한 필수유지업무에 근무하여야 할 근무자를 지명하거나 대체근무자를 명하는 경우에 구체적 방법을 정하지 않는 경우, 또는 노동위원회의 결정이 구체적으로 정해지지 않은 경우에 대체방법에 대하여 노사간에 다툼이 벌어질 수 있다. 이 때 대체방법으로 정하지 않은 사항에 대해 사용자가 재량으로 정할 수 있는지는 통상의 관례에 따라 인정해야 할 것이다.

(5) 파업참가자수의 산정방법 문제

노조법 제43조제4항에 의하면, 사용자는 당해 사업 또는 사업장 파업참가자의 100분의 50을 초과하지 아니하는 범위 안에서 채용 또는 대체하거나 도급 또는 하도급을 줄 수 있다. 이 경우 '파업참가자수의 산정방법은 대통령령으로 정한다'고 규정하고 있다. 또는 같은 법 시행령 제22조의4제1항에 의하면, '법제43조제4항 후단에 따른 파업참가자 수는 근로의무가 있는 근로시간 중 파업참가를 이유로 근로의 일부 또는 전부를 제공하지 아니한 자의 수를 1일 단위로 산정하다'고 규정하고, 같은 조 제2항에서 '사용자는 제1항에 따른 파업참가자 수 산정을 위하여 필요한 경우 노동조합에 협조를 요청할 수 있다'고 규정하고 있다. 이때 1일 3교대제나 1주일 단위로 교대제를 실시하는 경우에는 일정한 기간단위에 투입한 인원수가 평상시 근무자에 비하여 인원이 많아질 수 있다. 교대제의 경우에는 한 사람이 1주일간 오전조나 오후조, 혹은 야간조에 근무를 하는 경우 일정기간의 파업참가자수를 어떻게 산정하여야 하는지 의문이 일 수 있으나, 역시 파업일수에 1일 단위로 산정하여야 할 것이다.

그밖에 교대제로 운영할 때 휴무자가 파업에 참가하는 경우 이를 필수유지인원을 산정하기 위한 파업참가자수로 산입할 수 있는지 논란이 있을 수 있다. 그러나 오전 6시부터 오후 3시까지 근무를 마친 근로자가 오후 3시부터 파업에 참가하는 경우 당해 근로자는 근무시간중에 파업에 참가하여 업무에 지장을 준 것으로 볼 수 없기 때문에 필수유지업무의 인원산정시에는 포함시키지 말아야 할 것이다. 교번제가 일정한 주기별로 근무조를 편성하여 근로자가 근무를 하여야 할 시간에 파업에 참가하는 경우에는 필수유지인원에 산입할 수 있으나, 휴무일이나 업무시간외에 파업에 참여하는 경우에는 필수유지인원의 산정시 산입할 필요가 없다. 따라서 필수유지인원은 파업기간 중에 근로의 의무가 있는 근로자를 중심으로 투입노동력에 따른 인원산정을 하여야 할 것이다.

또한 파업참가자수의 산정에 대하여 노동조합이 협조를 하지 아니하는 경우에는 사용자가 일방적으로 산정할 수밖에 없는데, 그 산정방법에 대하여 이의가 있는 경우에 당사자간에 분쟁이 발생할 여지가 있다. 그러나 필수유지인원의 산정방법은 당사자의 협조가 없더라도 합리적인 방법에 의한 것이라면 정당하다고 보아야 할 것이다.

(6) 필수유지업무협정 위반 시 대체근로의 사용한도

필수유지업무협정을 도입한 취지는 필수공익사업의 경우 쟁의행위에 돌입하였다 하더라도 최소한의 필수유지업무는 유지하도록 하여 국민의 일상생활에 지장을 초래하지 않도록 하는 데 있다. 그러므로 이러한 취지에 부합하도록 하려면 쟁의행위기간 중이라도 필수유지업무가 정상적으로 유지되어야 한다. 따라서 노사간 필수유지업무협정을 체결하였다면 이 협정은 반드시 지켜져야 할 것이다.

그럼에도 불구하고 노동조합에서 이 협정을 위반하여 최소한의 유지 업무를 남겨놓지 않은 채 쟁의행위에 돌입했다면 사용자에게 대체근로를 허용해야 할 것이다. 다만 그 한도와 관련해 노동조합이 필수유지업무협정을 위반하였다는 사실로부터 그에 대한 대응수단으로 대체근로의 사용한도를 정하지 않고 대체근로를 사용할 수 있도록 하는 방안이 고려될 수 있다. 그러나 그렇게 될 경우 쟁의행위를 무력화시켜 헌법 제33조의 단체행동권 보장에 반하는 결과를 가져올 수 있으므로 어느 정도의 사용한도 제한은 필요하다고 보나, 과연 어느 수준으로 할 것인가는 그리 간단한 문제가 아니다.

현행 노조법상 대체근로의 제한규정은 쟁의행위의 정당성이 인정되는 경우 즉, 쟁의행위가 법적으로 보호받을 수 있는 경우에 한하여 적용되고 있다. 이에 따라 쟁의행위의 정당성이 부인되는 경우에는 대체근로 제한규정의 적용을 받지 않고 제한 없이 대체근로를 사용할 수 있다고 해석되고 있다. 이에 따라 안전보호시설 등을 유지하기 위하여 단체협약으로 일정범위의 근로자에 대하여 쟁의행위를 제한하는 협정근로규정을 두는 경우에 있어 이들 협정근로자들이 쟁의행위에 참여한 경우에는 당해 쟁의행위에 참여한 협정근로자 수만큼 대체근로가 허용된다고 해석되고 있다.

이러한 해석기준을 필수유지업무 근무자들의 경우에도 적용할 수 있다고 본다. 즉, 필수유지업무의 유지의무를 부담하는 근로자가 쟁의행위에 참여할 경우에는 당해 필수유지업무의 의무위반 쟁의행위 참가자의 100분의 50이 아닌 전체 필수유지업무의 유지의무 위반자 수만큼 대체근로를 사용할 수 있다고 해석함이 타당할 것이다. 이러한 해석이 정당한 쟁의행위에 한하여 대체근로의 사용을 제한함으로써 쟁의권 행사를 보호하려는 취지에 부합한다고 본다. 나아가 노동조합의 결의·지시 등에 의하여 필수유지업무의 유지운영이 상당정도 저해되는 상황으로, 전체 쟁의행위의 정당성이 부인될 수 있는 상황이라면 전체 사업을 대상으로 대체근로의 사용한도에 대한 제한 없이 대체인력의 투입이 가능하다 할 것이다.

7. 노동위원회의 필수유지업무 결정의 한계

(1) 자율적 협정체결의 수준과 문제점

2008.10.23. 현재 자율적으로 협정을 체결한 사업장은 100개소이고, 노동위원회에서 결정한 사업장은 22개소로서 자율 협정체결 사업장수가 훨씬 높게 나타나고 있다. 그럼에도 불구하고 일부 노동계에서는 노동위원회에서 결정함에 따라 당사자간 자율성이 침해받고 있다고 주장한다. 한편으로, 노동계는 노동위원회의 필수유지

업무 결정수준이 지나치게 높다는 불만을 제기하고 있으나, 필수유지업무의 필요인원 비율에 대한 자료를 살펴보면 자율체결 시의 경우에 오히려 필요인원비율이 높은 것으로 나타났다.

당사자의 자율협정체결이 가장 바람직함에도 불구하고 일부 사업장이 노동위원회의 결정에 의존하는 것은 필수유지업무협정의 지식이나 경험이 부족하고 협정을 둘러싼 이견을 어떻게 좁힐지 모르는 데 기인한 것이라 보인다. 또한 제도의 시행 초기라는 점에서 당사자가 자율적으로 협정의 체결시도를 기울이지 않고 있던 중 다른 사업장이 결정신청을 하는 모습을 보고 노동위원회에 결정을 신청한 것으로 보인다. 그러나 노동위원회의 결정을 기초로 하여 어떻게 협정을 체결할 수 있을 것인가에 대한 기준이 생기게 되면 노동위원회에 결정사례에 따라 자율협정이 더욱 증가할 것으로 보인다.

현재도 노동위원회의 결정제도가 있다고 해서 자율협정의 의미가 퇴색하고 있다고 보기는 어려우며, 차츰 노동위원회의 결정은 차선의 보완책으로 본래 위치를 찾을 수 있다고 본다. 그러므로 노동위원회의 결정이 자율협정을 대체할 수 없고 자율협정이 결렬되었을 경우 독립기구로서 제3자적 지위에서 노사간 의견차를 조율하는 것이라는 점을 당사자에게 꾸준히 주지시킬 필요가 있다.

(2) 사업장별 또는 산업별 교섭권과 노동위원회의 관할 문제

각 지방노동위원회는 필수유지업무 결정의 권한을 가지나 당사자의 필수유지업무에 대한 결정신청 이전에 필수유지업무협정을 둘러싼 교섭이 단체교섭과 같은 양태로 전개될 수 있다. 이와 관련한 논의 중 하나는 필수유지업무협정체결을 위한 교섭도 단체교섭과 같이 초기업단위로 교섭하는 것이 바람직한 것인가 하는 점이다. 이는 단체협약의 교섭 및 협약체결권이 산별노조에 있는 경우에는 필수유지업무협정체결을 위한 교섭도 산별노조차원에서 이루어져야 하는가의 문제와 결부된다.

만약 전국적인 규모의 산업별·업종별 협정체결이 이루어지는 경우에는 전국적 차원에서 형평성 있는 결정이 이루어지는 장점이 있을 수 있다. 또한 교섭단위를 크게 함으로써 교섭횟수를 줄이고, 이에 따른 교섭비용을 절감할 수 있는 장점도 있다. 그러나 필수유지업무협정체결을 위한 교섭은 사업 또는 사업장 단위로 이루어지는 것이 각 사업장 당사자의 의견을 반영하고, 구체적 실정에 부합하는 합리적 결정을 위하여 보다 바람직하다고 본다. 즉, 개별 사업 또는 사업장별로 생산공정·서비스 대체가능성·노조 조직률 등의 사정이 다른 점 등을 감안할 때 교섭권의 위임 보다 직접적으로 사업 또는 사업장 단위의 개별사정을 반영하는 것이 효과적이라는 것이다. 이와 같이 사업 또는 사업장단위로 협정체결을 위한 교섭이 이루어지도록 하고, 교섭이 결렬되는 경우 당해 사업장의 관할 지방노동위원회에서 결정사건을 관장하는 것이 합리적일 것이다. 다만, 이 경우 노동위원회는 각 사업장별 생산공정 및 서비스 대체율 등의 개별적 특수성을 반영하되, 유사한 업무에 대해서는 각 지방노동위원회간 결정수준 등에 있어서 가급적 형평성과 통일성이 있는 결정이 이루어질 수 있도록 해야 할 것이다.

(3) 결정의 조정적 성격 및 심판적 성격

　필수유지업무협정은 본질적으로는 당사자의 자율협정을 전제로 하나 상호 의견이 일치하지 않는 경우 노동위원회에서 필수유지업무의 범위나 유지율을 결정할 수밖에 없게 된다. 그런데 이러한 노동위원회의 결정기능과 조정기능을 둘러싸고 필수유지업무의 결정이 심판적 성격을 지니는가, 아니면 조정적 성격을 지니는가에 대하여 의견이 대립되고 있다. 노동계는 노사의 의견이 불일치하면 제3자인 노동위원회가 결정을 하게 되는데, 이러한 결정은 심판적 성격을 띠는 것이므로 법적으로 달리 취급해야 한다는 주장이다.

　반면에 노동위원회가 필수유지업무를 결정하기에 앞서 반드시 노사당사자의 의견을 조율하여 합의에 이르도록 하는 조정적 절차를 전제로 한다는 점에서 조정적 성격을 지닌다는 견해도 있다. 따라서 노동위원회는 노동조합과 사용자가 주장하는 사실을 경청하고, 사업의 특성 및 결정시 참고사항 등을 고려하여 최대한 당사자를 설득하여 합의에 이르도록 노력을 한 이후에 결정을 하여야 한다는 것이다. 만약 이러한 방법이나 절차를 무시하고 일방적으로 결정을 하게 된다면 필수유지업무의 결정은 조정이 아닌 심판의 성격을 띠게 된다. 필수유지업무는 정당성 보다는 합리성을 판단 기준으로 하는 점에서 조정적 성격의 결정이라고 보아야 한다.

　만일 당사자의 일방 또는 쌍방이 노동위원회의 결정을 거부한 경우 노동위원회가 행정지도 등 다른 방법으로 결정할 권한을 갖는가 라는 의문이 일 수 있다. 그러나 필수유지업무 결정은 노사의 자율성 보장 이외에 공익보호 측면을 감안할 때 노동위원회는 결정의무가 있다고 보아야 하며, 행정지도의 법적 근거를 두지 않은 것은 이러한 취지를 반영할 것으로 해석된다. 한편, 노조법 제42조의4 제5항에 의하여 노동위원회의 결정에 대한 불복절차 및 효력에 관하여는 중재재정에 관한 제69조와 제70조제2항의 규정을 준용한다고 하고 있으므로 중앙노동위원회에 재심신청을 하거나 행정소송을 제기할 수 있다. 이 경우 노동위원회의 결정이 심판사건과 마찬가지로 초심결정 및 재심결정, 행정소송 등으로 이어진다. 다만 재심신청이나 행정소송이 제기된다 해도 판결이 있을 때 까지는 노동위원회 결정의 효력이 계속 유지된다.

8. 필수유지업무의 위탁 또는 도급 문제

필수공익사업에 해당하는 사업체중에서 필수유지업무에 해당하는 사업의 일부를 일반 사업체에 업무를 위탁하거나 파견, 도급 등을 줄 수 있다. 이 경우 필수유지업무의 일부를 외주화한 경우에 해당업무를 수행하는 사업주체가 변경됨에도 해당업무를 필수유지업무로 보아야 하는지 논란이 일 수 있다. 이에 대하여는 업무를 중심으로 필수유지업무에 해당하는가를 판단하여야 할지 아니면 사업주체를 기준으로 판단해야 할 지가 문제된다.

업무를 중심으로 판단해야 한다는 견해는 현행 노조법 제42조의2 제1항에서 필수유지업무란 필수공익사업의 업무 중 그 업무가 정지되거나 폐지되는 경우 공중의 생명·건강 또는 신체의 안전이나 공중의 일상생활을 현저히 위태롭게 하는 업무중 대통령령이 정하는 업무라고 규정하고 있기 때문에 업무를 중심으로 필수유지업무를 결정하여야 한다. 따라서 본질적으로 필수유지업무의 직종에 해당하는 한 그 업무의 일부를 외주화하였더라도 해당업무는 필수유지업무의 결정대상이 본다.

그러나 반대의 견해는 필수공익사업중에서 그 필수유지업무를 결정하는 것이고, 이러한 필수공익사업은 사업주체를 기준으로 하기 때문에 필수유지업무의 일부를 외주화하였다면 사업주체가 변경된 것이므로 필수유지업무로 볼 수 없다는 견해이다. 이에 관한 법적 규정은 없으나 중요한 것은 공익에게 피해를 줄 수 있는 필수공익사업에서의 필수유지업무이지 그 업무를 원청업체가 직접 수행하느냐 아니면 외주업체가 수행하느냐는 판단기준으로 하는 것은 아니라고 할 것이다. 따라서 필수유지업무에 해당하는 업무를 필수공익사업체가 아닌 일반사업체에 업무위탁이나 도급을 준 경우에도 필수유지업무의 결정대상이 된다고 보아야 할 것이다.

9. 필수유지업무협정 체결의 결렬과 쟁의행위

필수유지업무협정체결 중 교섭이 결렬되어 노동조합이 그 주장을 관철할 목적으로 쟁의행위를 할 경우 이를 정당하다고 할 수 있는지의 의문이 일 수 있다. 그러나 필수유지업무협정은 단체교섭결렬 시 쟁의행위가 발생할 경우 최소한으로 유지해야 하는 업무를 정하는 것이라는 점에서 쟁의행위를 통하여 그 주장을 관철할 성질이 아니다. 만일 협정체결과 관련 당사자간 이견이 있는 경우 어느 일방 또는 쌍방이 노동위원회에 결정을 신청하면 되는 것이다.

그밖에 현행 노조법상 쟁의행위는 노동관계 당사자가 노동쟁의가 발생한 경우 노동위원회의 조정절차를 거치도록 되어 있으므로 필수유지업무협정체결을 둘러싼 당사자간 의견의 불일치는 노동쟁의가 아니고 따라서 쟁의행위의 대상이라고 할 수도 없다. 따라서 필수유지업무의 협정은 근로조건에 관한 사항이 아니므로 단체교섭으로 볼 수 없어 이러한 협정체결이 결렬되었더라도 쟁의행위를 할 수 없으며, 이 경우 쟁의행위는 정당성을 결했다고 할 것이다.

10. 태업 · 파상파업 등과 필수유지업무의 대체근로

노동조합이 전략적으로 태업 또는 파상파업의 쟁의행위수단을 사용하는 경우에 이를 파업과 동일시하여 필수유지업무의 대체근로를 사용할 수 있는지 여부가 문제될 수 있다. 노조법 제42조의2 제2항은 필수유지업무의 정당한 유지 · 운영을 정지 · 폐지 또는 방해하는 행위는 쟁의행위로서 이를 행할 수 없다고 하고 있다. 따라서 그 형태가 태업이든 파업이든 필수유지업무의 정당한 유지 · 운영을 정지 · 폐지 또는 방해하는 행위인 이상 쟁의행위로서 금지된다고 할 것이다.

필수유지업무의 협정을 체결한 이후 또는 필수유지업무의 결정을 받은 이후에 쟁의행위가 일반적인 형태로 진행되지 아니하고, 파상파업을 하거나 태업을 하는 경우에는 필수유지업무의 대체근로를 할 수 있는지 애매모호하다. 파상파업은 파업참가자가 지속적으로 근로를 거부하는 것이 아니라 작업을 하다가 일시적으로 작업을 중단하고 파업을 참가하는 행태로 진행이 되기 때문에 대체인력을 산정하기가 곤란하거나 언제 대체인력을 투입하여야 하는지 예측하기가 곤란하다. 이러한 사정으로 인해 파상파업을 전개하는 경우에 사용자가 일률적으로 작업을 중단하는 것으로 보고 대체인력을 투입할 수 있는지 논란이 일 수 있다.

이론적으로 파상파업에 대응하기 위하여 방어적으로 직장폐쇄를 하는 것이라면 사용자의 정당한 쟁의행위로 볼 수 있을 것이다. 그러나 필수유지업무는 원칙적으로 공익보호를 위하여 쟁의기간 중에도 지속적으로 유지해야 하기 때문에 사용자의 직장폐쇄는 대체인력투입을 통한 사업의 계속성을 유지하는 것을 전제로 제한적으로 허용될 수 있을 것이다.

태업의 경우에는 형식상 작업에 임하고 있으나 업무에 지장을 주는 행위로서 외견상으로는 필수유지업무에 근무 중인 인원이 투입되어 있어 쟁의행위의 형태를 띠고 있지 않다. 따라서 형식상으로는 인원의 결원이 없는데도 불구하고 필수유지업무를 정상적으로 운영하기 위한 인력을 충원할 수 있는지 의문이 일 수 있다. 이 경우에는 실질적인 업무에 지장을 주는 범위 내에서, 즉 평상시에 비추어 어느 정도 업무손실이 있는가에 따라 대체인력을 투입할 수 있다고 보아야 할 것이다.

Ⅲ. 제도보완 검토사항

1. 노동위원회의 필수유지업무 결정기간

필수유지업무협정을 둘러싸고 당사자간 다툼이 있는 경우 당사자 일방 또는 쌍방이 노동위원회에 결정을 신청하도록 되어 있다. 따라서 당사자가 자치적으로 필수유지업무협정을 체결하는 경우에는 별다른 문제가 없다. 그러나 일부 사업장에서 당사자간 의견차이로 협정체결을 위한 교섭이 미흡한 상황에서 노동위원회에 결정을 신청하는 사례가 있다.

문제는 노동위원회에 필수유지업무의 결정신청시에 노동위원회가 결정할 수 있는 처리기간이 정해져 있지 않다는 것이다. 아무런 기간제한이 없다보니 노동위원회는 당사자 간 의견대립이 심각하지 않은 경우 비교적 짧은 기일 내에 결정할 수도 있지만 사안이 복잡하거나 양자간 의견차가 현격한 경우에는 결정기간이 몇 주가 걸릴 수도 있다. 따라서 결정기간이 지나치게 지연되거나 생각보다 짧아지는 경우 노사당사자로부터 노동위원회의 처리기간을 이유로 한 불만이 제기되곤 한다. 심지어 쟁의행위에 임박한 상태에서 필수유지업무의 결정신청을 하고는 당사자의 편의에 따라 노동위원회의 처리기간을 이유로 비판을 하기도 한다.

필수유지업무협정을 당사자간 자율적으로 체결하기가 어려운 경우 노동위원회의 결정에 의존하는 비율이 상대적으로 높다는 점, 결정기간을 무한정 늘릴 수 없다는 점에서 결정기간에 대한 법정화가 검토될 수 있다. 이때 결정기간을 어느 정도로 하는 것이 적정할 것이냐가 관건이 될 수 있다. 예컨대 결정기간을 10일로 할 것인가, 또는 30일로 할 것인가 라는 의문이 일 수 있다. 한편으로는 결정기간을 단기화함으로써 당사자간 대치상황을 최대한 줄이는 것이 바람직하다고 볼 수도 있다.

그러나 현실적으로 노동위원회가 당해 사업장의 적정한 필수유지업무를 파악하기 위해서는 현장실사 및 자료조사를 위해 최소한의 시간이 소요된다는 점에서 결정기간을 단기화하는 데는 한계가 따른다. 그렇다고 결정기간을 지나치게 길게 정해 놓을 경우 노사 양측이 필수유지업무로 인한 다툼으로 불필요한 시간을 낭비할 수 있다.

현실적으로 30일 정도의 기간이면 노동위원회가 신중하고 공정한 결정을 할 수 있을 것으로 보인다. 다만, 사업장의 특성상 30일 내의 결정이 어려운 경우가 존재할 수 있다는 점을 고려하여 불가피한 사유가 인정된 경우 노동위원회 위원장의 승인을 받아 결정기간을 연장할 수 있도록 법제화할 필요가 있다. 필수유지업무의 결정기간과 연장기간에 대한 규정을 명확히 하여야 노사당사자로부터의 비판을 면할 수 있다.

한편으로, 필수유지업무 결정기간을 법정화하는 것도 한계가 있을 수 있다. 먼저, 노동위원회의 필수유지업무 결정기간 중에는 쟁의행위를 제한해야 할 것인지의 문제가 있을 수 있다. 결정기간 중에 쟁의행위가 제한된다면 현행 쟁의조정기간 이외에 쟁의행위의 절차적 규제가 추가된다는 비판이 있을 수 있다. 한편으로 쟁의행위가 임박한 상황이 아니라면 당사자의 자율교섭을 유도하면서, 노동위원회가 충분한 시간을 가지고 보다 신중할 결정을 내리는 것이 바람직할 수 있다. 또한 필수유지업무협정이 한번 체결되면 중대한 사정변경에 의하여 새로운 협정에 의하여 대체가 이루어지기 전 까지는 종전의 협정의 효력이 지속된다고 보는 것이 타당하다는 점에서 결정이 다소 늦어지더라도 무협정 상태로 인한 문제는 발생하지 않는다고 할 수 있다.

2. 필수유지업무협정과 노동위원회 결정의
유효기간 및 갱신 절차

현행 노조법은 필수유지업무의 협정기간을 정하고 있지 않아 그 효력기간과 관련 노사간에 갈등이 야기되고 있다. 우선 필수유지업무협정의 유효기간이 정해지지 않은 경우에 그 기간을 1년 단위 또는 6월 단위로 할 것인지, 아니면 단체협약과 효력기간과 같이 2년 단위로 볼 수 있는지가 불명확하다.

또한 지방노동위원회에 필수유지업무의 결정신청을 하여 지방노동위원회가 필수유지업무 결정을 한 경우 그 효력기간을 언제까지로 볼 것인지도 의문시 된다. 그렇다고 노동위원회에서 효력기간을 일방적으로 정하여 결정할 수 있는지도 의심스럽다. 이 경우 재량권의 범위를 인정할 만한 명확한 법적 근거가 미비하여 자칫 월권행위로 될 여지가 있기 때문이다.

사용자 측에서는 협정기간을 길게 하고자 하고, 노동조합 측에서는 짧게 하고자 하는 성향을 보인다. 이 경우 당사자 간에 필수유지업무의 협정을 일정기간 존속시키고 당해기간 중에는 변경시도를 차단하여 법적 안정성을 도모할 것인지, 아니면 노사자치주의의 원칙을 존중하여 효력기간을 정하지 아니하고 특별한 사정이 있는 경우에는 언제든지 이를 변경할 수 있도록 할 것인지 논란의 여지가 있다.

필수유지업무협정 및 노동위원회의 필수유지업무 결정의 유효기간 또는 갱신절차에 대한 규정이 없어 종전의 협정 또는 결정이 언제까지 유지되느냐가 문제가 될 수 있다. 법적 안정성을 고려하는 입장에서는 필수유지업무협정이 근로조건을 정하는 단체협약과는 다르므로 지나치게 자주 갱신하는 것은 바람직하지 않다는 점에서 인위적으로 유효기간을 정할 필요성은 없다고 본다. 그러나 법으로 유효기간을 정해 놓는 것은 사업장의 경영환경이 바뀌지 않았음에도 불구하고 새로운 협정 또는 결정을 강제하는 것이 되어 바람직하지 않을 수 있다.

특히, 사업장 규모의 변경이나 구조조정 등으로 종전의 필수유지업무를 유지하는 것이 적합하지 않은 경우에는 협정이나 결정을 갱신하지 않을 수 없다. 대표적으로 필수유지업무사업장이 분할·합병하거나 사업의 축소·확대, 조직개편, 기술변화 등 사업의 동일성이 상실하거나, 그밖에 특별한 사정변경이 있는 경우에는 필수유지업무협정의 효력을 계속 유지시킬 수가 없다. 따라서, 비교적 안정적으로 유지될 만한 근로조건을 규정하고 있는 단체협약과는 달리 필수유지업무협정의 경우 '경영환경의 변화에 따라 시급히 필수유지의 대상업무 또는 대상근로자 수를 바꿔야 할 상황'이 올 수도 있다는 점에서 장기적인 유효기간만을 고수할 수는 없다고 본다.

결과적으로 유효기간을 법정화할 경우 협정체결 후 갑작스럽게 변한 경영사정을 반영할 수 없게 되어 노동조합, 사용자 또는 공익에 불이익 또는 불편을 초래할 가능성이 높다. 다만 노사 당사자 중 일방이 협정의 갱신을 신청할 경우 언제든지 새로운 협정을 체결하도록 법으로 정해 놓는 것이 안정적이라 할 것이다. 만약 유효기간을 정하도록 하는 경우에는 유효기간이 만료되었음에도 불구하고 새로운 협정이 체결되지 않은 경우 일정기간이 경과하면, 종전협정을 적용한다는 규정을 정하여 협정불비의 상태를 피해야 할 것이다. 유효기간은 노사당사자에 맡기는 것이 원칙이라고 할 것이나, 법적 안정성의 측면에서 최소한의 요건 등 기본사항은 법률로 명시해 주는 것이 바람직하다고 볼 수 있다. 이 경우 단체협약과 유사하게 2년 정도의 유효기간을 두고 협정이 체결된다. 그러나 외국의 경우 필수유지업무의 유효기간을 정하지 아니하고, 특별한 사정이 있는 경우에 개정을 하도록 하는 입법례도 있다. 캐나다의 경우 필수유지협정의 유효기간과 관련 기존의 협정이 개정될 때까지를 그 유효기간을 인정하고 있다. 협정을 개정할 사유는 다음과 같은 경우에 한한다(그 밖의 사유가 배제되는 것은 아니다).

- 새로운 업무가 추가된 경우
- 업무가 삭제된 경우
- 공백인 업무가 대체된 경우
- 구조조정의 경우
- 노사의 소속연맹이 변경된 경우

협정의 변경은 노사 당사자만이 요구할 수 있고 개정이 필요한 경우 상대방에게 이를 서면으로 통지하여야 한다. 이와 같이 유효기간을 법정화하지 않고 기존의 필수유지업무협정을 유지하기 어려운 경우 노사 일방 또는 쌍방의 상대방에게 일정기간 전 새로운 협정체결의사를 통지함으로써 기존협정의 내용을 변경할 수 있는 길을 마련할 수 있다. 지나치게 장기간 효력기간을 정하는 것이 불합리하다면, 유효기간을 정하고 해당기간 중에 앞에서 언급한 특별한 사정이 있는 경우에 필수유지업무의 변경협정을 체결하게 하거나 이를 이유로 노동위원회에 변경신청을 할 수 있도록 하는 방안도 고려해 볼 만하다.

3. 노동조합의 필수유지업무의 근무인력 통보

필수유지업무협정이 체결되어 있거나 노동위원회에 의해 필수유지업무가 결정된 이후에 필수유지업무에 종사할 근무자를 지명하는 절차와 관련 몇 가지 문제가 제기될 수 있다. 현행 노조법 제42조의6에 의하면, 노동조합은 필수유지업무협정이 체결되거나 제42조의4제2항의 규정에 따른 노동위원회의 결정이 있는 경우 사용자에게 필수유지업무에 근무하는 조합원 중 쟁의행위기간 동안 근무하여야 할 조합원을 통보하여야 하며, 사용자는 이에 따라 근로자를 지명하고 이를 노동조합과 그 근로자에게 통보하여야 한다. 다만, 노동조합이 쟁의행위 개시 전까지 이를 통보하지 아니한 경우에는 사용자가 필수유지업무에 근무하여야 할 근로자를 지명하고 이를 노동조합과 그 근로자에게 통보하여야 한다.

그런데 이 규정에는 노동조합이 필수유지업무에 근무할 조합원 명단을 언제까지 사용자에게 통보해야 하는지 분명히 나타나 있지 않다. 또한 노동조합이 근무할 조합원 명단을 통보하지 않을 경우 사용자가 지명할 수는 있으나 어느 시점부터 근무자명단을 지명할지 결정하기가 모호하다. 예컨대 실무에서 협정이 체결된 후 또는 노동위원회의 결정이 통보된 후 하루 이틀정도 명단통보를 기다리다 소식이 없다는 이유로 바로 사용자가 근무자를 지명해도 되는 것인지, 아니면 반대로 쟁의행위 개시 직전까지 노동조합이 명단을 제출하지 않았음에도 불구하고 사용자가 무작정 노조의 명단통보를 기다리게 할 것인지 문제가 된다.

또한 필수유지인원으로 선정하여 통보할 경우에 쟁의기간 중에 휴가나 결근 등을 고려하여 필수유지인원을 교체할 사유가 있거나 장기간의 쟁의행위 중에 일정한 주기별로 필수유지인원을 변경하여 통보할 수 있도록 해야 하는지에 대한 논란이 있다.

먼저, 필수유지업무에 종사할 근무대상자에 대한 명단통보의 시점에 관한 논란을 해결하기 위해서는 일정한 시간 또는 기일전에 통보하도록 할 필요가 있다. 이 경우 일정한 시간을 정한 것은 노동조합의 쟁의행위에 대한 파업결의가 급박한 시점 전에 결정될 수 있는 점을 고려할 것인지, 아니면, 사용자의 쟁의행위에 대한 준비에 필요한 시간을 고려할 것인지의 관점에서 검토할 필요가 있다. 그러나 이 경우 쟁의행위시 노동조합의 명단통보를 정한 취지는 사용자가 필수유지업무를 유지·운영하는 데 필요한 근무조를 편성하는 등 근무자를 확보하는데 필요한 충분한 시간으로 보아야 할 것이다. 따라서 협정체결 내지 노동위원회 결정이 있는 날로부터 일정기간 안에 노동조합이 명단을 통보하도록 협정에 시한을 명시하도록 하는 것이 바람직하다.

한편, 쟁의행위가 임박한 경우라든가 협정에 통보시한을 두고 있지 않은 경우에 사용자가 명단을 통보해야 할 시한을 결정할수 있어야 한다. 이러한 명단통보시한은 사용자가 명단을 통보받아 근무조를 편성하고 당해 근로자에게 통보하는데 소요되는 최소한의 소요시간을 반영하여 정해져야 할 것이다. 노동쟁의의 발생시 적법한 쟁의행위를 위해서는 노동위원회에 조정신청을 하게 되므로 이와 연계하여 조정기간 만료예정일 24시간 전까지로 정하고 그 시점까지도 명단이 통보되지 않은 경우 사용자가 근무자명단을 지명할 수 있도록 하는 것이 합리적이라 할 것이다. 이와 같이 조정기간과 연계하는 취지는 조정기간 중에 쟁의행위의 발생가능성을 당사자가 명확히 예측할 수 있고, 이러한 조정기간 중에 각자 쟁의행위에 따른 준비가 가능하기 때문이다. 따라서 사용자 측에서도 필수유지업무에 대한 명단통보 이외에 대체인력의 투입 등 준비가 어느 정도 가능하다고 보기 때문에 노사간 쟁의행위에 대한 공격과 방어를 할 수 있는 공평한 기회가 부여될 수 있다.

그러나 현행 제도의 규정에도 불구하고 노동조합이 사용자에게 필수유지업무에 근무할 조합원을 지명하여 통보하기가 곤란한 문제가 있다. 노동조합과 사용자간에 쟁의행위를 하게 될 시기에는 노사관계가 긴장된 상태임에도 현행 노조법 제42조의4제2항에서는 노동조합은 필수유지업무의 협정체결에 따라 쟁의행위에 참여하지 않고 근무를 할 자를 스스로 지정하여 사용자에게 통보하도록 하고 있다. 이 경우 노동조합의 입장에서는 조합원 중에서 누구는 파업 등 쟁의행위에 참여하여 임금상실이라는 고통을 받아야 하고, 누구는 급여를 받으면서 근무를 해야 하는 지를 선정해야 하므로 이로 인한 노동조합내부의 갈등이 유발될 수 있다. 이러한 이유로 필수유지업무의 제도도입으로 필수유지업무의 근무자선정과정에서 노동조합 내부에 갈등이 심화되고 단결권을 약화된다고 비판을 제기하고 있다. 이러한 문제 때문에 현실적으로 노동조합에서 필수유지업무에 종사할 근무자를 스스로 선정하여 사용자에게 통보를 하는 것은 곤란하다는 비판이 있다. 이러한 조합원 사이의 형평성 문제를 방지하기 위해서는 노동조합이 쟁의행위기간 동안 근무하여야 할 조합원을 특정 조합원이 고정적으로 근무하도록 통보하지 않고, 조합원간 순환근무형태로 통보하는 것이 가능하도록 해석·운용할 필요가 있다. 사전에 사용자측이 충분히 근무자를 편성할 수 있는 여유를 두고 통보가 이루어지는 경우라면 필수유지업무의 안정적 수행을 저해하지 않으면서도 조합원간 형평성 문제를 해소할 수 있을 것이다.

한편, 사용자가 조합원을 지명하도록 하는 방안이 대안으로 검토될 수도 있다. 캐나다에서는 협정체결이 결렬된 경우 사용자에게 근로자지명에 대한 우선권을 부여하고 있다. 즉 사용자로서는 파업으로 인한 부담을 덜기 위해서라도 필수유지업무에 관심을 갖지 않을 수 없고 가능하면 안정적으로 대상자를 확보하려 하기 때문에 공익에의 부담도 최소화하는 부수적 효과를 기대할 수 있다. 따라서 근무대상자의 선정은 원칙적으로 노사당사자가 합의하도록 하되, 양자간 합의에 이르지 못할 경우 사용자에게 지명권을 부여하는 것이 근로자 지명절차에 신속성을 기할 수 있기 때문이다. 다만 사용자에게 일방적으로 대상근로자를 지명하게 할 경우 쟁의권 침해의 문제가 제기되므로 노조로 하여금 (노동위원회 등에) 이의신청을 할 수 있도록 하고 있다. 그런데 이 경우 사용자에 의한 지명권행사가 남용될 여지가 있다. 사용자가 필수유지업무에 종사할 근무자를 지명할 수 있도록 할 경우 사용자가 지명권을 자의적으로 행사할 여지가 있는 것이다. 사용자가 지명할 수 있는 권한을 빌미로 적극적으로 쟁의행위에 참여하는 성향이 있는 조합원만을 지명하거나 노동조합의 간부나 핵심지도자를 근무하도록 지명한다면 쟁의권 행사에 지장을 초래할 수 있다.

한편, 노동조합이나 사용자가 필수유지인원을 선정하여 통보하였으나 쟁의행위가 장기화되어 필수유지인원을 교체할 특별한 사유가 존재하는 경우에는 일정한 주기를 정해 필수유지인원을 변경하여 통보할 수 있는 길을 열어 줄 필요성이 있다. 즉 노동조합은 쟁의행위 중에 부득이 조합원을 변경하여야 할 불가피한 사유가 존재하는 경우 사전에 그 사유를 명시하여 대체근무할 명단을 사측에 통보하도록 해야 할 것이다. 또한 사용자는 업무분장의 변경, 인사발령 등의 사유로 변경할 필요가 있는 경우에는 미리 노동조합에 대체근무할 조합원의 명단을 통보를 하여야 할 것이다. 이에 대하여는 필수유지업무의 협정을 체결한 내용으로 정하도록 하는 것이 바람직하다.

4. 필수유지업무협정에 따른 쟁의행위의 정당성

노조법 제42조의5에 의하면 '제42조의4제2항의 규정에 따라 노동위원회의 결정이 있는 경우 그 결정에 따라 쟁의행위를 한 때에는 필수유지업무를 정당하게 유지·운영하면서 쟁의행위를 한 것으로 본다'고 규정하고 있다. 이 규정에 따라 필수유지업무에 관한 '노동위원회의 결정에 따른 쟁의행위'는 정당하다고 간주된다고 할 것이나, '필수유지업무협정에 따른 쟁의행위'도 정당한 것으로 볼 것인지는 노조법에 규정이 없다. 결정에 따른 쟁의행위가 정당할 경우 협정에 따른 쟁의행위는 당연히 정당하다는 해석을 할 수 있다.

그러나 협정에 따른 쟁의행위에 대한 명시적 규정도 없는데다 협정 자체가 (노사간 담합에 의한 것으로서) 객관성을 띠지 않은 경우까지 그에 따른 쟁의행위를 정당하다고 할 것인가의 여부가 문제될 수 있다. 그러나 필수유지업무협정은 원칙적으로 노사당사자가 자율로 정하는 것이고 그 체결이 결렬되었을 때 일방 또는 쌍방이 노동위원회에 결정을 신청하는 것이라는 점에서 자율협정의 정당성 여부를 의심하여 협정에 따른 쟁의행위를 문제삼을 수는 없다 할 것이다. 만일 자율협정에 따른 쟁의행위에 대한 정당성이 논란이 된다면 자율협정의 체결을 기피할 가능성이 높고 협정 대신 노동위원회의 결정에 의존하는 경향이 심화될 수 있기 때문이다. 그렇게 되면 자율협정을 대체하는 노동위원회의 결정이 협정보다 우선하게 되는 모순적 결과를 초래하게 된다. 그러한 점에서 노동위원회의 결정에 따른 쟁의행위의 정당성 뿐 아니라 자율협정에 따른 쟁의행위의 정당성 여부를 법에서 규정하는 것이 논란을 잠재울 수 있을 것이다.

필수유지업무협정제도의 취지가 원칙적으로는 자율협정을 권장하는 것이고, 자율협정이 노동위원회의 결정에 우선한다는 점에서 협정에 따른 쟁의행위를 정당하지 않다고 볼 수는 없다. 다만 현실에서 당사자가 통정하여 협정 자체를 담합하여 정당한 수준보다 낮게 체결할 가능성을 완전히 배제할 수 없다는 점에서 당사자가 체결한 협정이 객관성을 띠고 있는가를 심의해야 할 필요성이 없지 않다. 이러한 폐단을 방지하기 위해 노동위원회(또는 노동관서)에 협정을 신고하고 승인을 받은 경우 당해 협정에 따른 쟁의행위를 정당하다고 간주하는 것이 바람직하다고 본다. 즉 협정의 정당성이 담보되어야 이에 의한 쟁의행위도 정당하다고 볼 수 있다할 것이다. 나아가 협정에 문제가 있는 경우 노동위원회는 당사자에게 시정을 요구할 수 있도록 하고, 노동위원회의 시정요구를 반영하여 협정을 변경한 경우에 한해 이에 따른 쟁의행위를 정당하게 간주한다는 규정을 두어야 할 것이다. 이와 관련 당초 2006년 필수유지업무제도도입을 위한 노조법 개정(2006.12.30 개정법률안 공포) 추진 당시 정부개정안에는 필수유지업무협정을 행정관청에 신고하도록 하고, 정당한 유지운영이 어렵다고 인정될 경우 노동위원회에 필수유지업무결정을 요청할 수 있는 근거규정을 두면서 노사간 체결한 자율협정에 대해서도 정당성을 인정하는 규정이 있었다. 그러나 국회의 법안심의 과정에서 행정관청신고 및 노동위원회 결정규정이 노사 자율성을 침해한다는 지적과 함께 삭제된 바 있다. 즉, 행정관청에 대한 신고, 노동위원회에의 결정요청을 통한 적정성의 공적 담보장치가 삭제됨에 따라 정당성 간주규정도 연계하여 함께 삭제되었다.

5. 필수유지업무협정(결정) 위반시 벌칙 요건

현행 노조법에는 필수유지업무 협정위반 시 벌칙에 대한 명확한 규정이 없다. 다만 제42조의2의 제2항에서 "필수유지업무의 정당한 유지·운영을 정지·폐지 또는 방해하는 행위는 쟁의행위로서 이를 행할 수 없다"고 하고, 이에 대한 위반 시 3년 이하의 징역 또는 3천만원 이하의 벌금에 처한다고만 규정하고 있다(노조법 제89조 제1호). 이 규정이 필수유지업무협정(결정)을 위반한 경우까지를 포함하는 것인지는 분명치 않다. 이와 관련하여서는 죄형법정주의의 원칙상 협정(결정)을 위반한 경우에 대한 벌칙규정이 없다는 점에서 그 자체로는 처벌을 하기가 곤란하다는 견해가 있다. 쟁의행위 전 과정 중 위법적 요소가 있다고 하더라도 쟁의행위 전체의 정당성이 상실되는 것은 아니고 필수유지업무협정 또는 노동위원회의 결정에 문제가 있는 경우도 얼마든지 있기 때문이라는 것이다.[45]

반면에 필수유지업무협정의 위반이 "공중의 생명·건강 또는 신체의 안전이나 공중의 일상생활"을 침해한다는 측면에서는 처벌이 가능하다는 견해가 있다. 그러나 처벌 여부는 별론으로 하고 필수유지업무협정의 위반이 "공중의 생명·건강 또는 신체의 안전이나 공중의 일상생활"을 침해하였는지의 여부를 가리기는 그리 간단하지 않다. 필수유지업무에 종사하는 조합원이 평상시와 동일하게 업무에 성실하게 임하였으나 대체인력의 투입이 어려운 사정 등으로 인해 필수유지운영에 지장을 초래한 경우도 있을 수 있고, 반대로

---

45) 김선수, 위의 논문

필수유지업무 근무자가 필수유지업무를 이행하지 않았음에도 불구하고 다른 근로자들의 대체투입이 비교적 어렵지 않아 필수유지업무에 별다른 지장이 없을 수 있기 때문이다.

다시 말해 필수유지업무협정의 위반이 곧바로 "공중의 생명·건강 또는 신체의 안전이나 공중의 일상생활"의 침해로 이어진다고 할 수 없다는 점에서 위반 자체를 문제 삼아 처벌하기는 곤란하다. 다만, 당해 근로의무를 위반한 조합원에 대하여는 사용자가 민사책임 또는 징계책임을 물을 수 있을 것이다. 또한 필수유지업협정의 위반이 노동조합의 지시에 의하여 이루어진 경우라면 이에 관여한 조합간부에 대한 위반책임을 물을 수 있어 노조법 제94조 양벌규정에 의해 행위자 및 노동조합에 대하여도 벌금을 부과할 수 있을 것이다.

만일 노동조합의 협정위반이 직장폐쇄에 의하여 발생하였다면 사용자에 대하여도 위반책임을 부과할 수 있을 것이다. 다만 파상파업에 대응하여 대체근로를 사용하고자 불가피하게 직장폐쇄를 한 경우는 구체적인 사실관계에 따라 종합하여 판단해야 할 것이다.

필수유지업무협정위반 시 벌칙규정이 정해져 있지 않을 경우 노사당사자는 언제든지 협정을 위반할 수 있고 그 결과 협정제도의 취지가 퇴색하게 된다. 따라서 협정의 실효성을 높이기 위해서는 협정준수를 의무화하고 이를 위반한 경우 벌칙규정을 두어야 할 것이다. 또한 그 형벌의 구성요건을 좀 더 명확히 하여 "필수유지업무협정 또는 노동위원회의 결정을 위반한 경우"라는 별도의 규정을 두어야 기존의 모호한 노조법 제42조의2 제2항과 차별화될 것이다. 다만 협정 또는 결정의 위반 자체를 처벌할 것이냐, 아니면 협정 또는 결정을 위반하여 "공중의 생명·건강 또는 신체의 안전이나 공중의 일상생활"을 침해한 경우에 한해 처벌할 것이냐는 의문이 제기될 수 있다.

그런데 노조법 제42조의2의 제2항은 "필수유지업무의 정당한 유지·운영을 정지·폐지 또는 방해하는 행위는 쟁의행위로서 이를 행할 수 없다"고 하여 쟁의행위의 결과가 "공중의 생명·건강 또는 신체의 안전이나 공중의 일상생활"을 침해하였느냐의 여부를 묻지 않는다. 그렇다면 필수유지업무협정 또는 노동위원회의 결정에 위반한 경우 역시 공중의 생명·건강 또는 신체의 안전이나 공중의 일상생활을 침해하였느냐의 여부와 무관하게 위반 자체를 처벌하는 것이 타당하다고 본다. 다만, 위에서 언급한 바와 같이 필수유지업무협정이 노동관서의 승인을 받았음을 전제로 한다고 할 것이다.

6. 필수유지업무에 관한 전문인력의 활용

필수유지업무는 앞에서 살펴본 바와 같이 그 업무의 특성이나 내용, 절차적 규정이 종전과 다를 수밖에 없다. 동시에 일반적인 쟁의조정의 절차나 심판사건과 달리 공익사업에 대한 내용별 업무특성을 고려하여야 하고, 노조법 제42조의2에 따라 당해 업무가 유지·운영할 필요성이 있는지, 필수공익사업으로서의 특성을 지니는지, 그 업무가 정지되거나 폐지되는 경우 공중의 생명·건강 또는 신체의 안전이나 공중의 일상생활을 현저히 위태롭게 하는 업무인지를 판단하여야 한다.

　그러나 필수유지업무를 결정하려면 구체적으로 어떤 업무가 여기에 해당되는지, 어느 수준으로 결정하는 것이 적정한지 논란의 대상이 된다. 노동조합은 이러한 문제점에도 불구하고 필수유지업무에 대한 교섭이 미진한 상태에서 또는 목전에 닥친 쟁의행위를 이유로 급박하게 노동위원회에 결정신청을 하게 되었을 때 자칫 필수유지업무에 대한 신중한 고찰없이 노동위원회가 처리기간에 쫓기거나 쟁의행위가 임박하였다는 이유로 졸속적으로 결정을 하여 쟁의권의 행사를 제한할 수 있다고 주장하고 있다. 특히 필수유지업무를 연구하거나 결정할 수 있는 전문인력의 부재에도 불구하고 노동위원회가 필수유지업무를 결정하도록 하는 것은 노동조합의 노동기본권을 침해하는 중대한 위반행위라고 한다.

　현행법상 필수유지업무에 관한 결정은 조정담당 공익위원 3인으로 구성된 특별조정위원회에서 담당하고(노조법 제72조) 사실관계 조사 등의 업무는 노동위원회 조사관이 전담하고 있다. 그러나 특별조정위원의 전문성 미흡으로 인하여 결정의 공정성·신뢰성 논란이 발생하거나 결정기준이나 수준이 서로 다르게 되어 노동위원회의 전문성을 둘러싼 일부 비판이 제기되고 있다.

　필수유지업무는 필수공익사업 중에서 필수유지업무의 업종에 해당하는 사업에 대하여 결정하여야 한다. 이러한 업무에 해당하는 업종은 철도 및 도시철도사업, 항공운수사업, 수도사업, 전기사업, 가스사업, 석유정제 및 공급사업, 병원사업, 혈액공급사업, 한국은행사업, 통신사업에 걸쳐 방대한 범위에 해당한다. 이와 같이 광범위한 사업에 대한 필수유지업무의 결정은 사업별 특성이 서로 다르고, 해당업무 내에서는 업무의 공정이나 연계성, 영향관계 등에서도 편차가 심하다. 이러한 이유로 필수유지업종이나 업무 등에 대한 많은 연구가 필요하며, 자료의 축적이 필요하다. 필수유지업무의 특성이나 방대한 업무, 노사간에 미치는 영향을 고려할 때, 이에 대한 철저한 준비없이 필수유지업무를 결정한다면, 공정성 시비는 물론 위법이나 월권을 이유로 한 분쟁이 증가하여 필수유지업무를 둘러싼 노사간의 다툼이 계속될 가능성이 높다.

특히 필수유지업무의 필요 최소한의 유지·운영 수준, 대상직무 및 필요인원을 판단하는데 객관성이나 공정성이 결여된다면 필수유지업무의 제도자체가 정착하기 어려울 것이다. 따라서 필수공익사업과 필수유지업무의 사업별 특성에 대한 자료조사, 연구, 분석 이외에 필수유지업무의 결정모델의 개발, 필수유지업무의 결정을 심사하고 특별조정위원회의 결정을 지원할 수 있는 전문인력을 상시 활용할 필요성이 있다. 필수유지업무를 담당할 전문인력은 필수공익사업 각 분야의 전문가로 하고, 나아가 필수공익사업이나 또한 노동위원회의 상임위원을 충원하여 필수유지업무를 담당하게 할 수 있도록 하는 방안도 바람직하다.

제5장 결론

1. 필수유지업무의 사례분석의 결과와 시사점(요약)

(1) 필수유지업무의 사례분석의 결과

필수유지업무 연구보고서 제3장은 사례분석으로 각 산업별 및 사업장별 필수유지업무협정의 체결 및 노동위원회의 결정사례를 통해 현행 제도가 현실과 어떻게 조화되거나 괴리관계에 있는가를 보여주고 그 시사점이 무엇인가를 발견하고자 하였다. 제4장에서는 제3장에서 나타난 구체적 문제점을 중심으로 필수유지업무제도의 법리, 쟁점 및 현행 제도의 개선방안에 대하여 검토하였다. 제3장 사례의 분석에서 나타난 내용을 요약하여 정리하면 다음과 같다.

(가) 노동부관할 지역을 중심으로 한 244개 필수유지업무의 대상 사업체 중 업종별 분포를 살펴본 결과 필수유지업무협정의 현황은 병원 및 혈액원이 175개로서 79.5%, 가스석유사업이 16개로서의 5.6% 등 순으로 나타났다.

(나) 필수유지업무에 대한 자율협정 체결사례는 H석유공사, K공사, 병원 업중에서 동수원병원, 부평세림병원, 경기도립의료원 6개 병원(수원병원, 이천병원, 안성병원, 포천병원, 의정부병원, 파주병원)과 전북도시가스의 사례를 조사·분석을 하였다.

(다) 자율협정 사례의 특징은, 첫째 노동조합과 사용자간에 노사

관계가 원만한 사업의 경우에는 필수유지업무의 협정이 짧은 기간 내 조속히 체결되었고, 둘째 전체근로자에 비하여 조합원 비율이 낮은 사업체의 경우 일반적으로 필수유지운영수준이 높게 나타났고, 셋째 노동조합의 조직률이 높거나 사용자에 비하여 상대적으로 교섭력이 강한 노동조합이 존재하는 사업체서 필수유지업무의 유지수준이 낮게 체결되는 경향을 보였으며, 넷째 병원업은 중환자치료범위 등 필수유지범위를 둘러싸고 노사간에 갈등이 심해 필수유지업무의 체결에 상당한 시간과 노력이 많이 소요되었다.

(라) 필수유지업무의 결정 사례를 간략하게 살펴보면, S도시철도공사의 경우 법 시행 후 최초로 필수유지업무를 결정한 사업장으로서, 필수유지운영수준을 평일 때 79.8%로 결정하였으나, 유지수준의 적정성 등에 대한 논란이 있었다.

(마) S메트로의 사례에서는 독자적인 운행노선 이외에 시설노후화, 운행상 많은 인력의 투입에도 불구하고 서울도시철도공사에 비하여 상대적으로 낮은 57.6% 수준으로 결정하였다. 필수유지업무의 결정과정에서는 혼잡도, 열차운행시격, 교통대체수단 등 결정기준을 채택문제로 논란이 많았다. 필수유지업무의 결정과정에서는 첫째, 필수유지업무에 대하여 노사간 충분한 협의 없이 사용자가 일방적으로 결정신청을 한 점, 둘째 중노위 지침에 따른 필수유지업무의 처리기한을 초과하여 지연한 점, 셋째 필수유지업무의 성격이 조정이나 심판업무와 다른 성격을 지녔음에도 부문별 위원회를 구성하지 아니하고 특별조정위원회를 구성한 점 등을 이유로 하여 노동조합의 반발이 심해 필수유지업무의 결정에 어려움을 겪었다.

(바) 발전산업의 경우 H중부발전, I남부발전, J남동발전, K서부발

전, L동서발전의 5개사에 대한 결정사례는 전력사업이 일상생활의 모든 부분, 산업·경제 및 국가안보에 있어서 가장 기본이 되는 점을 고려하여 필수유지업무의 운영유지수준은 대부분 100%로 결정하였으나, 비 필수유지업무가 있고, 필수유지업무 종사자들이 전원 근로의무가 부여된 것도 아니라는 점에서 조합원 중 34.3~60.7%는 파업 참가가 가능하다. 그러나 필수유지업무의 결정 과정에서 노동조합이 노동조합의 필수유지업무제도를 폐지할 것을 주장하는 등 어려움이 있었고, 노사간 대립으로 인해 필수유지업무의 협정을 위한 교섭이 제대로 진행되지 않은 점, 필수유지업무의 결정 기준으로 고려할 만한 가이드라인이 미흡한 점 등이 한계로 지적되었다.

(사) H가스공사에서는 가스공급사업을 중단하는 경우 공동의 일상생활을 위태롭게 하거나 국민경제를 현저히 저해할 수 있으므로 천연가스의 인수, 제조, 저장 및 공급업무, 안전관리는 평상시 대비 100%로 결정하였으나, 비 필수유지업무가 있고, 필수유지업무 종사자들이 전원 근로의무가 부여된 것도 아니라는 점에서 조합원 중 60.1%는 파업참가가 가능한 것으로 나타났다. 그러나 이와 같은 필수유지업무의 유지수준이 노동조합의 파업권을 지나치게 제한하는 것이라며 노동조합의 반발이 있었다.

(아) 병원업의 사례를 보면, K대의료원, G대학교 S병원 및 H병원, S병원, B병원, 원자력병원, M대학교병원, C혈액원이 대형병원의 대부분은 노동위원회에 결정신청을 하였으나, 중소병원은 필수유지업무의 자율교섭을 체결하기도 하였다. 병원사업에서는 특히 중환자 치료업무의 범위로서 일반병동, 특수병동에까지 인정할 것인지 논란이 되었으나, 백혈병동, 혈액종양내과 등 특수병동에 한하여 인정하

고, 유지운영수준은 응급의료·중환자 치료 100%, 분만 50～60%, 수술 55～70%, 투석·마취 60～70% 등으로 결정하였다.

(2) 필수유지업무의 사례분석의 시사점

(가) 필수유지업무를 결정하는 경우에 노동계에서 지방노동위원회가 해당 업종별 업무내용을 연구하거나 조사하는 등 전문인력이 부족한 상태에서 졸속적으로 결정한다는 불신을 가지고 비판을 제기하여 왔다. 따라서 결정 시 각 분야별 전문가를 활용함으로써 노동위원회 위원의 전문성 결여를 보완할 필요성이 있다.

(나) 필수유지업무의 협정체결을 위하여 노사당사자 중 일방의 요구에도 불구하고 상대방은 이에 적극적으로 응하지 아니하거나 거부함으로써 불가피하게 일방적으로 필수유지업무의 결정신청을 하는 경우가 나타나고 있다. 노동위원회 결정의 경우 타율적 성격으로 어느 일방의 수용도가 낮을 수 있고, 노사의 자율성을 저해한다는 비판이 있는 만큼, 노사 당사자의 자율적 협정체결을 적극 지도할 필요가 있다. 특히, 조정신청이 이루어지는 경우에는 당사자 어느 일방이 반드시 결정신청을 하도록 함으로써 무 협정 상태에서의 쟁의행위를 방지할 필요가 있다.

(다) 필수유지업무의 법적 성질이 조정이냐 심판이냐를 둘러싸고 당사자간에 논쟁이 되고 있는 바, 당사자간 자율적 협정체결을 적극 지원할 필요가 있다는 점에서 조정적 성격을 인정할 수 있으나 중재재정의 재심절차 및 행정소송 등을 통해 다툴 수 있도록 하고 있는 점을 감안할 때 심판 내지 중재의 성격을 인정할 수 있다. 특

히, 필수유지업무 결정은 노사의 자율성 뿐 아니라 공익보호를 위하여 노사의 신청이 있으면 반드시 결정이 이루어져야 한다는 점에서 행정종결 처리하는 것은 정당하지 않다고 본다.

(라) 필수유지업무의 결정시 필요최소인원을 결정하는 경우 필요인원을 표기방법을 전체근로자(현재 인원, 정원), 총조합원수에 대비한 해당업무별 필요인원을 구체적으로 어떻게 표기할 것인지를 명확히 할 필요가 있다. 이 경우 표기방법이 불명확하여 지방노동위원회별, 구성 위원에 따라 표기방법을 달리하여 해석상 논란의 여지가 생기게 되어 노사당사자로부터 비판을 받을 수 있다.

(마) 필수유지업무의 유지운영수준을 결정함에 있어서 구체적으로 무엇을 기준으로 비율을 얼마로 산출할 것인지, 필요인원은 몇 명으로 산정하는 것이 적합한지 가급적 객관적이고 통일적 기준을 마련할 필요가 있다. 이를 위하여, 업종별 필수유지업무에 대한 연구를 통하여 결정기준으로 정하기 위한 산술지표 등을 개발할 필요가 있다.

(바) 필수유지업무를 결정신청을 하는 경우 당사자간 충분한 자율교섭이 이루어지지 않고 결정신청이 이루어짐으로써 노사자율성이 저해된다는 비판이 있다. 결정신청이 이루어진 이후라도 쟁의행위가 임박하지 않은 상황이라면 당사자의 자율적 협정체결 기회를 충분히 부여할 필요가 있다.

(사) 필수유지업무 결정신청을 한 경우 노동위원회의 처리기한이 업종별로 차이가 있고, 당사자의 예측 가능성이 낮다는 비판이 있다. 필수유지업무의 결정은 그 내용이 매우 복잡하고 해당업무의 특성과 실태를 파악하여 처리하여야 한다는 점에서 일률적으로 결

정기한을 정하는 것이 불합리할 수 있으나 결정과정 및 결정예정일 등에 대한 정보를 당사자에 충분히 고지할 필요가 있을 것이다.

(아) 필수유지업무의 결정에 따라 노동조합은 사용자에게 필수근무인원을 통보하도록 하고 있으나, 파업이 임박하여 통보를 하는 등 제도적으로 남용할 가능성이 있다. 따라서 노동위원회의 필수유지업무 결정 및 당사자간 필수유지업무 협정체결에 있어 노동조합의 명단통보 시한을 정함으로써 적기에 명단 통보가 이루어지고, 이를 둘러싼 다툼을 예방할 필요가 있다.

2. 법리적 쟁점과 제도개선 검토사항의 요약

(1) 필수유지업무제도의 법리적 쟁점

(가) 노조법 제42조의2에서 정하고 있는 "필수유지업무"가 ILO의 필수사업의 범위보다 넓다는 비판이 제기되고 있어 필수유지업무제도의 법리적 쟁점에 들어가기 전 우선 필수공익사업의 범위와 필수유지업무에 대하여 ILO의 정의와의 일치여부를 검토하였다. 그 결과 우리나라 노조법이 ILO의 필수사업 및 최소업무의 정의에 반하는 것은 아니라는 결론에 도달했다. 또한 ILO 자체가 필수사업의 정의는 각국이 처한 입장에 따라 차이가 날 수밖에 없으므로 ILO의 정의에 전적으로 의존할 필요는 없다고 보고 있다는 점에서 일률적으로 ILO의 기준을 잣대로 자국의 법규정을 판단하는 것은 올바르지 않다고 본다. 그와 무관하게 노조법 제71조 제2항의 필수

공익사업 대부분이 ILO의 최소업무의 대상이 되므로 현행 필수유지업무제도하의 필수공익사업의 범위가 지나치게 넓다고 하기는 어렵다고 본다.

(나) 노동계는 노조법 제76조에 긴급조정제도가 있는 상태에서 필수유지업무제도를 두는 것이 공익사업 근로자들의 파업권을 이중으로 제한한다는 이유로 필수유지업무제도를 비판하고 있다. 그런데 ILO는 긴급한 국가적 위기 상황에서는 파업이 전면 금지될 수 있다고 함으로써 최소업무제도와 무관하게 국가적 위기 상황에서는 파업이 전면금지 된다고 보고 있다. 긴급조정의 대상이 되는 쟁의행위는 공익사업만이 아니라 전 사업에 적용된다는 점에서 유독 필수공익사업만을 이중으로 규제하는 것이라고 할 수는 없다. 따라서 긴급조정제도가 존재하는데 필수유지업무제도를 두는 것이 노동3권을 제한하는 것이 이중규제라고 하기는 어렵다.

(다) 노동계는 긴급조정권을 설치한 상태에서 대체근로를 허용한다는 것은 노동기본권에 대한 침해이므로 대체근로를 전면 금지해야 한다는 주장을 하고 있다. 그러나 긴급조정권의 규제 대상은 필수공익사업만이 아니라는 점에서 긴급조정과 필수유지업무에서의 대체근로를 동일선상에서 비교할 수는 없다고 본다. 현재 노조법은 공익사업에 대하여 쟁의행위를 원칙적으로 허용하고 있고, 그 중에서 공익을 보호하기 위한 필요최소한의 업무를 유지운영을 하도록 한 것이 필수유지업무제도이다. 그러나 필수유지업무에도 불구하고 공익에 대한 침해가 발생할 수 있다는 점에서 대체근로는 어느 정도 허용될 수밖에 없다. 즉 대체근로를 제한적으로 허용한 목적은 공익의 보호에 목적이 있는 것이지 필수공익사업의 쟁의권을 제한

하려는 데 있는 것이 아니다. 따라서 긴급조정권과 대체근로의 허용을 연결시켜 필수공익사업에 대한 이중규제라고 주장하는 것은 타당하지 않다.

(2) 제도개선 검토사항

(가) 필수유지업무협정을 당사자간 자율적으로 체결하는 비율이 노동위원회에서 결정하는 경우에 비해 훨씬 높은 실정이다. 그럼에도 불구하고, 당사자의 필수유지업무 결정신청에 대한 노동위원회의 결정기간의 예측가능성을 확보하여 당사자가 미리 대비할 수 있도록 하기 위해서는 결정기간을 법정화하는 방안이 검토될 수 있다. 한편으로, 필수유지업무 결정신청이 이루어진 이후라도 당사자의 자율적 협정체결을 유도하고, 노동위원회 결정에 있어서 쟁의행위가 임박하지 않은 경우 보다 신중한 결정이 이루어지도록 하기 위해서는 결정기간을 법정화하는 것이 오히려 제도운영의 경직성을 초래한다는 비판도 있을 수 있다.

(나) 필수유지업무협정 및 노동위원회의 필수유지업무 결정에 대하여 유효기간 또는 갱신절차에 대한 사항을 법정화하는 방안은 특정 협정이 어느 일방에 불리하거나, 사정변경으로 인한 갱신 필요성이 있는 경우에 대응하는 측면에서 검토할 수 있다. 그러나 한편으로 일반 단체협약과 달리 근로조건에 관한 사항을 정하는 것이 아니라는 점에서 주기적 갱신 필요성이 큰 것이 아니며, 중대한 사정 변경이 있는 경우에 어느 일방이 갱신을 신청할 수 있도록 현행과 같이 해석상 운영하는 방안이 바람직할 수도 있다. 유효기간

을 정하여 주기적 갱신을 하는 경우에는 오히려 노사간 갈등 및 교섭비용이 커질 수 있는 한계도 있다.

(다) 노동조합이 필수유지업무 근무 조합원을 지명하는 경우에 나타날 수 있는 조합내부 갈등 방지, 원활한 인력지명 및 업무수행 등을 위해서는 사용자가 필수유지업무근무자를 지명하도록 하는 방안이 있을 수 있으나 이 경우 사용자의 필수유지업무 근무자 지명권이 남용되어 노조활동을 저해할 수 있는 한계가 있다. 한편으로 필수유지업무 근무조합원 통보시한에 대하여 당사자간 필수유지업무협정으로 정하도록 하되, 안될 경우에 대비한 입법적 보완방안을 검토할 수 있다. 쟁의행위가 임박한 상황에서 필수유지업무 근무자 지명이 이루어지지 않은 경우라면 사용자측이 근무자를 지명할 수 있는 시한을 명확히 설정하는 것도 필요하다.

(라) 노조법 제42조의4제2항의 규정에 따라 노동위원회의 결정이 있는 경우에 정당성 간주규정을 두고 있는 것과 같이 필수유지업무협정에 따른 쟁의행위도 정당한 것으로 볼 있도록 간주규정을 두는 방안을 검토할 필요가 있다. 그러나 자율적 협정체결의 경우 노사 담합에 의한 과소협정 체결 가능성이 있다는 점에서 필수유지업무 협정수준에 대한 노동위원회 등의 검증절차가 마련될 필요가 있다.

(마) 필수유지업무협정을 위반할 경우에 벌칙규정이 정해져 있지 않으면, 노사당사자는 언제든지 협정을 위반할 수 있고 그 결과 협정제도의 취지가 퇴색하게 된다. 따라서 협정의 실효성을 높이기 위해서는 협정 준수를 의무화하고 이를 위반한 경우 벌칙규정을 둘 필요가 있다. 필수유지업무협정 또는 노동위원회의 결정에 위반

한 경우 역시 공중의 생명·건강 또는 신체의 안전이나 공중의 일
상생활을 침해하였느냐의 여부와 무관하게 위반 자체를 처벌하는
것이 타당하다고 본다.

　(바) 필수유지업무의 업종별 특성이나 광범위한 범위, 업종의 다
양성이나 복잡성을 고려하여 전문인력을 확보할 필요가 있다. 이러
한 업무를 위해서는 각 산업분야의 전문지식이나 경력을 갖춘 자
를 전문위원으로 두어 노동위원회 위원의 전문성 결여를 보충할
필요성이 있다.

<h1 style="text-align:center">〈참고문헌〉</h1>

가. 국내문헌

건설교통부, 『교통안전연차보고서』, 매년도

건설교통부, 『건설교통백서 1998~2002』, 매년도.

국제노동기구 엮음, 『ILO 노동입법 가이드라인』, 한국노동연구원, 2003

권영국, 「필수유지업무 및 대체근로 규정 도입의 문제점」, 『노동기본권 제약, 필수유지업무제도 꼭 필요한가』, 민주노동당 홍희덕 의원 국회토론회 자료집, 2008.

권영성, 『헌법학원론』, 박영사, 2007.

김상호, 「필수공익사업 직권중재에 관한 입법론적 고찰」, 『노동법학』, 제13호, 2001. 12.

김승휘, 「필수유지업무제도에 대한 비판적 고찰」, 『노동법포럼』, 노동법이론실무학회, 제4호(2010.4)

김영하, 「공익의 개념에 관한 연구」, 『사회과학연구』, 강남대학교부설 행정연구소, 1995. 1.

김유성, 『노동법Ⅱ』, 법문사, 2001.

김철수, 『헌법학개론』, 박영사, 2005.

김형배, 『노동법(제19판)』, 박영사, 2010.

김형배, 『필수적 공익사업과 직권중재제도』, 신조사, 2002.

김홍영, 「직권중재제도의 대체적 개선방안」, 서울대학교노동법연구회, 『노동법연구』, 제15호, 2003. 12.

김홍영, 「최소업무의 유지의무」, 『충남대학교 법학연구』, 제15권 제1호, 2004

김홍영, 「파업권과 공공의 이익 - 노동법상 보호해야 할 공공의 이익」, KLI 노동법·법경제포럼 발표문, 2006. 6. 23.; 문무기편, 『2006년 노동법의 쟁점』, 한국노동연구원, 2006.12.

노동부·한국노동연구원, 『필수유지업무 제도화를 위한 공개토론회』,

2007년 토론회 자료집 (2007.5)

노동부, 『필수유지업무제도 운영매뉴얼』, 2008.11.

노사관계제도선진화연구위원회, 『노사관계법·제도 선진화 방안』, 노동부 연구용역보고서, 2003. 11.

문무기, 「파업시 최소서비스 유지의무: 파업권과 공익의 조화」, 한국노동연구원, 『국제노동브리프(제3권 제9호)』, 2005. 9.

문무기, 「파업시 유지되는 필수유지업무의 범위와 관련조항의 법리적 해석」, 『노동법학』, 제25호, 2007. 12.

문무기, 「필수유지업무의 법리와 법리적 해석」, 『노동리뷰』, 한국노동연구원, 2007.

문홍주, 『(제6공화국) 한국헌법』, 해암사, 1998

박은정, 「노조법상 필수유지업무 제도에 대한 소론」, 『노동정책연구』, 한국노동연구원, 2009.

박일도, 『신헌법(제6공화국)』, 법경출판사, 1990

박제성, 「공공서비스 파업과 최소업무의 유지에 관한 프랑스의 법제」, 『노동법연구』, 제16호, 2004 하반기, 117면

박제성, 「공공서비스 파업과 최소업무의 유지에 관한 프랑스의 법제」, 서울대학교노동법연구회, 『노동법연구』, 제17호, 2004. 6.

박제성, 「프랑스 철도여객운송사업의 공공서비스 유지에 관한 만델케른 보고서」, 『국제노동브리프』, 2004년 7/8월호, 39면

박제성, 『필수공익사업의 쟁의행위에 대한 새로운 규율: 필수유지업무와 대체근로, 『노동정책연구』 제7권제13호, 한국노동연구원, 2007.

보건복지부, 『보건복지백서』, 매년도

산업자원부, 『산업자원백서』, 매년도

성낙인, 『헌법학』, 법문사, 2001.

원창희, 『노동분쟁의 조정(이론과 실제)』, 법문사, 2005.11.

유성재, 「노조는 이익의 집단인가 공익의 담보자인가?」, KLI 노동법·법경제포럼 발표문, 2006. 8.

윤석민, 「방송정책에 있어서 공익이념의 이론적 토대」, 『공영방송』, 한국언론재단, 2003.

이기철, 「공공복리 내지 공익의 개념」, 『토지공법연구』(제18집), 2003

이병태, 『노동법』, 중앙경제사, 2007

이상윤, 『필수공익사업의 노사관계』, 법문사, 2002.

이승욱, 「직권중재제도의 법적 문제점과 개선방향」, 한국노동연구원, 『노동정책연구』, 2002년 제2권 제4호.

이승욱·조용만·강현주, 『쟁의행위 정당성의 국제비교』, 한국노동연구원, 2000.

이준희, 「필수유지업무에 대한 법리검토」, 『노동정책연구』, 제8권제12호, 한국노동연구원, 2008.

이철수, 「직권중재제도의 위헌성 여부」, 중앙노동위원회, 『조정과 심판』, 제15호, 2003.10.

이철수·강성태, 『공공부문의 노사관계법』, 한국노동연구원, 1997.

이흥재, 『단체행동권』, 사람과 생각, 2004.

임종률, 『노동법제8판』, 박영사, 2009.

장홍근·김가람·강병식, 「필수유지업무제도 도입과 쟁정」, 『노동리뷰』, 한국노동연구원, 2008.10.

정보통신부, 『정보통신백서』, 매년도

정인섭, 「국제노동기준과 한국에서의 법의 지배」, 장승화 편, 『국제기준과 법의 지배』, 박영사, 2004.7

정하중, 『행정법총론』, 법문사, 2002

조오현, 「2003년도 병원사업장(필수공익사업) 조정사건 분석」, 중앙노동위원회, 『조정과 심판』, 제15호, 2003. 10.

조오현, 「직권중재회부 세부기준 해설」, 중앙노동위원회, 『조정과 심판』, 제14호, 2003. 7.

조용만, 「필수공익사업 직권중재제도에 관한 연구 - 법적 문제의 검토 및 개선 방향의 모색 - 」, 중앙노동위원회, 『조정과 심판』, 제14호, 2003. 7.

조용만·문무기·이승욱·김홍영, 『국제노동기준과 한국의 노사관계』, 한국노동연구원, 2002.

중앙노동위원회, 『노동위원회업무편람』, 중앙노동위원회, 매년도

한국노동연구원, 『노사관계 선진화방안 주요쟁점 분석 및 입법대안 모색』, 노동부 연구용역보고서, 2005. 12.

한국노동연구원,『노사관계 선진화방안 주요쟁점 분석 및 입법대안 모색』, 노동부 연구용역보고서, 2005. 12.

한국노동연구원,『파업기간중 공익보호를 위해 필요한 최소서비스 유지방안 - 파업시 최소업무 유지의 필요성과 그 범위에 관한 연구』, 노동부 연구용역보고서, 2003. 12.

한국노동연구원,『파업시 공익보호를 위한 최소업무 유지의무 도입방안』, 노동부 연구용역보고서, 2005. 12.

한국노동연구원,『공익사업 실태 및 필수유지업무의 범위에 관한 연구』, 노동부 연구용역보고서, 2006. 11.

한국노동연구원,『ILO 노동입법 가이드라인』, 2003. 8.

한국보건산업진흥원,「보건산업백서」, 매년도

한국은행,『우리나라의 금융제도』, 한국은행, 2005

한태연,『헌법학』, 법문사, 1983

허　영,『헌법이론과 헌법』, 박영사, 2002.

홍성방,『헌법학』, 현암사, 2007.

환경부,『환경백서』, 매년도.

나. 외국문헌

Assemblée nationale, Le service minimum dans les services publics en Europe, Rapport d'information de l'Assemblée nationale, No. 1274, 2003

Bernard Gernigon, Alberto Odero and Horacio Guido, ILO Principles concerning the Right to Strike, Geneva, 2000.

Edward C. Banfield, "Notes on Conceptual Scheme", In Edward C. Banfield and Mratin Meyerson(ed), Politics, Planning, & the Public Interest, Free Press, 1955

ILO, Freedom of Association and Collective Bargaining, Report III (Part 4B), 81th Session, Geneva, 1994.

ILO, Freedom of Association: Digest of Decisions and Principles of the Freedom of Association Committee of the Governing Body of the ILO, Fourth(reversed) edition. Geneva, 1996.

Maria Vittoria Ballestrero, "La grève en droit italien", Droit social, 2004, p.386

Sénat, L'organisation d'un service minimum dans les services publics en cas de grève, Rapport de Sénat, No.194, 1998

Virginia Held, The Public Interest and Individual Interest, New York: Basic Books, 1970

小松隆二, 『公益の時代』, 論創社, 2002

小坂直人公, 『公益と公共性』 日本經濟評論社, 2005

〈부록 1〉 필수유지업무 설문조사표

안녕하십니까?

아주대학교 산업협력단에서는 2008년도 **노동부로부터 [필수유지업무 산업현장 정착방안연구]**라는 연구과제를 수탁 받아 필수유지업무에 관한 연구용역을 수행하면서 필수유지업무의 사례에 대한 설문조사를 하고자 합니다.

이번 연구는 **필수공익사업장(기업) 및 지방노동위원회를 상대로 필수유지업무에 관한 협정과정 및 사례, 필수유지업무의 결정과정 등을** 정책에 반영하거나 제도개선을 할 목적으로 **노사당사자를 대상으로 조사**하는 것이므로 바쁘시더라도 협조하여 주시면 감사하겠습니다.

2008. 6.

조 사 기 관 : 아주대학교 법과대학 법학연구소
(우편번호 443 − 749) 경기도 수원시 영통구 원천동 산5번지
　　아주대학교 법과대학 법학연구소　이승길 교수
　　　☎ 031 − 219 − 3787 팩스 031 − 219 − 1619,
　　　이메일 sglee79@ajou.ac.kr

연구 책임자 : (1) 이승길 교수, 010 − 4766 − 7324
연　구　진 : (2) 원창희 교수, 019 − 339 − 4540
　　　　　　 (3) 조성혜 교수, 016 − 871 − 2316
　　　　　　 (4) 이상국 박사, 011 − 475 − 1155

※ 본 연구와 관련하여 문의하실 사항이 있으시면 아래로 연락하여 주시기 바　랍니다.
　　연구조사자: 이상국 박사, 011 − 475 − 1155,
　　　　sknosa@naver.com
　　공동조사자: 원창희 교수, 019 − 339 − 4540,
　　　　chwon77@hanmail.net
※ 본 조사의 결과는 통계법 제13조에 의하여 비밀이 보장되며, 응답자료는 연구목적 이외에는 절대 다른 목적으로 사용하지 않습니다.

아주대학교 법과대학 법학연구소

※ 설문요령은 객관식 문항의 경우에는 응답항목의 번호에 ✓표시를 하시고, 주관식 기입란은 지시문에 따라 기입하여 주시기 바랍니다.

<table>
<tr><td colspan="4" align="center">기초현황자료</td></tr>
<tr><td>상호</td><td></td><td>대표자명</td><td></td></tr>
<tr><td>주소</td><td></td><td>연락처</td><td></td></tr>
<tr><td>업종</td><td></td><td>근로자수/조합원수</td><td></td></tr>
<tr><td>응답자성명</td><td></td><td>응답자직위</td><td></td></tr>
</table>

Ⅰ. 회사의 현황을 파악하기 위한 기초사항에 대한 질문입니다 (노사공통).

1. 귀사의 설립연도는 몇 년입니까? (   )년 (   )월

2. 노동조합의 설립연도는 언제입니까? (   ) 년 (   )월

3. 조사대상업체의 업종은 무엇입니까? (   )

4. 조사대상업체의 인력현황은? (현재 인원을 기준으로 표기바람)

[단위: 명]

구분	조합원수	비조합원수	외부아웃소싱		비정규직	
			파견	용역	계약직	합계
사무·관리직 인력						
기술·전문직 인력						
단순노무인력						
총합계						

5. 현재 시행되고 있는 필수유지업무에 대하여 어느 정도 알고
   있는지 한 가지만 고르시오. (   )
   ① 잘 알고 있다.
   ② 어느 정도 알고 있다.
   ③ 보통이다.
   ④ 잘 모르고 있다.
   ⑤ 전혀 모르고 있다.

6. 필수유지업무에 대하여 알게 된 경위는 무엇인지 한 가지만
   고르시오. (   )
   ① 언론보도 등 매스컴을 통하여
   ② 노동부 각 지청에서 실시한 교육을 통하여
   ③ 신문·전문잡지를 구독하여
   ④ 전문가의 자문 등으로
   ⑤ 스스로 공부하여

7. 필수유지업무의 협정체결을 위한 현재 교섭 진행상태는 어떠
   한지 한 가지만 고르시오. (   )
   ① 당사자간에 의견을 교환하는 정도에 불과하다.
   ② 필수유지업무 체결의견서를 작성하여 교섭을 하려고 준비 중이다.
   ③ 전혀 당사자간에 의견대립으로 진행이 되지 않고 있다.
   ④ 점차적으로 시간을 가지고 설득하여 체결하고자 한다.

⑤ 원만히 체결하기로 합의하였다.

8. 필수유지업무의 협정체결이 노사간에 자율적으로 체결되지 아니하고 있다면 실질적인 교섭이 이루어지지 못하고 있다면 교섭미진사항과 그 이유는 적으시오. 교섭미진사항 (예시): 상대방의 교섭태도, 형식적인 논의, 자료제공의 부족, 등

교섭미진사항	교섭미진의 이유

9. 필수유지업무협정을 체결하였거나 체결 중에 있는지 고르시오 (　　　)

① 있다.(9 - 1, 질문으로 가세요)

② 진행 중이다.

③ 없다.

9 - 1. (9.①에서 체크한 응답자) 필수유지업무의 협정체결을 위해 처음 교섭을 개시한 이후 최종적으로 협정체결 시까지 교섭기간(교섭정지상태에 있었다면 해당기간도 포함)은 얼마나 소요되었는지 적으시오.　　　　　(　　　　　)일

9 - 2. 필수유지업무협정을 위하여 노사간에 교섭을 한 횟수는? (　　)
① 1회　② 2회　③ 3회　④ 4회　⑤ 5회 이상

10. 필수유지업무의 협정체결을 위하여 우선적으로 고려하는 사항이 무엇인지 1, 2, 3순위까지 표기하여 주세요.

1순위 (　　　), 2순위 (　　　), 3순위 (　　　)

① 파업의 실효성

② 국민의 공중생활에 미치는 불편

③ 사업의 정상적 운영

④ 근로자의 권익증진

⑤ 기타 (　　　　　　　　　　　　)

11. 필수유지업무협정의 체결을 위해 상대방과 교섭을 하게 된다면, 귀 회사에서 교섭수준으로 희망하는 노동조합의 지부와 교섭하기를 원하는 이유는 무엇인지 한 가지만 고르시오.

(　　　　　)

① 각 기업별 사업장의 특성이 다르기 때문에 일률적으로 교섭하는 것은 현실과 차이가 있다.

② 업종별 산별조합으로 구성되어 있더라도 지부단위 노동조합이 회사실정을 가장 잘 알기 때문이다.

③ 상급단체의 간부가 교섭하는 경우 현장의 노동조합의견을 반영하기가 어렵다.

④ 단체교섭과 달리 필수유지업무의 협정은 쟁의행위시에 지켜야 할 원칙이므로 반드시 상급단체가 간여할 필요가 없다고 생각한다.

⑤ 지부단위에서 교섭하면 보다 현실성과 구체적이 있는 교섭안
   을 체결할 수 있다.

12. 귀 노동조합에서 사용자와 필수유지업무의 협정을 교섭할 때
    상급단체에 위임하고자 하는 이유는 무엇인지 한 가지만 고
    르시오. (   )
① 사용자가 유리하게 일방적으로 교섭안을 관철할 우려가 있기
   때문에.
② 교섭과정에서 지부단위의 교섭만으로 노동조합의 주장을 관
   철하기가 곤란하므로.
③ 사용자가 형식적으로 교섭을 응하는 척하며 해태하기 쉬우므로
④ 상급단체 노동조합의 지침에 의하여.
⑤ 사용자의 회유 등으로 노동조합의 자율권이 침해될 여지가
   있으므로.

13. 필수유지업무의 협정을 체결하는 과정에서의 노사간에 대립
    되는 사항이나 애로점이 있다면 그 원인은 무엇인지 한 가지
    만 고르시오. (   )
① 법제도적 미비사항으로 인한 갈등
② 쟁점사항에 대한 이해부족
③ 양보하려는 태도의 부족
④ 쟁점사항에 대한 명확한 근거자료의 부족
⑤ 노사간 이해관계의 대립

14. 노동조합과 사용자간에 필수유지업무의 협정체결을 하게 된
    경위를 알고자 합니다. 귀사에서 필수유지업무에 대하여 교
    섭을 하였다면 교섭방식과 주요쟁점은 무엇이며, 교섭결과는
    어떠하였는지 3가지만 적으시오.(예시: **교섭방식**은 전체교섭,
    실무교섭, **교섭사항의 주요쟁점**은 필요인원에 대한 인력대체
    방법 및 교대근로, **교섭결과**는 반영 또는 부분반영 등으로
    표기)

교섭방식	교섭사항의 주요쟁점	교섭결과

15. 필수유지업무의 직종별 대상직무(관제, 전기, 등), 필요인원
    (필요인원/현재인원)을 산정하게 된다면, 산정기준(예: 작업
    량, 가동율, 등)은 무엇인지요?

대상직무					
필요인원					
필요인원의 산정기준					

16. 필수유지업무의 협정을 체결한다면 직종별 대상직무에 대한
    유지수준을 얼마로 생각하며, 그 주장의 이유는 무엇인지 적
    으시오.(주의: 유지수준과 가동률은 서로 다름)

필수유지업무의 대상직무	필수유지업무의 유지수준	필수유지업무의 유지수준에 대한 주장 이유

17. 필수유지업무의 유지율을 결정한다면 해당 사업의 업무성격을 고려 무엇을 유지기준으로 선택하여 산정해야 하는지요? (유지기준은 혼잡도, 운행율, 교통의 대체성 등이 있으나, 가급적 산술적 수치로 표기할 수 있는 것이 바람직함).

유지기준	유지기준으로 해야 하는 이유

18. 지방노동위원회에 필수유지업무의 결정신청을 하게 된다면 그 이유는 무엇인지 적합한 것에 대하여 ○, × 표기를 하시오.

(1) 필수유지업무에 대한 명확한 전문지식이 없기 때문에(   )

(2) 지방노동위원회가 결정하면 노사간에 부담감이 없기 때문에.

(   )

(3) 노동조합 또는 경영자간에 이해관계의 조정이 어렵기 때문에.

(   )

(4) 협정체결을 잘못하면 책임을 추궁당할 염려가 있기 때문에.

(   )

(5) 지방노동위원회가 공정하게 결정해 줄 수 있다고 믿기 때문에.

(   )

19. 필수유지업무협정이나 유지율의 결정이 있는 경우 필요인원 이외에 대체인력을 산정방법에 대한 질의 중 적합한 것에 대하여 ○, × 표기를 하시오.

(1) 필수유지업무의 해당부서에 조합원이 없다면 파업시 대체인

력을 고려할 필요가 없다.(   )

(2) 필수유지업무의 직종에 조합원이 일부라도 있다면 파업시 대
    체인력을 고려하여야 한다.(   )

(3) 해당부서에 조합원과 비조합원이 있다면 파업시 조합원만이 참
    여하므로 대체인력은 조합원을 기준으로 산정하여야 한다.(   )

(4) 대체인력의 산정은 필수유지업무의 해당부서에 대한 비조합
    원을 포함한 현재인원을 기준으로 대체인력을 산정하여야 한
    다.(   )

(5) 필수유지업무의 해당부서에 대한 대체인원은 노사당사자가
    합의하여 정하여야 한다.(   )

20. 필수유지업무협정이나 유지율의 결정이 있는 경우 대체인력
의 조달방법에 대한 질의입니다. 아래의 사항을 기입하여 주시오.

대체근로시 필요한 인원	대체근로의 조달방법	대체근로를 투입하는데 필요한 시간	대체근로에 불가능한 경우 그 이유

21. 필수유지업무를 교섭을 하였거나 교섭을 하게 된다면 필수유
    지업무협정서에 명시할 사항 중 **필수적 명시사항과 임의적
    명시사항**을 구분하다면 그 내용은 무엇인지요?

필수적 명시사항	임의적 명시사항

22. 필수유지업무에 대하여 일방 또는 쌍방의 신청이 있는 경우
필수유지업무에 대한 자율교섭을 위한 법적 장치로서 필요한
사항으로서 적합한 것에 대하여 ○, × 표기를 하시오.

(1) 필수유지업무의 교섭을 성실히 하도록 하기 위하여 지방노동
위원회에 교섭을 위한 사전신고제도를 마련할 필요가 있다.
(   )

(2) 교섭이 미진한 채로 필수유지업무의 결정신청을 한 경우 지
방노동위원회가 일정기간을 정하여 교섭이행명령을 할 수 있
도록 하여야 한다.(   )

(3) 필수유지업무의 교섭을 태만히 한 경우에는 과태료부과 등
제재수단이 필요하다.(   )

(4) 필수유지업무의 성실교섭은 이전협약의 만료일 이전 90전에
협의하여야 한다.(   )

(5) 필수유지업무의 자율교섭이 미진한 경우에도 노사당사자는
지방노동위원회에 결정신청을 할 수 있어야 한다.(   )

23. 필수유지업무를 당사자간에 협정하도록 하고 있으나, 중요자
료에 대하여 상대방이 자료를 제공하지 아니하여 실질적인
논의를 할 수 없는 문제점이 있습니다. 이를 개선하기 위한
방안으로 적합한 것에 대하여 ○, × 표기를 하시오.

(1) 상대방에 대하여 필수유지업무의 유지·운영수준 및 필요인
원에 대한 자료제공을 요청할 수 있는 법적 장치가 필요하

다.(   )

(2) 노사당사자가 각각 제출한 필수유지업무에 대한 자료를 상대방에게 제공할 수 있도록 하는 법적 근거를 마련하여야 한다.(   )

(3) 필수유지업무에 대한 자료제공의 범위는 필요한 최소범위내로 제한할 필요가 있다.(   )

(4) 자료제공은 법으로 강제하기보다 협조를 요청하는 수준으로 정해야 한다.(   )

(5) 지방노동위원회를 통한 자료공개신청을 위해 노사당사자가 자율적인 협정체결을 하는 단계부터 필수유지협정에 관한 사전신고 및 관련자료를 제출하도록 해야 한다.(   )

24. 필수유지업무에 대한 지방노동위원회의 결정권한에 대한 개선방안으로 적합한 것은 적합한 것에 대하여 ○, × 표기를 하시오.

(1) 필수유지업무의 결정은 신청한 날로부터 60일 이내에 결정하여야 한다.(   )

(2) 필수유지업무의 결정신청 후 지방노동위원회의 자율교섭명령에 따라 성실히 이행하지 아니하는 경우에는 직권에 의해 즉시 필수유지업무에 관한 결정에 착수하여야 한다.(   )

(3) 필수유지업무의 협정체결을 정당한 이유 없이 거부하거나 태만히 한 경우에는 이를 이유로 지방노동위원회에서 결정신청을 할 수 있어야 한다.(   )

(4) 지방노동위원회의 이행명령 및 권고명령을 위반한 경우 과태료처분 등 제재수단이 필요하다.(   )

(5) 지방노동위원회는 필수유지업무의 결정에 필요한 문서제출명
령, 등 법적 권한을 강화하여야 한다.(   )

25. 필수유지업무의 협정체결과 관련하여 효력기간은 얼마로 정
하는 것이 타당한지요? (   )
① 당사자가 합의하여 자유로이 정하여야 한다.
② 단체협약의 효력기간과 같이 2년의 기간을 정하여야 한다.
③ 2년 이내의 기간을 정하여 자유로이 정할 수 있도록 해야 한다.
④ 원칙적으로 2년, 특별한 사정이 있으면 개정할 수 있도록 해
야 한다.
⑤ 1년으로 하고 연단위로 갱신할 수 있도록 해야 한다.

26. 필수유지업무의 협정체결과 관련하여 제도적 미비점이 있다
면 의견을 기술하여 주시오.(예: 필수유지업무협정의 체결기
한, 상대방에게 자료제공을 요청할 수 있는 범위 등)

제도적 미비점	이유
(1)	
(2)	
(3)	

27. 필수유지업무의 조기정착을 위하여 노사 당사자에게 필요한
제도적 지원방안은 무엇인지, 생각나는 대로 적으시오.(예: 자율교
섭을 지원하기 위한 지방노동위원회의 행정지도, 교섭미진을 이유
로 한 교섭명령권의 발동 등)

순위	제도적 지원방안
1	
2	
3	

Ⅴ. 필수유지업무의 제도적 미비점을 보완하기 위한 질문입니다 (노사공통).

28. 다음은 노동조합및노동관계조정법 제42조의6에 규정내용입니다.

제42조의6(필수유지업무 근무 근로자의 지명) 노동조합은 필수유지업무협정이 체결되거나 제42조의4제2항의 규정에 따른 노동위원회의 결정이 있는 경우 사용자에게 필수유지업무에 근무하는 조합원 중 쟁의행위기간 동안 근무하여야 할 조합원을 통보하여야 하며, 사용자는 이에 따라 근로자를 지명하고 이를 노동조합과 그 근로자에게 통보하여야 한다. 다만 노동조합이 쟁의행위 개시 전에 이를 통보하지 아니한 경우에는 사용자가 필수유지업무에 근무하여야 할 근로자를 지명하고 이를 노동조합과 그 근로자에게 통보하여야 한다.

위와 관련하여 필수유지업무협정에 따라 근무자의 지명이나 명단을 통보에 있어 분쟁이 발생하는 경우 노동위원회가 시정명령을 할 수 있는 법적 장치를 마련한다면 신청사유로서 적합한 것에 대하여 ○, × 표기를 하시오.

(1) 사용자가 근로자의 명단을 지명하는 방법에서의 남용여지가 있는 경우·(   )

(2) 파업개시 전 일정시간까지 노동조합이 명단을 통보하지 아니하여 사용자가 근무자를 지명하기에 기일이 촉박한 경우·(   )

(3) 노동조합이 근무자의 명단을 통보하려고 하나 파업참가자와 근무자간에 갈등이 생길 우려가 있는 경우·(   )

(4) 파업참가자가 적은 상태에서 참여자만을 근무자로 지명하는 경우.(　　)

(5) 쌍방이 근무자의 명단을 통보하거나 지명하지 아니한 경우.(　　)

29. 노동조합 및 노동관계조정법 제42조의4 제1항에 의하면, [노동관계당사자 쌍방 또는 일방은 필수유지업무협정이 체결되지 아니하는 때에는 노동위원회에 필수유지업무의 필요 최소한의 유지·운영수준, 대상직무 및 필요인원 등의 결정을 신청하여야 한다] 고 규정하고 있고 제2항에 의하여 노동위원회의 결정은 특별조정위원회가 담당하고 있습니다.

※ 아래의 사항은 필수유지업무의 협정체결을 위한 노동위원회에 결정과정에서 제기될 수 있는 제도적 미비점이며, 만약 제도적으로 개선할 필요가 있다고 생각하는 사항에 대하여 ○, × 표기를 하시오.

(1) 필수유지업무의 교섭태만을 이유로 지방노동위원회가 결정신청을 반려할 수 있다.(　　)

(2) 필수유지업무의 교섭태만이나 미진을 이유로 한 노동위원회의 행정지도가 필요하다.(　　)

(3) 필수유지업무의 결정신청시 당사자의 일방 또는 쌍방이 정당한 이유 없이 출석하지 아니한 경우 지방노동위원회가 직권으로 결정하는 권한이 필요하다.(　　)

(4) 필수유지업무의 결정신청에 대한 처리기한은 지침이 아닌 법률 또는 대통령령으로 정해야 한다.(　　)

(5) 필수유지업무의 결정신청을 한 경우에 지방노동위원회는 당

사자가 정하지 아니한 효력기간 등 필수업무의 유지에 필요
한 사항을 결정할 수 있어야 한다.(   )

(6) 필수유지업무의 협정체결후 사업체의 분할 또는 매각되거나
사업의 개편 등으로 특별한 사정이 있는 경우 그 갱신을 이
유로 한 결정신청을 다시 할 수 있어야 한다.(   )

(7) 당사자의 일방이 필수유지업무의 효력협정에 대한 개정이나
특별한 사정을 이유로 변경을 요구하였으나, 상대방이 정당
한 이유 없이 거부하는 경우에도 해당부분을 보완하기 위한
결정신청을 할 수 있어야 한다.(   )

(8) 필수유지업무의 결정을 신청하였으나, 쟁의조정성립과 병행
하여 일방이 결정신청을 철회하여 달라고 하는 경우에는 노
동위원회가 그 결정신청을 반려하여야 한다.(   )

(9) 필수유지업무의 결정신청을 하였으나, 당사자가 합의하여 철
회를 신청한 경우에는 노동위원회는 이를 반려할 수 있어야
한다.(   )

(10) 노동위원회의 결정과정은 일반적 조정절차와 다른 특성을
지니므로 이에 대한 절차적 개선이 필요하다.(   )

Ⅵ. 필수유지업무의 입법적 문제점의 개선을 위한 질의사항입니다.

30. 필수유지업무의 협정체결을 한 업종에 대하여 대체근로를 금
지하고 있으나, [파견근로자보호등에 관한 법률]과 관련하여
예상되는 문제점이 있다면 그 이유는 무엇인지요?

관계법령	허용여부(개정의 필요성)
(1) 사용자는 쟁의행위 중에 그 중단된 업무의 수행을 위하여 근로자를 파견하는 것을 금지(노동조합 및 노동관계조정법 제43조제1항)하는 경우 법적 충돌여부의 문제	
(2) 파견사업주는 쟁의 중인 사업장에 그 쟁의행위로 중단된 업무의 수행을 위하여 근로자를 파견하여서는 아니 된다(파견근로자보호등에 관한 법률 제16조제1항)고 한 경우 법적 효력문제	

31. 필수유지업무의 대상직무의 범위, 유지수준, 필요인원, 지방노동위원회의 결정권, 기타 법제도 개선을 위한 필요한 사항이 있다면 생각나는 대로 적으시오.(예: 필수유지업무의 대상직무에 중환자실만으로 한정할 것인지, 아니면 중환자의 구별하여 포함시킬 것인지 등 현안문제의 개선)

개선요구사항	개선해야 할 이유
(1)	
(2)	

[사례1]

중 앙 노 동 위 원 회
재 심 결 정 서

사 건	중앙2008필수36
	학교법인 ○○학원 K대학교의료원
	필수유지업무결정 재심신청
노 동 조 합	전국보건의료산업노동조합
	서울 영등포구 영등포동7가 94－14 우성빌딩 2층
	위원장 ○○○
(재심신청인)	
사 용 자	학교법인 ○○학원 K대학교의료원
	서울 성북구 안암동 5가 126－1 대표자 ○○○

위 당사자간 필수유지업무 유지·운영 수준 등 결정에 대한 재심신청사건에 관하여 우리 위원회는 이를 심의하고 주문과 같이 결정한다.

주　　문

이 사건 노동조합의 재심신청을 기각한다.

초 심 주 문

【서울지방노동위원회 2008. 7. 21. 결정 2008필수8】

학교법인 ○○학원 K대학교의료원의 병원별 필수유지업무 유지·운영수준, 대상직무 및 필요인원에 대하여 별지와 같이 결정한다.

재 심 신 청 취 지

서울2008필수8 결정은 위법, 월권이므로 이를 취소한다 라는 결정을 구하는데 있다.

이　　유

1. 당사자

가. 노동조합

전국보건의료산업노동조합(이하 '노동조합'이라 한다)은 1998. 2. 27. 설립된 전국단위 산업별노동조합으로 전국 130여개 지부, 40,000명의 조합원이 소속되어 있는 노동조합으로 K대학교 의료원지부 소속 조합원은 2,008명이다.

나. 사용자

학교법인 ○○학원 K대학교의료원(이하 '사용자'라 한다)은 서울특별시 성북구 안암동 5가 126 – 1번지에 고려대학교의료원을 두고 상시근로자 4,776명을 고용하여 병원사업을 경영하는 자이다.

2. 재심신청에 이른 경위

가. 이 사건 사용자는 이 사건 재심신청인 노동조합과 노동조합 및 노동관계조정법(이하 '노조법'이라 한다) 제42조의3 규정에 따라 필수유지업무협정 체결을 위하여 2008. 5. 16. 1차 교섭(상견례), 같은 해 6. 27. 4차 교섭을 진행하였으나 결정신청일 현재까지　협

정을 체결하지 못하였다.

나. 이 사건 사용자는 이 사건 재심신청인 노동조합이 2008. 7. 7. 중앙노동위원회에 노동쟁의 조정신청을 제기하자 노동조합의 파업가능성을 이유로 같은 해 7. 10. 서울지방노동위원회(이하'초심지노위'라 한다)에 노조법 제42조의4 제1항에 따라 필수유지업무 유지·운영수준 등의 결정을 신청하였다.

다. 초심지노위는 2008. 7. 21. 이 사건 사용자의 K대학교의료원에 대한 필수유지업무 유지·운영수준, 대상직무 및 필요인원에 대하여 결정하였다.

라. 이 사건 노동조합은 2008. 7. 21.에 초심지노위로부터 결정서를 송달받고, 이에 불복하여 같은 해 7. 31. 우리 위원회에 재심을 신청 하였다.

3. 당사자의 주장

가. 노동조합(재심신청인)의 주장요지

(1) 필수유지업무제도는 헌법상 기본권인 단체행동권을 사전적으로 금지함으로써 단체행동권을 본질적으로 침해하고 있고, 필수유지업무의 내용을 시행령에 위임함으로써 기본권 제한에 관한 법률주의 원칙에 위반되며, 필수유지업무에 대해 "공중의 일상생활을 현저히 위태롭게 하는 업무", "정당한 유지·운영" 등은 개념이 애매하고 불명확하여 명확성의 원칙에 위배되고, 쟁의행위 전체를 금지하고 위반행위에 대해 형사처벌을 규정한 것은 목적에 비추어

과도한 처벌이므로 비례의 원칙에 위배되는 등 필수유지업무 제도가 제 법상 원칙에 위배되어 위법하다.

(2) 노조법 제42조의4 제2항 규정에 의하면 노동위원회는 필수유지업무의 필요최소한의 유지·운영수준, 대상직무 및 필요인원 등을 결정하여야 함에도, 초심지노위는 유지·운영수준을 100%로 결정하는 등 필수유지업무별 유지·운영수준이 동 법에서 정한 필요최소한의 업무범위를 초과한 결정이기에 위법하다. 필수유지업무제도는 일상시기가 아닌 파업이라는 예외적 시기를 상정하고 대비하기 위한 제도이므로 유지·운영수준은 야간당직을 기준으로 하여야 함에도 초심지노위의 결정은 일상시기의 정상적 운영을 전제로 한 수준으로 법에서 명시한 필요 최소한의 범위를 초과하였으므로 위법 부당하며, 노사자율 타결된 사업장의 사례를 전혀 반영하지 않은 점은 현실을 무시한 결정이다.

(3) 필수유지업무 유지·운영수준 결정시 대체근로와 의사의 업무대체성을 고려하지 아니한 것은 위법 월권이다

(4) 직종별 필요인원을 명시함에 따라 유지·운영수준보다 더 높은 필요인원이 유지되도록 하였고, 노조법에 명시된 업무에 해당되지 않는 직무인원까지 대상인원으로 포함하였고, 또한 병원 종류별 등급차이를 무시하고 2차 병원인 ○○병원을 3차병원과 동일한 유지·운영수준으로 결정 한 것 등은 위법 월권이다.

(5) 경기지방노동위원회 관할에 속하는 ○○병원에 대해 초심지노위가 결정한 것은 절차상 위법하다.

(6) 노조법 시행령상 명시되어 있지 않은 병동(무균병동, 혈액종양내과병동)을 포함하여 결정한 것은 위법 월권이다.

(7) 배제요청 한 공익위원을 특별조정위원회 위원으로 구성한 것은 절차상 위법이다.

(8) 노사 자율협정 체결 노력 없는 일방적 신청에 의한 결정, 상급자의 지휘 없는 사건조사 및 공문서 전결처리, 결정사건 절차 미비로 인한 자료열람권의 박탈, 급박한 사건조사 일시 통보 및 사건조사 내용의 부실로 인해 불공정한 결정 유도, 당일 현장조사 실시 통보 및 사용자 일방적인 현장조사 실시, 사건처리 기간 미명시 등은 절차상 위법하다. 또한, 일방적으로 피신청인에게 수정 추가자료요청, 불확실한 근거자료에 의한 일방적 주장에 의한 결정, 일방적으로 사용자측 업무 담당자들로부터 업무 처리절차에 대한 설명을 듣는 등 월권적 결정을 하였고, 초심지노위가 '업무의 중요성을 감안하여'라는 추상적 문구로 유지·운영수준 결정을 한 것은 행정법상 규제처분에 대한 명확성의 원칙에 위배된다.

이와 같이 초심지노위는 위법·월권적 결정을 하였으므로 취소되어야 한다.

나. 사용자의 주장요지

노동위원회의 필수유지업무 유지·운영수준 등 결정에 대한 재심판단의 범위는 당해 결정에 위법 또는 월권의 판단이 존재하는지 여부에 한정된다. 즉, 결정에 있어 관련 법률을 명시적으로 위반한 부분이 있는지 여부 및 결정대상의 범위를 초과한 부분이 있는지 여부가 판단되어야 할 것이며, 결정수준이 "어느 일방의 주장에 편향되었다", "파업권이 침해되었다", "타 사업장에 비하여 수준이 높다" 등과 같은 단순한 유·불리에 대한 주장은 판단 대상에서 제외되어야 할 것이다.

초심지노위는 노조법 시행령 제22조의2 별표1에 따라 필수유지업무를 결정하였고, 대상직무 결정과 관련하여 필수유지업무의 실질적인 운영현황 등을 충분히 조사·검토하여 대상직무를 정하였는 바, 위법 또는 월권적 사항이 존재하지 않는다. 그러나 중환자 치료업무와 관련하여 중환자실 이외 일반병동에서도 중환자 치료업무가 이루어지고 있고 중앙공급실 업무가 수술업무와 밀접하게 연관되어 있다는 점을 인정하면서도 오히려 대상직무의 범위에서 제외하였다. 따라서 필수유지업무 종류 및 대상직무에 대한 초심지노위의 결정에는 위법 또는 월권의 요소가 존재하지 않는다.

필수유지업무 종류 및 대상직무 결정이 적법하고 유지율 결정에 있어 당사자의 주장을 초과하는 부분이 존재하지 않는 한, 필수유지업무별 유지운영 수준에 대한 판단은 초심지노위의 재량권 범위 내에 있는 것으로 재심판단의 대상이 되지 않으며 초심지노위는 충분한 자료검토와 조정회의 등을 거쳐 당 의료원의 필수 유지업무 유지·운영수준을 당 의료원에서 주장했던 것보다 낮은 수준에 결정하였는바, 당 의료원 필수유지업무 유지·운영수준에 대한 초심지노위의 결정은 위법 또는 월권에 해당 하지 않는다.

4. 판단

이 사건 필수유지업무 재심신청에 관한 당사자의 주장, 전문가

의견청취, 현장조사, 우리 위원회에 제출한 자료 등을 종합하여 다음과 같이 판단한다.

노조법 제42조의3에 따른 필수유지업무협정이 체결되지 아니한 경우 노동관계 당사자의 쌍방 또는 일방의 신청에 의하여 노동위원회가 같은 법 제42조의4 제2항에 따라 사업 또는 사업장별 필수유지업무의 특성 및 내용 등을 고려하여 필수유지업무의 필요 최소한의 유지·운영수준, 대상직무 및 필요인원 등(이하 '필수유지업무 유지·운영수준 등'이라 한다)을 결정할 수 있으며 노동관계 당사자는 초심지노위의 결정이 위법이나 월권에 의한 것이라고 인정되는 경우에 같은 법 제42조의4 제5항에 따라 재심신청 할 수 있다.

여기서 불복사유인 위법 또는 월권이라 함은 중재재정의 절차가 위법하거나 그 내용이 근로기준법 위반 등으로 위법한 경우 또는 당사자 사이에 분쟁의 대상이 되어 있지 않은 사항이나 정당한 이유 없이 당사자간의 분쟁범위를 벗어나는 부분에 대하여 월권으로 중재재정을 한 경우를 말하고, 중재재정이 단순히 노사어느 일방에게 불리하거나 불합리한 내용이라는 사유만으로는 불복이 허용되지 않는다〔대법원 2007.4.26 선고 2005두12992 판결 등〕

따라서 본 재심신청 건에 있어서도 초심지노위의 필수유지업무 유지·운영수준 등에 대한 결정에 위와 같은 위법 또는 월권이 있는지를 판단하여야 할 것이다.

(1) 필수유지업무제도가 위법하다는 주장에 대하여,

노동위원회는 노조법 제42조의4 제2항에 따라 필수유지업무의 필요 최소한의 유지·운영수준, 대상직무 및 필요인원 등을 결정할 수 있을 뿐이며, 같은 법 제42조의4 제5항에 따라 초심지노위 결정에 대해서만 재심을 신청할 수 있으므로 필수유지업무제도가 위법하다는 주장은 재심 대상이 아니다.

(2) 필수유지업무 유지·운영수준이 필요 최소한의 범위를 초과한 결정이므로 위법하고 유지·운영수준을 야간당직을 기준으로 결정해야 한다는 주장에 대하여,

필수유지업무 제도의 취지는 종전의 필수공익사업의 직권중재제도가 일률적으로 쟁의권을 제한함으로써 쟁의권을 과도하게 제한하고 있다는 논란에 따라 이를 폐지하고, 필수공익사업의 경우에도 쟁의행위를 허용하되, 필수공익사업의 업무 중 그 업무가 정지되거나 폐지되는 경우 공중의 생명·건강 또는 신체의 안전이나 공중의 일상생활을 현저히 위태롭게 하는 업무를 필수유지업무로 정하고, 그 필수유지업무의 정당한 유지·운영을 정지·폐지 또는 방해하는 행위는 쟁의행위로서 이를 행할 수 없도록 하고 있다. 따라서 노조법 시행령에서 정한 필수유지업무에 한해서 쟁의권을 제한할 수 있도록 함으로서 종전의 직권중재제도와 달리 쟁의권과 공익을 적절히 실현시킬 수 있는 제도라 할 수 있다.

노동관계 당사자는 쟁의행위기간 동안 필수유지업무의 정당한 유지·운영을 위하여 필수유지업무협정을 서면으로 체결하여야 하고 협정이 체결되지 아니하는 때에는 노동위원회에 결정을 신청할 수 있으며, 신청을 받은 노동위원회는 쟁의행위 기간동안 필수유지업무가 정당하게 유지·운영되도록 공중의 생명·건강, 신체의 안전 또는 공중의 일상생활에 미치는 영향을 감안하고 공익과 쟁의권을 조화시킬 수 있는 범위 내에서 필수유지업무의 필요 최소한

의 유지·운영 수준 등의 결정을 하여야 할 것이다.

초심지노위는 결정을 함에 있어 응급의료에 관한 법률 제2조 제2호에 따른 응급의료업무의 중요성(응급의료업무), 환자의 생명과 건강에 직결되는 업무의 중요성(중환자 치료업무), 신청인 병원의 분만건수(분만업무), 대형 종합병원으로서 큰 수술 및 중요한 수술이 수시로 이루어지는 점(수술업무), 투석환자 대부분이 신청인 병원에서 주기적인 치료를 받고 있는 점(투석업무), 수술업무와 밀접하게 연계되어 있는 점(마취업무), 업무의 특성(진단검사업무)과 업무의 중요성을 고려한 점(응급약제업무), 전체 환자식 중 치료식이 차지하는 비중(치료식환자급식), 비상시에도 응급환자·중환자·수술환자 등을 위해 유지되어야 하는 점(산소공급, 비상발전 및 냉난방업무)등을 감안하여 유지·운영 수준 등을 결정하였는 바, 결정 내용을 구체적으로 살펴보면 전체근로자 4,776명 중에서 노조법 시행령에서 정하여 쟁의행위가 제한될 수 있는 필수유지업무 종사근로자(대상인원)는 1,572명(K대학교 ○○병원 578명, K대학교 ○○병원 564명, K대학교 ○○병원 430명)으로 32.9% 수준이며, 대상인원 중에서 쟁의행위 기간 동안 근무하여야 할 필요인원을 1,278명(K대학교 ○○병원 472명, K대학교 ○○병원 453명, K대학교 ○○병원 353명)으로 결정하였다. 따라서 초심지노위가 필수유지업무의 특성 및 내용 등을 고려하여 각 필수유지업무의 유지·운영수준을 별지와 같이 결정한 것은 사업 또는 사업장 전체적으로 볼 때 공중의 생명, 건강 등 공익과 쟁의권이 조화를 이룰 수 있는 범위 내에서 쟁의행위 기간동안 필수유지업무가 정당하게 유지·운영되도록 필요 최소한의 유지·운영수준을 결정한 것으로 보이므로 법에서 정한 필요 최소한의 업무범위를 초과했다는 주장은 이유 없다. 또한 필요 최소한의 유지·운영수준은 평상시와 같은 노무제공을 전제로 하여 결정하는 것이므로 야간당직을 기준으로 하여야 한다거나 노사자율로 타결된 사업장의 사례를 반영하여야 한다는 주장도 이유가 없다.

(3) 필수유지업무 유지·운영수준 결정시 대체근로 및 의사의 업무대체성을 고려하지 아니한 것은 위법·월권이라는 주장에 대하여, 필수유지업무 유지·운영수준은 종사근로자가 평상시와 같은 노무제공을 전제로 하여 결정하는 것으로써 쟁의행위기간동안 당해 필수유지업무에 종사하는 비조합원의 근로제공을 전제로 하고 있고, 대체근로 사용을 포함하지 않은 상태에서 노동조합과 필수유지업무 수행 조합원에게 유지의무가 부과되는 수준이라 할 수 있다. 따라서 노조법 제43조 제4항에 따라 쟁의행위 개시 이후에 사용자의 경영상 판단에 의하여 투입여부가 결정되는 대체근로를 고려해야 한다는 주장은 이유가 없다. 또한 의료법 제2조 제2항 규정을 살펴보면 의사와 간호사는 그 본연의 임무가 다름을 알 수 있으므로 의사의 업무대체성을 고려해야 한다는 주장도 이유가 없다.

또한, 판단(2)에서 살펴본 바와 같이 초심지노위는 쟁의행위 기간 동안 필수유지업무가 정당하게 유지·운영되도록 필수유지 업무의 특성 및 내용 등을 고려하여 필요 최소한의 유지·운영수준 등을 결정하였으므로 위 노동조합의 위법·월권 주장은 이유 없다.

(4) 직종별 필요인원을 명시함에 따라 유지·운영수준보다 더 높은 필요인원이 유지되도록 하였고, 노조법에 명시된 업무에 해당되지 않는 직무인원까지 대상인원으로 포함하였고, 2차 병원인 안산

병원을 3차 병원과 동일한 유지·운영수준으로 결정한 것 등은 위법 월권이라는 주장에 대하여,

필요인원은 필수유지업무 유지·운영수준을 유지하기 위하여 쟁의행위 기간동안 근무하여야 할 인원으로 초심지노위 기록을 살펴보면 노조법 제42조의4 제2항에 따라 필수유지업무의 특성 및 내용 등을 고려하여 필요인원을 결정한 것임을 알 수 있다. 특히, 초심지노위는 병원사업 특성상 대상직무에 담당하는 직종(간호사, 임상병리사 등)이 구분되어 있고 직종 간 업무수행영역이 분명한 특성을 고려하여 직종별로 필요인원을 결정한 것으로 보이므로 필요인원을 직종별로 구분·결정하여 유지·운영수준보다 더 높은 필요인원이 유지되도록 사용자에게 유리한 결정을 하였다는 주장은 이유 없다.

그 외에 노동조합은 필수유지업무 범위에 해당하지 않는 직무인원까지 대상인원으로 포함하여 결정하였기 때문에 위법 또는 월권이라고 주장하나, 초심지노위 기록을 살펴보면, 노조법 시행령 제22조의2 별표1 필수유지업무 범위 내에서 전체 환자식 중 치료식이 차지하는 비중(치료식 환자급식), 비상시에도 응급환자, 중환자, 수술환자 등을 위해서 업무가 유지되어야 하는 점(산소공급, 비상발전 및 냉난방업무) 등 지원업무의 특성 및 내용을 감안하여 대상직무 및 필요인원 등을 결정한 것을 알 수 있으므로 초심지노위 결정이 위법 또는 월권이 있다고 볼 수 없다.

또한 노동조합은 병원종류별 등급차이를 무시하고 2차 종합병원인 ○○병원을 3차 종합전문요양병원인 ○○·○○병원과 동일한 유지·운영수준으로 결정한 것은 월권이라고 주장하나, 종합전문요

양병원은 의료법 제3조, 국민건강보험법 제40조 제2항과 동법 시행규칙 별표2 등에 의거하여 시설·장비·의료인수·환자의 구성상태·병상수 등을 종합적으로 고려하여 인정여부를 결정 하는 것이고, 필수유지업무 유지·운영수준 등 결정은 노조법 제42조의4 제2항에 따라 사업 또는 사업장별 필수유지업무의 특성 및 내용을 고려하여 유지·운영수준, 대상직무, 필요인원을 결정 하는 것이므로 필수유지업무 유지·운영수준 결정시 병원등급을 고려해야 한다는 노동조합의 주장도 받아들일 수 없다.

아울러 판단(2)에서와 같이 초심지노위는 쟁의행위 기간동안 필수유지업무가 정당하게 유지·운영되도록 필수유지업무의 특성 및 내용 등을 고려하여 필요최소한의 유지·운영수준 등을 결정하였으므로 위 노동조합의 위법·월권 주장은 이유 없다.

(5) 경기지방노동위원회 관할에 속하는 안산병원에 대해 초심지노위가 결정한 것은 절차상 위법하다는 주장에 대하여,

노동위원회법 제3조 제2항의 규정에 의하면 지방노동위원회는 당해 관할 구역에 발생하는 사건을 관장하되, 2 이상의 관할 구역에 걸친 사건(제1항 제2호의 조정사건은 제외)은 주된 사업장의 소재지를 관할하는 지방노동위원회에서 관장하도록 규정되어 있다. 고려대학교 의료원은 서울 성북구 ○○동 ○가 126-1 소재 K대학교 ○○병원, 서울 ○○구 구로동길 97 소재 K대학교 ○○병원, 경기 안산시 단원구 ○○1동 516 소재 K대학교 ○○병원으로 구성되어 있으며, 주된 사업장을 서울 성북구 ○○동 5가 126-1인 K대학교의료원으로 보고 그 소재지를 관할하는 초심지노위가 관장한 것을 위법이라고 볼 수는 없다.

(6) 시행령상 명시되어 있지 않은 병동(무균병동, 혈액종양내과 병동)을 포함시키는 위법 월권행위를 하였다는 주장에 대하여,

노조법 시행령 제22조의2 제7호에 의한 "중환자 치료업무"란 중환자에 대한 처치, 주사, 투약업무 등 중환자의 치료를 위한 일련의 업무가 모두 포함된다 할 것이고, 이때 중환자는 의학적 으로 환자의 상태가 위중한 경우를 의미한다고 할 수 있다. 따라서 중환자치료업무를 중환자실에만 한정해야한다는 주장은 타당하지 않으며, 병동의 명칭이나 장소 등을 불문하고 중환자의 치료업무를 수행하고 있으면 "중환자치료업무"로 볼 수 있을 것이다.

초심지노위가 무균병동 입실환자(백혈병, 백혈구감소증 등)의 경우 특수한 관리가 이루어지지 않을 경우 면역력 저하로 인한 세균감염 등으로 생명이 위독해 질 수 있고 혈액종양내과병동 입실환자의 경우 발병 당시부터 말기암 수준으로 분류되는 환자로 항암제 등의 치료가 정지, 폐지되는 경우 생명의 유지에 중대한 영향을 줄 수 있고 질병특성상 중환자실이 아닌 별도의 혈액종양내과병동에서 치료되고 있다는 점 등을 고려하여 이들을 중환자로 보고 인정한 것으로 보이므로 위법 또는 월권이라고 볼 수 없다.

(7) 배제공익위원의 특별조정위원회 참가가 위법하다는 주장에 대하여,

특별조정위원은 노조법 제72조제3항에 따라 노동위원회 공익을 대표하는 위원 중에서 노동조합과 사용자가 순차적으로 배제하고 남은 4~6인 중에서 위원장이 지명하도록 하고 있다. 이 사건의 경우 초심지노위는 노사당사자가 배제하고 남은 4명중 회의참석이 불가능한 2명을 제외한 결과 3명의 특별조정위원회 구성이 어렵게

되자 노사당사자가 후순위로 배제한 위원 중 순차적으로 확인하여 참석이 가능한 위원 1명을 포함하여 특별조정위원회를 구성하였다. 그 후 노동조합은 3차에 걸쳐 개최된 특별조정위원회에 참석하여 의견진술 등을 한 점을 볼 때 노동조합이 특별조정위원회 구성에 관하여 수긍하였던 것으로 볼 수 있다. 또한 특별조정위원회 구성에 있어서 관계당사자의 신청에 의하여 공익위원을 배제하는 절차는 당사자의 주관적 의사에 달린 것으로서 배제신청한 공익위원에게 이해관계 등 객관적으로 결정의 공정을 기대하기 어려운 사유가 있는 지 여부를 불문하고 있는 취지에 비추어 보면 당사자가 배제신청한 공익위원이 특별조정위원으로 지명되었다 하여 결정의 공정성이 현저히 훼손되었다고 단정할 수도 없다. 따라서 재심신청인의 주장은 받아들일 수 없다.

(8) 그 밖에 위법 또는 월권이 있다는 주장에 대하여,

필수유지업무 유지·운영수준 등의 결정은 노조법 제42조의4 제3항에 따라 특별조정위원회가 담당한다고 규정하고 있을 뿐, 필수유지업무결정 신청사건 처리절차, 결정기간 등에 대하여 구체적인 규정을 두고 있지 않다. 따라서 노사당사자간 자율협정 체결 노력 없는 상황에서 어느 일방적 신청에 의하여 결정하였다거나, 상급자의 지휘 없는 사건조사 및 공문서를 전결처리 하였다거나, 자료열람권을 박탈하였다거나, 급박한 사건조사 일시통보 및 사건조사 내용의 부실로 인해 불공정한 결정을 유도하였다거나, 당일 현장조사 일정 통보 및 사용자 일방적인 현장조사를 하였다거나, 업무처리에 소요되는 기간을 명시하지 않았다는 등의 주장은 노조법이 정한 절차 위반으로 보기 어렵다. 또한 3차에 걸쳐 개최된 특별조정위원

회에서 당사자의 주장과 제출된 자료 등을 토대로 유지·운영수준 등에 대한 결정을 하였으므로 일방적으로 피신청인에게 수정 추가 자료를 요청하였다거나, 불확실한 근거 자료에 의한 일방적 주장에 의하여 결정하였다거나, 일방적으로 사용자측 업무담당자들로부터 업무처리절차에 대한 설명을 들었다는 등의 주장도 모두 이유 없다.

그 밖에 초심지노위가 필수유지업무 유지·운영수준 등 결정시 '업무의 중요성을 감안하여'라는 추상적인 문구로 표현한 것에 대하여는 앞의 판단(2)에서 살펴본바와 같이 결정시 노조법 제42조의4 제2항에 따라 필수유지업무의 특성 및 내용을 고려하였음을 알 수 있으므로 행정법상 규제처분에 대한 명확성의 원칙에 반한다고 볼 수 없다..

5. 결론

그렇다면 본 건 초심지노위가 필수유지업무를 결정함에 있어 위법이나 월권이 있었다는 이 사건 노동조합의 주장은 이유 없어 기각하기로 하여 노동조합 및 노동관계조정법 제42조의4 및 노동위원회법 제26조의 규정에 따라 주문과 같이 결정한다.

[별지 초심지노위 결정]

<K대학교 Y병원>

필수유지업무종류	필요 최소한의 유지·운영수준	대상직무	대상인원	필요인원
응급의료업무	100%	응급의료센터간호사	35	35
		응급의료센터간호조무사	3	3
		응급의료센터업무보조원	4	4
		응급의료센터구급차기사	1	1
		응급의료센터사원	5	5
중환자치료업무	100%	내과중환자실간호사	30	30
		내과중환자실업무보조원	10	10
		외과중환자실간호사	30	30
		외과중환자실업무보조원	9	9
		심혈관계중환실간호사	15	15
		심혈관계중환자실업무보조원	3	3
		신생아중환자실간호사	14	14
		신생아중환자실간호조무사	3	3
		무균병동간호사	7	7
		혈액종양내과간호사	14	14
		혈액종양내과업무보조원	1	1
분만업무 (신생아간호포함)	60%	분만실간호사	9	6
		분만실업무보조원	2	2
		신생아실간호사	6	4
수술업무	70%	수술실간호사	46	33
		수술실업무보조원	4	3
투석업무	70%	인공신장실간호사	16	12
		인공신장실업무보조원	1	1
마취업무	70%	마취과간호사	21	15
		마취과간호조무사	1	1

필수유지업무종류	필요 최소한의 유지·운영수준	대상직무	대상인원	필요인원
진단검사업무 (영상검사포함)	70%	진단검사의학과임상병리사	41	29
		진단검사의학과업무보조원	2	2
		진단검사의학과사원	1	1
		병리과임상병리사	8	6
		병리과의료기사	1	1
		병리과사원	1	1
		영상의학과방사선사	40	28
		영상의학과간호사	4	3
		영상의학과업무보조원	9	7
		영상의학과사원	2	2
		핵의학과방사선사	7	5
		핵의학과임상병리사	1	1
		핵의학과업무보조원	1	1
		방사선종양학과방사선사	9	7
		방사선종양학과간호사	1	1
		방사선종양학과간호조무사	1	1
		방사선종양학과사원	1	1
		심혈관센터간호사	9	7
		심혈관센터간호조무사	2	2
		심혈관센터방사선사	3	3
		심혈관센터임상병리사	7	5
응급약제업무	100%	약제팀약사	31	22
		약제팀사원	1	1
		약제팀기술직원	1	1
		약제팀업무보조원	7	3
치료식환자급식업무	70%	영양팀영양사	9	7
		영양팀조리사	2	2
		영양팀 조리·배식원	57	40
산소공급업무	60%	고압가스기사	4	3
		냉동기사	3	2
비상발전 및 냉난방업무	60%	열관리기사	3	2
		공조냉동기사	2	2
		설비기사	2	2
		자동제어기사	4	3
		전기기사	11	7

<K대학교 K병원>

필수유지업무종류	필요 최소한의 유지·운영수준	대상직무	대상인원	필요인원
응급의료업무	100%	응급의료센터간호사	27	27
		응급의료센터업무보조원	4	4
		응급의료센터구급차기사	1	1
		응급의료센터사원	5	5
중환자치료업무	100%	내과중환자실간호사	40	40
		내과중환자실업무보조원	12	12
		외과중환자실간호사	26	26
		외과중환자실업무보조원	8	8
		신생아중환자실간호사	10	10
		신생아중환자실간호조무사	1	1
		신생아중환자실업무보조원	2	2
		무균병동간호사	5	5
		혈액종양내과간호사	18	18
분만업무 (신생아간호포함)	60%	분만실간호사	7	5
		신생아실간호사	5	3
수술업무	70%	수술실간호사	53	38
		수술실간호조무사	1	1
		수술실업무보조원	3	3
투석업무	70%	인공신장실간호사	13	10
		인공신장실업무보조원	2	2
마취업무	70%	마취과간호사	31	22
		마취과업무보조원	2	2
진단검사업무 (영상검사포함)	70%	진단검사의학과임상병리사	43	31
		진단검사의학과간호조무사	1	1
		진단검사의학과업무보조원	2	2
		진단검사의학과사원	1	1
		병리과임상병리사	8	6
		병리과사원	1	1
		영상의학과방사선사	43	31
		영상의학과간호사	4	3
		영상의학과간호조무사	1	1
		영상의학과업무보조원	6	5
		영상의학과사원	2	2
		핵의학과방사선사	5	4

필수유지업무종류	필요 최소한의 유지·운영수준	대상직무	대상인원	필요인원
진단검사업무 (영상검사포함)	70%	핵의학과임상병리사	2	2
		핵의학과간호조무사	1	1
		핵의학과업무보조원	1	1
		핵의학과사 원	1	1
		방사선종양학과방사선사	8	6
		방사선종양학과간호사	1	1
		심혈관센터간호사	8	6
		심혈관센터간호조무사	2	2
		심혈관센터방사선사	2	2
		심혈관센터임상병리사	11	8
응급약제업무	100%	약제팀약사	30	19
		약제팀사원	1	1
		약제팀업무보조원	8	3
치료식환자급식업무	70%	영양팀영양사	9	7
		영양팀조리사	2	2
		영양팀조리·배식원	54	38
산소공급업무	60%	시설팀고압가스기사	5	3
비상발전 및 냉난방업무	60%	시설팀열관리기사	9	6
		시설팀공조냉동기사	2	2
		시설팀자동제어기사	4	3
		시설팀전기기사	10	6

<K대학교 A병원>

필수유지업무종류	필요 최소한의 유지·운영수준	대상직무	대상인원	필요인원
응급의료업무	100%	응급의료센터간호사	27	27
		응급의료센터간호조무사	1	1
		응급의료센터업무보조원	3	3
		응급의료센터구급차기사	1	1
		응급의료센터사원	6	6
중환자치료업무	100%	내과중환자실간호사	24	24
		내과중환자간호조무사	2	2
		내과중환자업무보조원	6	6
		외과중환자실간호사	22	22

필수유지업무종류	필요 최소한의 유지·운영수준	대상직무	대상인원	필요인원
중환자치료업무	100%	외과중환자실간호조무사	4	4
		외과중환자실업무보조원	4	4
		신생아중환자실간호사	16	16
		신생아중환자실간호조무사	1	1
		신생아중환자실업무보조원	4	4
		혈액종양내과간호사(무균병동 포함)	21	21
		혈액종양내과업무보조원무균병동 포함)	2	2
분만업무 (신생아간호포함)	60%	분만실간호사	9	6
		신생아실간호사	5	3
수술업무	70%	수술실간호사	38	27
		수술실간호조무사	1	1
투석업무	70%	인공신장실간호사	11	8
		인공신장실업무보조원	1	1
마취업무	70%	마취과간호사	18	13
		마취과업무보조원	1	1
진단검사업무 (영상검사포함)	70%	진단검사의학과임상병리사	33	24
		진단검사의학과업무보조원	4	3
		병리과임상병리사	5	4
		병리과업무보조원	2	2
		영상의학과방사선사	33	24
		영상의학과간호사	3	3
		영상의학과업무보조원	8	6
		핵의학과방사선사	4	3
		핵의학과임상병리사	2	2
		핵의학과간호조무사	1	1
		심혈관센터간호사	3	3
		심혈관센터방사선사	1	1
		심혈관센터임상병리사	5	4

중앙2008필수36 학교법인 ○○학원 K대학교의료원 필수유지업
무결정 재심사건

2009. 6. 10.

중앙노동위원회

특별조정위원회

위원장　공익위원　　○○○
　　　　공익위원　　○○○
　　　　공익위원　　○○○

[사례2]

서울행정법원

서 울 행 정 법 원

제　　　4　　　부

판　　　　　　결

사　　　건	2009구합16909 필수유지업무재심판정취소
원　　　고	전국공공서비스노동조합
	대표자 위원장 ○○○
	소송대리인 변호사 이민열, 송영섭
피　　　고	중앙노동위원회위원장
	소송수행자 김동욱
피고보조참가인	S개발 주식회사
	대표이사 ○○○
변 론 종 결	2009. 10. 9.
판 결 선 고	2009. 11. 6

주   문

1. 원고의 청구를 기각한다.

2. 소송비용은 보조참가로 인한 부분을 포함하여 모두 원고가 부담한다.

청 구 취 지

중앙노동위원회가 2009. 4. 1 원고와 피고보조참가인(이하 '참가인 회사') 사이의 중앙 2008필수48호 필수유지업무 결정 재심신청 사건에 관하여 한 재심결정을 취소한다.

이   유

1. 재심결정의 경위

가. 참가인 회사는 상시 근로자 약 2,750명을 사용하여 사업지원 서비스업 등을 영위하는 회사로서, S대학교병원측과 사이에 시설유

지보수 및 관리용역 계약을 체결한 후 S대학교병원사업소를 개설하여 운영하며 S대학교병원에서 산소공급과 비상발전 및 냉난방업무(이하 '이 사건 업무')를 수행하고 있다.

나. 원고는 공공서비스부문에 종사하는 근로자 약 35,000명을 대상으로 하여 조직된 전국 단위의 산업별 노동조합이고, 원고 조합의 성원개발분회는 참가인 회사가 위와 같이 운영하고 있는 S대학교병원사업소의 소속 근로자 96명을 그 조합원으로 하고 있는 원고 조합의 사회연대본부 의료연대S지역지부 소속분회이다.

다. 참가인 회사는 2008. 6. 3 원고 조합에 대하여 "이 사건 업무가 노동조합 및 노동관계조정법(이하 '법') 제42조의 2 제1항에 정한 필수유지업무에 해당한다"는 이유로 법 제42조의3에 정한 필수유지업무협정의 체결을 요청하였으나, 원고 조합은 "참가인 회사의 사업종류가 서비스업으로서 법 제71조 제2항에서 규정하고 있는 필수공익사업에 해당하지 않으므로 법 제42조의3에 정한 필수유지업무협정을 체결할 의무가 없다"고 주장하며 참가인 회사의 위 요청에 응하지 않았다.

라. 참가인 회사는 그 후 원고 조합과 사이에서 2008년 임금 및 단체협약에 관한 원만한 타결이 이루어지지 않자, 2008. 9. 2. 서울지방노동위원회에 필수유지업무의 필요 최소한의 유지·운영수준, 대상직무 및 필요인원 등의 결정(이하 '필수유지업무결정')을 신청하였으나, 원고 조합은 위 다.항 가재와 같은 입장을 유지한 채 서울지방노동위원회 특별조정위원회의 회의에 전혀 참석하지 않고 필수유지업무결정에 관하여 아무런 의견도 제시하지 않았다.

마. 서울지방노동위원회 특별조정위원회는 2008. 10. 28. 서울

2008필수14호로 아래 표 기재와 같은 내용의 필수유지업무결정(이하 '이 사건 결정')을 하였다.

필수유지업무	필요 최소한의 유지·운영수준	대상직무			대상인원	필요인원
총계					91	62
산소공급업무	60%	기계팀	S/B기관실	고압가스기사	7	5
			치과병동	고압가스기사	1	1
			소계		8	6
비상발전 및 냉난방 업무	60%	전기팀	S/B기관실	전기기사	11	7
			본원병동	전기기사	13	8
			소아병동	전기기사	6	4
			치과병동	전기기사	6	4
		기계팀	S/B기관실	보일러기사	7	5
				냉동기기사	4	3
			본원병동	공조기사	12	8
				특수공조기사	3	2
				자동제어기사	4	3
			소아병동	공조기사	5	3
				자동제어기사	4	3
			치과병동	보일러기사	2	2
				공조기사	3	2
				자동제어기사	3	2
			소계		83	56

바. 원고 조합은 2008. 11. 7. 이에 불복하여 중앙노동위원회에 중앙2008필수48호로 재심신청을 하였으나, 중앙노동위원회 특별조정위원회는 2009. 4. 1. "이 사건 결정이 위법이거나 월권에 의한 것이라고 인정되지 않는다"는 이유로 원고 조합의 위 재심신청을 기각하였다(이하 '이 사건 재심결정').

【인정근거】 다툼 없는 사실, 갑 제1호증의 1, 2, 을 제1호증의 2
의 각 기재

2. 이 사건 재심결정의 적법여부

가. 원고 조합의 주장

원고 조합은 다음과 같은 사유로 이 사건 결정이 위법이거나 월
권에 의한 것이라고 인정되므로, 이 사건 결정과 결론을 같이한 이
사건 재심결정도 위법이거나 월권에 의한 것으로서 취소되어야 한
다고 주장한다.

1) 서울지방노동위원회 특별조정위원회는 필수공익사업의 사용자
가 아니어서 필수유지업무결정을 신청할 당사자적격이 없는 참가
인 회사의 신청을 받아들여 이 사건결정을 하였다.

2) 서울지방노동위원회 특별조정위원회는 별다른 근거 없이 참가
인 회사의 주장에만 의존하여 이 사건의 업무에 관한 필요 최소한
의 유지·운영수준, 대상직무 및 필요인원을 과도하게 정하는 이
사건 결정을 함으로써 쟁의권 제한의 한계를 초과하는 위법을 범
하였다.

나. 관계법령

별지 관계 법령 기재와 같다.

다. 판단

1) 원고 조합의 첫째 주장에 대하여

가) 앞서 거시한 각 증거에다가 관계 법령의 각 규정과 변론 전체의 취지를 보태어 살펴볼 수 있는 다음과 같은 사정들을 종합하여 보면, S대학교병원에서 필수유지업무인 이 사건 업무를 수행하고 있는 참가인 회사는 법 제42조의4 제1항에 따라 노동위원회에 필수유지업무결정을 신청할 당사자적격이 있는 것으로 인정된다.

① 참가인 회사가 필수공익사업인 병원사업을 운영하고 있는 S대학교병원측으로부터 수탁받아 수행하고 있는 이 사건 업무는 법 제42조의2 제1항, 제71조 제2항 제3호, 법 시행령 제22조의2 [별표 1] 제7호 다목에 정한 필수유지업무에 해당한다.

② 법 제42조의2와 제42조의3, 그리고 제42조의4 제1항은 필수유지업무의 수행주체와 필수유지업무협정의 체결주체, 그리고 필수유지업무결정의 신청주체를 모두 필수공익사업의 운영주체로 한정하고 있지 않다.

③ 필수유지업무는 그 업무가 정지되거나 폐지되는 경우 공중의 생명·건강 또는 신체의 안전이나 공중의 일상생활을 현저히 위태롭게 하는 업무이기 때문에 필수공익사업의 운영주체가 직접 이를 수행하는지 여부와 관계 없이 항상 최소한의 범위 내에서 그 유지·운영이 담보되어야 할 필요가 있다.

④ S대학교병원측이 참가인 회사에 필수유지업무인 이 사건 업무를 위탁하여 병원사업을 운영하고 있다는 사정만으로 곧바로 이 사건 업무의 대체가 용이하다고 단정하기는 어렵다.

나) 따라서 이와 다른 전제에 선 원고 조합의 이 부분 주장은 이유 없다.

2) 원고 조합의 둘째 주장에 대하여

가) 중재결정은 그 절차가 위법하거나 그 내용이 근로기준법 위반 등으로 위법한 경우 또는 당사자 사이의 분쟁의 대상이 되어 있지 않는 사항이나 정당한 이유 없이 당사자의 분쟁범위를 벗어나는 부분에 대하여 월권으로 중재재정을 한 경우와 같이 위법이거나 월권에 의한 것임을 이유로 하는 때에 한하여 불복할 수 있고, 중재재정이 단순히 노사 어느 일방에게 불리한 내용이라는 사유만으로는 불복이 허용되지 않는데, 법 제42조의4 제5항에 의하면 중재재정의 불복사유에 대한 위 법리는 필수업무유지결정에 관하여도 동일하게 적용된다(대법원 2009. 8. 20. 선고 2008두8024 판결 등 참조).

나) 위 법리에 비추어 이 사건에 관하여 보건대, 위 인정사실에다가 변론 전체의 취지를 보태어 살펴볼 수 있는 다음과 같은 사정들을 종합하여 보면, 서울지방노동위원회의 특별조정위원회가 참가인 회사가 제출한 자료 등에 근거하여 이 사건 업무에 관한 필요최소한의 유지·운영수준을 평상시의 60%로 정한 후 그 대상직무와 필요인원을 정한 이 사건 결정은 위법이거나 월권에 의한 것이라고 인정되지 않는다.

① 서울지방노동위원회 특별조정위원회는 원고 조합이 회의에 전혀 참석하지 않고 필수유지업무결정에 관하여 아무런 의견도 제시하지 않았기 때문에, 어쩔 수 없이 참가인 회사가 제출한 자료

등에 근거하여 이 사건 결정을 한 것으로 보인다.

② 이 사건 결정이 단순히 원고 조합에게 불리한 내용이라는 사유는 정당한 불복사유에 해당하지 않고, 갑 제2호증의 1 내지 4, 갑 제3호증의 1 내지 3의 각 기재만으로는 서울지방노동위원회 특별조정위원회가 이 사건 결정을 함에 있어 쟁의권 제한의 한계를 초과하는 정도로 이 사건 업무에 관한 필요 최소한의 유지·운영 수준, 대상직무 및 필요인원을 과도하게 정하였음을 인정하기에 부족하며, 달리 이를 인정할만한 증거가 없다.

다) 따라서 이와 다른 원고 조합의 이 부분 주장도 이유 없다.

3. 결론

원고 조합의 이 사건 청구는 이유 없으므로 기각한다.

[사례3]

서울고등법원

제 3 행 정 부
판 결

사   건   2009누38031 필수유지업무결정재심결정취소
원고, 항소인   한국철도공사
피고, 피항소인   중앙노동위원회위원장
제 1 심 판 결   서울행정법원 2009.11.5. 선고 2009구합22553 판결
변 론 종 결   2010.05.13.
판 결 선 고   2010.06.10.

주   문

1. 원고의 항소를 기각한다.
2. 항소비용은 원고가 부담한다.

청구취지 및 항소취지

제1심 판결을 취소한다. 피고가 2009.5.26. 원고와 전국운수사업노동조합(철도본부) 사이의 중앙 2008필수32, 33 한국철도공사 필수유지업무결정재심신청 사건에 관하여한 재심결정 중 원고의 재심신청을 기각한 부분을 취소한다.

이   유

1. 재심결정의 경위

(1) 원고는 대전 서구 선사로 139에 주된 사업장을 두고 상시근로자 32,000여명을 고용하여 철도운송서비스업을 영위하는 법인으로서 노동조합및노동관계조정법(이하 '노조법'이라 한다) 제71조제1항에 정한 필수공익사업장이다.

(2) 원고는 2007.12.12.부터 2008.2.22.까지 노동조합과 5회에 걸쳐 단체교섭을 진행하였으나 필수유지업무협정을 체결하지 못하고, 2008.4.8. 충남지방노동위원회에 필수유지업무 유지·운영 수준 등의

결정신청을 하였다(충남2008필수1). 충남지방노동위원회는 2008.7.2. '필수유지업무별 유지·운영수준, 대상직무, 필요인원은 별지 1과 같고, 사용자가 필수유지업무대상이라고 신청한 열차승무업무는 법상 필수유지업무 대상에 해당하지 아니한다'는 등의 결정을 하였다.

(3) 원고는 중앙노동위원회에 재심신청을 하였으나(중앙 2008필수32,33), 중앙노동위원회는 2009.5.26. '초심지방노동위원회가 쟁의행위 기간 동안 필수유지업무를 유지·운영하여야 할 필요인원을 9,975명으로 정하여 전체 근로자 31,678명 대비 31.5%로 정한 것은 사업 또는 사업장별 필수유지업무의 특성 및 내용 등을 고려하고 공익과 쟁의권을 감안하여 쟁의행위 기간 동안 필수유지업무를 정당하게 유지, 운영할 수 있는 수준으로 결정했다고 보이므로 사용자의 신청 수준인 70%보다 열차별로 7~13% 정도 낮추어 결정한 것이 월권이라는 사용자의 주장은 이유 없다. 또한 철도사업의 승무업무는 주로 승객에 대한 객실서비스를 제공하는 업무인 점을 감안할 때, 검수 승무 및 일부 운전취급업무를 수행하고 있다는 사정만으로는 필수유지업무인 관제업무의 일환으로서 운전취급업무나 안전운행을 위한 일상적인 점검 및 정비업무로 해석하여 필수유지업무에 포함된다고 보기에는 어려우므로 이 역시 월권으로 볼 수 없다'는 취지로 원고의 주장을 배척하고 재심신청을 기각하였다(이하 '이 사건 재심결정'이라 한다).

[인정 근거] 다툼 없음, 갑 제1, 2호증의 각 기재, 변론 전체의 취지

2. 이 사건 재심결정의 적법 여부

가. 원고의 주장

1) 필수유지업무 유지 수준 관련

열차운행의 공익성을 감안할 때 쟁의행위시 열차운행율은 열차별로 평상시 대비 70% 수준으로 유지되어야 함에도 불구하고 열차별로 56.5%~63%로 정한 것은 지나치게 낮으므로 이 사건 결정은 공익에 반하는 것으로서 위법하다.

2) 열차승무원의 열차승무업무 관련

열차승무원은 노조법 시행령상 필수유지업무로 분류하고 있는 '차량의 운전업무', '관제업무', '차량의 일상적인 점검이나 정비업무'에 해당하는 복합적인 업무를 수행하고 있는 점, 열차승무원의 대부분이 노조원인 상황에서 승무원 전원이 파업에 참여할 경우에는 열차의 운행 자체가 불가능한 결과가 발생할 수 있는 점, 중앙노동위원회는 원고의 열차승무원의 업무와 거의 차이가 없는 서울메트로의 차장업무에 대하여는 운전업무 대상직무로서 필수유지업무에 해당한다고 본 점 등에 비추어 볼 때, 열차승무원의 열차승무업무는 필수유지업무로 인정되어야 하고, 열차승무원을 필수유지업무의 유지, 운영을 위한 필요인원에 포함시켜야 한다.

나. 관계 법령

별지 2기재와 같다.

다. 판단

1) 필수유지업무 유지·운영 수준에 대하여

노조법 제42조의4제5항, 제69조제1항, 제2항은 지방노동위원회의 결정이 위법하거나 월권에 의한 것이라고 인정하는 경우 관계당사자가 중앙노동위원회에 그 재심을 신청할 수 있고, 중앙노동위원회의 재심결정이 위법하거나 월권에 의한 것이라고 인정하는 경우 행정소송을 제기할 수 있도록 정하고 있는바, 여기에서 '위법' 또는 '월권'이라 함은 중재재정의 절차가 위법하거나 그 내용이 근로기준법 위반 등으로 위법한 경우 또는 당사자 사이에 분쟁의 대상이 되어 있지 않는 사항이나 정당한 이유 없이 당사자 간의 분쟁범위를 벗어나는 부분에 대하여 월권으로 결정을 한 경우를 말하고, 결정이 단순히 어느 일방에 불리하거나 불합리한 내용이라는 사유만으로는 불복이 허용되지 않는다(대법원 2007.4.26. 선고 2005두12992 판결 참조).

살피건대, 필수유지업무의 유지, 운영수준은 노동기본권의 제한을 최소화하면서도 철도를 이용하여 일상생활을 영위하는 국민들의 안전과 편의 등을 고려한 공익보호와 적절히 조화될 수 있는 범위 내에서 결정되어야 하는바, 충남지방노동위원회가 원고의 인력구조, 열차운행과 관련한 일반 현황 등을 고려하여 쟁의행위 기간 동안 필수유지업무를 유지·운영하여야 할 필요인원을 9,975명으로 정하여 전체 근로자 31,678명 대비 31.5%로 정하고, 중앙노동위원회가 이를 정당한 수준으로 보아 재심신청을 기각한 것은 적법한 것으로 봄이 상당하고, 가사 그 결정내용이 원고에게 다소 불리하거나 불합리한 내용이라고 하더라도 그러한 사유만으로는 이에 대한 불복 자체가 허용되지 않으므로, 원고의 이 부분 주장은 이유 없다.

2) 열차승무원의 열차승무업무가 필수유지업무에 해당하는지에 대하여

가) 인정사실

갑 제4호증의 1 내지 7, 갑 제5호증의 1 내지 3의 각 기재 및 변론 전체의 취지를 종합하여 보면, 원고는 KTX(고속열차), 새마을호, 무궁화호, 통근열차와 같은 일반열차와 서울지역과 수도권지역 여객운송을 하는 수도권전동열차를 운행하고 있는데, 내부규정상 이들 열차승무원은 ① 열차의 출발 전후에 열차출입문을 개폐하고 승객의 승하차 상태를 확인한 후 이상이 없을 시 기관사에게 출발전호를 보내어 열차가 안전하게 출발할 수 있도록 하는 업무(운전취급규정 제50조제3호, 제81조제3항, 제310조제1호, 311조제3호, 제315조, 제316조 등), ② 전동열차승무원의 경우 정차역 정차여부 및 정위치 정차를 확인하여 불량시 비상정차를 시키고 정차위치를 수정하는 업무(전동열차 차장업무 매뉴얼 참조), ③ 열차의 각종 기기 및 설비를 확인, 점검하여 이상시 응급조치 하는 업무(운전취급규정 제31조제2호, 철도차량관리지침 제99조 등), ④ 일반열차승무원의 경우 무인역에서 신호 및 선로전환기를 취급하는 업무, ⑤ 열차사고나 열차장애와 같은 비상사태 발생시 열차방호 및 구원을 위하여 기관사에게 전호를 보내는 업무(운전취급규정 제103조제2항, 제379조 등) 등을 담당하고 있는 사실을 인정할 수 있다.

나) 위 인정사실과 별지 관계 법령에 의하여 알 수 있는 다음 각 사정을 종합하여 보면, 열차승무원의 열차승무업무는 필수유지업무에 해당한다고 보기 어려우므로, 원고의 이 부분 주장도 이유 없다.

(1) 열차승무원의 위 업무 중 ①, ②는 노조법 시행령 별표 1 필수유지업무 중 '1의 가. 철도. 도시철도 차량의 운전업무'로, ③은 '1의 바. 안전 운행을 위하여 필요한 차량의 일상적인 점검이나 정비 업무'로, ④는 '1의 나. 철도·도시철도 차량 운행의 관제업무'로 포섭 가능하다고 보이지만, 위 각 필수유지 업무에 대하여 이미 별지 1 기재와 같이 대상직무별 필요최소한의 유지·운영수준(%), 필요인원 등이 구체적으로 정하여진 이상 위 필요인원 및 운영수준만으로도 정상적인 열차운행을 위한 최소한의 조건이 충족된 것으로 봄이 상당하다.

(2) 운전취급규정 제7조제1항 본문, 고속철도운전취급규정 제6조제1항 본문이 열차와 고속열차에는 차장(여객전무를 포함한다, 이하 같다) 또는 열차팀장(차장을 포함한다, 이하 같다)이 승무하여야 한다고 규정하면서, 각 같은 항 단서에서 사장이 철도운영상 필요하다고 인정하는 경우에 차장과 열차팀장의 승무를 생략할 수 있다고 규정하고 있는 점 등에 비추어 볼 때, 열차 또는 고속열차는 차장과 열차팀장의 열차승무 없이 운행이 가능하다고 보인다.

(3) 열차승무원의 업무가 독자적으로 시행령 상의 필수유지업무에 해당하지 않음에도 불구하고 이를 대상직무에 추가하거나 열차승무원을 필요인원에 추가하는 것은 자칫 필수유지업무제도의 취지에 반하여 과도한 노동쟁의권의 제한이 될 우려가 있으므로 허용될 수 없다.

(4) 열차승무원의 위 업무 중 ⑤는 비상사태를 대비한 것으로서
업무자체의 성격상 필수유지업무에 해당되지 않는다.

라. 소결

따라서, 이 사건 재심결정은 적법하다.

3. 결론

그렇다면, 원고의 청구는 이유 없어 이를 기각할 것인바, 제1심
판결은 이와 결론을 같이하여 정당하므로 원고의 항소를 기각하기
로 하여, 주문과 같이 판결한다.

판사   이대경(재판장), 정재오, 김재형

별지 1

필수유지업무의 필요 최소한의 유지·운영수준, 대상직무 및 필요인원 등

필수유지업무 종류	필요 최소한의 유지·운영수준 (%)	대상직무	필요인원 (명)	비고
철도·도시철도 차량의 운전업무	64.9	고속철도 운전	206	부기관사 415명 포함
	68.6	일반철도 운전 및 운전보조	1,257	
	67.5	광역철도 운전	622	
철도·도시철도 차량 운행의 관제업무(정거장·차량기지 등에서 철도신호 등을 취급하는 운전취급 업무를 포함한다)	100.0	열차운행 제어, 감시, 통제 등 관제업무	255	본사 관제 18명 포함
	100.0	운전정리, 신호 및 폐색취급 등 운전취급 업무	2,348	차량기지 36명 포함
철도·도시철도 차량 운행에 필요한 전기시설·설비를 유지·관리하는 업무	72.0	순회점검, 보통점검, 사고 및 장애보수, 부대업무 등	850	
	100.0	SCADA, 전기·신호 지원관제	105	
철도·도시철도 차량 운행과 이용자의 안전에 필요한 신호시설·설비를 유지·관리하는 업무	75.0	일상점검, 유지보수, 사고 및 장애보수, 부데업무 등	685	
철도·도시철도 차량 운행에 필요한 통신시설·설비를 유지·관리하는 업무	71.0	일상점검, 유지점검, 유지보수, 사고 및 장애보수, 부대업무 등	187	
안전 운행을 위하여 필요한 차량의 일상적인 점검이나 정비 업무	37.6	고속철도차량 및 사고 복구용장비 유지보수	195	차량점검및 정비 업무전체 유지율은 46.9%임
	37.8	일반철도차량 및 사고 복구용장비 유지보수, 기계설비 안전유지 등	962	
	49.5	광역철도차량 및 사고 복구용장비 유지보수, 기계설비 안전유지 등	286	지원관제：18명 (고속6명 일반9명 광역3명)
	100.0	차량분야 지원관제	18	
선로점검·보수 업무	80.2	고속선로 점검 및 유지 보수, 구조물안전점검 등	87	선로점검·보수업무 전체 유지율은 69.3%임
	71.2	기존선로 점검 및 유지보수, 구조물안전점검, 건널목관리 등	1,828	
	28.5	지하구간 시설·설비 순회점검 및 유지보수 등	75	
	100.0	시설분야 지원관제	9	

관계 법령

■ 노동조합 및 노동관계조정법

제42조의2(필수유지업무에 대한 쟁의행위의 제한) ① 이 법에서 "필수유지업무"라 함은 제71조 제2항의 규정에 따른 필수공익사업의 업무 중 그 업무가 정지되거나 폐지되는 경우 공중의 생명·건강 또는 신체의 안전이나 공중의 일상생활을 현저히 위태롭게 하는 업무로서 대통령령이 정하는 업무를 말한다.

② 필수유지업무의 정당한 유지·운영을 정지·폐지 또는 방해하는 행위는 쟁위행위로서 이를 행할수 없다.

제42조의3(필수유지업무협정) 노동관계 당사자는 쟁의행위기간 동안 필수유지업무의 정당한 유지·운영을 위하여 필수유지업무의 필요 최소한의 유지·운영 수준 대상직무 및 필요인원 등을 정한 협정(이하"필수유지업무협정"이라 한다)을 서면으로 체결하여야 한다. 이 경우 필수유지업무협정에는 노동관계 당사자 쌍방이 서명 또는 날인하여야 한다.

제42조의4(필수유지업무 유지·운영 수준 등의 결정)

① 노동관계 당사자 쌍방 또는 일방은 필수유지업무협정이 체결되지 아니하는 때에는 노동위원회에 필수유지업무의 필요 최소한의 유지·운명 수준, 대상직무 및 필요인원 등의 결정을 신청하여야 한다

② 제1항의 규정에 따른 신청을 받은 노동위원회는 사업 또는

사업장별 필수유지업무의 특성 및 내용 등을 고려하여 필수유지업무의 필요 최소한의 유지·운영 수준, 대상직무 및 필요인원 등을 결정할 수 있다.

③ 제2항의 규정에 따른 노동위원회의 결정은 제72조의 규정에 따른 특별조정위원회가 담당한다.

④ 제2항의 규정에 따른 노동위원회의 결정에 대한 해석 또는 이행방법에 관하여 관계 당사자간에 의견이 일치하지 아니하는 경우에는 특별조정위원회의 해석에 따른다. 이 경우 특별조정위원회의 해석은 제2항의 규정에 따른 노동위원회의 결정과 동일한 효력이 있다.

⑤ 제2항의 규정에 따른 노동위원회의 결정에 대한 불복절차 및 효력에 관하여는 제69조와 제70조 제2항의 규정을 준용한다.

제68조(중재재정)

① 중재재정은 서면으로 작성하여 이를 행하며 그 서면에는 효력발생 기일을 명시하여야 한다.

제69조(중재재정등의 확정)

① 관계 당사자는 지방노동위원회 또는 특별노동위원회의 중재재정이 위법이거나 월권에 의한 것이라고 인정하는 경우에는 그 중재재정서의 송달을 받은 날부터 10일 이내에 중앙노동위원회에 그 재심을 신청할 수 있다.

② 관계 당사자는 중앙노동위원회의 중재재정이나 제1항의 규정에 의한 재심결정이 위법이거나 월권에 의한 것이라고 인정하는 경우에는 행정소송법 제20조의 규정에 불구하고 그 중재재정서 또는 재심결정서의 송달을 받은 날부터 15일 이내에 행정소송을 제

기할 수 있다.

③ 제1항 및 제2항에 규정된 기간내에 재심을 신청하지 아니하거나 행정소송을 제기하지 아니한 때에는 그 중재재정 또는 재심결정은 확정된다.

④ 제3항의 규정에 의하여 중재재정이나 재심결정이 확정된 때에는 관계 당사자는 이에 따라야 한다.

제70조(중재재정 등의 효력)

① 제68조 제1항의 규정에 따른 중재재정의 내용은 단체협약과 동일한 효력을 가진다.

② 노동위원회의 중재재정 또는 재심결정은 제69조 제1항 및 제2항의 규정에 따른 중앙 노동위원회에의 재심신청 또는 행정소송의 제기에 의하여 그 효력이 정지되지 아니한다.

제71조(공익사업의 범위등)

① 이 법에서 "공익사업"이라 함은 공중의 일상생활과 밀접한 관련이 있거나 국민경제에 미치는 영향이 큰 사업으로서 다음 각호의 사업을 말한다.

1. 정기노선 여객운수사업 및 항공운수사업

■ **노동조합 및 노동관계조정법 시행령**

제22조의2(필수유지업무의 범위)

법 제42조의2제1항에 따른 필수공익사업별 필수유지업무는 별표 1과 같다.

별표 3

필수공익사업별 필수유지업무(제22조의2관련)

1. 철도사업과 도시철도사업의 필수유지업무

   가. 철도·도시철도 차량의 운전 업무

   나. 철도·도시철도 차량 운행의 관제 업무(정거장·차량기지 등에서 철도신호 등을 취급하는 운전취급 업무를 포함한다.)

   다. 철도·도시철도 차량 운행에 필요한 전기시설·설비를 유지·관리하는 업무

   라. 철도·도시철도 차량 운행과 이용자의 안전에 필요한 신호시설·설비를 유지·관리하는 업무

   마. 철도·도시철도 차량 운행에 필요한 통신시설·설비를 유지·관리하는 업무

   바. 안전 운행을 위하여 필요한 차량의 일상적인 점검이나 정비 업무

   사. 선로점검·보수 업무.

■ 철도안전법

제39조(철도차량의 운행)

열차의 편성, 철도차량운전 및 신호방식 등 철도차량의 안전운행에 관하여 필요한 사항은 국토해양부령으로 정한다.

■ 운전취급규정

제7조(운전관계 승무원) ① 열차에는 기관사, 부기관사 및 차장(여객전무 포함. 이하 같다)이 승무하여야 한다. 다만, 사장이 철도운영상 필요하다고 안정하는 경우에는 부기관사 또는 차장의 승무

를 생략하거나 부기관사 및 차장의 승무를 동시에 생략할 수 있다.

② 차장이 승무하지 않은 경우 정거장 외에 있어서의 차장에 관한 규정은 기관사(열차에 2이상의 기관사가 승무한 경우 보조기관사)에 이를 준용한다.

③ 제1항 단서에 의하여 차장의 승무를 생략한 경우에는 부기관사가, 부기관사의 승무를 생략한 경우에는 차장이, 부기관사 및 차장의 승무를 동시에 생략한 경우에는 기관사가 그 집무를 수행 또는 겸무할 수 있다.

④ 사고·기타 부득이한 사유에 의하여 정거장 외에서 차장이 차에서 내렸을 때에는 최근정거장까지 그대로 운전할 수 있다.

■ 고속철도운전취급규정

제6조(운전관계승무원) ① 고속열차에는 KTX 기장, 열차팀장(차장을 포함한다. 이하 같다)이 승무하여야 한다. 다만, 회송열차 또는 사장이 철도운영상 필요하다고 인정하는 경우에는 열차팀장의 승무를 생략할 수 있다.

② 사고 기타 부득이한 사유로 인하여 정거장 외에는 열차팀장이 내렸을 때는 최근 정차역까지 그대로 운전하고 이후는 관제사의 지시에 의하여야 한다.

이승길

성균관대학교 법과대학 및 동대학원 졸업(법학박사)
한국경영자총협회 노동경제연구원 연구위원
산업연구원 연구위원
현) 경기지방노동위원회 공익위원(심판)
    서울중앙지방법원 조정위원(노동)
    국무총리실 행정심판위원회 위원
    고용보험심사위원회 위원
    산재보험심사위원회 위원
    아주대학교 법학전문대학원 교수(노동법)

『성과주의인사와 임금법제』(2005)
『신단체교섭』(공저, 2006)
『노동법의 쟁점사례』(2007)
『한미 FTA의 노동시장 파급효과와 노동제도변화』(공저, 2008) 외 다수

이상국

단국대학교 대학원 법학과 졸업(법학박사)
공인노무사 제3회 합격(1991년)
동아대학교 법학과 겸임교수
강원지방노동위원회 심판위원
현) 서울지방노동위원회 조정위원
    한국서비스정책연구원 연구위원
    노무법인 상생 상임고문

『근로기준법』(2006)
『산업재해보상보험법』(2006)
『사회보험법』(2009)
『징계권행사와 법률문제』(2008)

원창희

고려대학교 경영학과 졸업(학사)
고려대학교 대학원 경제학과 졸업(석사)
미국 Ohio주립대학교 대학원 경제학과 졸업(박사)
숭실대학교노사관계대학원 겸임교수
한국노동경제학회 부회장
한국노사관계학회 상임이사
한국노동교육원 교수 및 교육본부장
현) 국회환경노동위원회 전문위원
　　서울지방노동위원회 조정위원

『스웨덴의 노사관계』(1999)
『노사간 신뢰구축의 길』(공저, 2003)
『노동분쟁의 조종: 이론과 실제』(2005)
『사례로 배우는 대안적 분쟁해결』(2009)

조성혜

이화여자대학교 법정대학 법학과(학사)
독일 Bonn대학교 법과대학원 졸업(석사 및 박사)
대전대학교 법경찰학부 교수
현) 동국대학교 법과대학 교수
　　사법개혁위원회 전문위원
　　국무총리행정심판위원회 위원
　　한국법제연구원자문위원
　　공무원후생복지심의위원회 위원
　　적극적고용개선위원회 위원
　　고용정책심의위원회 위원
　　법령해석심의위원회 위원
　　고용보험심사위원회 위원
　　서울지방노동위원회 공익위원

"글로벌 경제하에서의 노동시장, 고용보호와 노동법", 「노동법학」 제21호(2005)
"노조의 존립·자주성의 보호와 그 모순", 「노동법학」 제22호(2006)
"독일의 양육 관련 법제와 출산장려정책", 「공법학연구」 제8권 제3호(2007)
"부당해고시 금전보상제도에 대한 비판적 검토", 「노동정책연구」 제9권 제1호(2009)

초판인쇄 | 2010년 8월 20일
초판발행 | 2010년 8월 20일

지은이 | 이승길, 이상국, 원창희, 조성혜
펴낸이 | 채종준
펴낸곳 | 한국학술정보㈜
주　소 | 경기도 파주시 교하읍 문발리 파주출판문화정보산업단지 513-5
전　화 | 031) 908-3181(대표)
팩　스 | 031) 908-3189
홈페이지 | http://ebook.kstudy.com
E-mail | 출판사업부 publish@kstudy.com
등　록 | 제일산-115호(2000. 6. 19)

ISBN　978-89-268-1157-3 93360 (Paper Book)
　　　　978-89-268-1158-0 98360 (e-Book)